자기비난적 사고와 치료

이론과 실제

Robert W. Firestone · Lisa Firestone · Joyce Catlett 공저 | **최수미** 역

CONQUER YOUR
CRITICAL INNER VOICE

학 지사

역자 서문

> 좋은 생각의 회로를 만들고, 이 회로를 통해 사고하며 우리의 인생이 행복해지기를 바란다.

우리 인간은 사고, 정서, 행동의 영향을 받으면서 살아간다. 저자 서문에 제시된 마르쿠스 아우렐리우스의 격언처럼 우리가 어떻게 사고하는지에 따라 우리의 정서와 행동이 정해지고 결국 이러한 것들이 쌓여 우리 삶의 질을 결정하게 된다. 즉, 자기비하적이고 자기비난적이며 부정적인 사고를 하는 경우 정서적으로 우울하거나 불안하고 자살을 시도하는 등의 행동적인 문제로 이어진다.

우리 삶에서 중요한 영향을 미치는 개인의 내면적 사고를 이 책에서는 '내면의 음성(inner voice)'이라 하였다. 즉, 내면의 음성은 개인의 삶에서 나타나는 내적인 사고를 의미하는 것으로서, 그중에서도 자기비난적 내면의 음성은 개인이 나타내는 부정적인 내적 사고를 의미한다. 저자는 부정적인 내적 사고는 과거 어렸을 적 중요한 양육자와의 경험을 통해서 형성되는 것으로 보았고, 이러한 경험들이 그 개인의 자기비난적 내면의 음성, 즉 사고를 어떻게 형성하는지 그리고 그러한 자기비난적 내면의 음성이 친밀한 관계, 커리어, 성적 행동, 정서 등에 어떻게 나타나는지를 다양한 사례를 통해 생생하게 설명해 주고 있다.

앞서 언급한 것처럼 우리의 사고, 즉 각 개인에게 끊임없이 말하고 요구하는 자기비난적인 내면의 음성은 개인의 삶을 병들게 한다. 이 경우, 과거로부터의 영향이든 아니면 어떤 이유로든 간에 오랫동안 형성된 개인의 잘못된 사고가 개인을 괴롭히고 있는 것이다. 이 책은 우리를 괴롭히는 자기비난적인 내면의 음성, 즉 사고를 극복할 수 있도록 다양한 방법을 제시하고 직접 적용해 볼 수 있도록 연습을 제공하고 있다. 역자는 인생을 살아가면서 자기 자신을 잘 이해하는 것 그리고 삶을 살아가는 데 있어서 걸림돌이 되는 개인 내적인 비난적 음성으로부터 벗어나 사고의 질을 향상시키는 것이라 생각한다. 이러한 노력을 통해서 각 개인들은 자기비난적 내면의 음성 혹은 사고의 회로에서 벗어나 좋은 생각의 회로를 만들고 결국 좋은 삶(good life)을 살아갈 수 있을 것이다.

이 책은 개인의 자기비난적 내면의 음성 혹은 사고의 회로에서 벗어나 좋은 사고의 회로를 만들어 가는 데 도움이 되는 책이다. 그러한 도움은 다양한 고통으로 힘들어하는 내담자들을 상담하는 전문가들에게도 도움이 될 수 있고, 더 나아가 역자는 각 개인들의 자가 치료 책(self help book)으로도 좋다고 생각한다. 좋은 사고의 회로는 하루아침에 만들어지는 것이 아니다. 머리로는 알고 있지만 자꾸자꾸 과거의 습관대로 사고하고 과거에 익숙했던 사고의 회로로 되돌리려는 무의식적 충동과 행동이 반복되는 것을 우리의 일상 속에서 쉽게 발견할 수 있다. 과거로의 회귀를 방지하기 위해 우리는 매일매일 '도(道)'를 닦고 수행해야 한다. 이러한 노력을 하고자 할 때 이 책은 큰 도움이 될 것이다.

끝으로 이 책이 출간되기까지 많은 분의 도움이 있었다. 이 자리를 빌려 그 분들에게 감사의 말을 전하며 특히 번역과 교정에 많은 도움과 조언을 아끼지 않았던 'Pearl Koh' 님에게도 깊은 감사의 말을 전한다. 이 외에도 편집부 박선민 대리님께 감사드리고 책이 출간될 수 있도록 도와준 학지사 김진환 사장님을 비롯하여 수고해 주신 직원 여러분에게도 감사드린다.

2022년 1월
최수미

저자 서문

> "
>
> 우리의 인생은 우리의 생각들이 그것을 만드는 것이다.
>
> – 마르쿠스 아우렐리우스(Marcus Aurelius)
>
> "

　이 책은 수많은 중요한 질문을 제기한다. "당신은 실제 누구의 삶을 살고 있나요?" "당신은 완전히 생명력 넘치는 인간으로 당신의 삶을 추구하고 있나요? 아니면 자신도 모르게 다른 사람들에 의해 정해진 삶을 살고 있나요?" "당신은 진실로 자신의 운명을 따르고 있나요? 아니면 부모의 삶을 반복하고 있나요?" 당신이 스스로에게 말하고 있는 것을 인식하고 당신이 자신의 삶을 살고 있을지 모르는 부정적인 처방들을 발견하는 것은 소중하다. 비록 당연히 고통스럽다 할지라도, 모든 사람처럼 당신의 내면이 분열되어 있다는 것을 깨닫는 것은 유익하다. 이와 같은 인식은 당신을 자유롭게 해 줄 수 있고 변화의 과정을 시작할 수 있다.

　이 책의 목표는 자기비난적 내면의 음성에 대한 25년 동안의 조사에서 얻은 통찰을 독자 여러분에게 제공하고자 하는 것이다. 『자기비난적 사고와 치

료: 이론과 실제』는 독자 여러분이 이러한 파괴적인 과정의 해로운 결과로부터 스스로를 자유롭게 해 줄 수 있는 방법을 제공한다. 자신의 내부에 적이 있다는 것을 사람들이 더 많이 깨달으면 깨달을수록, 자기 삶에 대한 부정적인 결과를 극복하기 위한 더 큰 기회를 가질 수 있다. 이 책에 제공된 지침과 연습들은 자기비난적 내면의 음성을 이해하고, 그것의 원천을 이해하고, 그것의 지시에 거부할 행동을 취함으로써 더 나은 삶을 이끌 수 있다는 것을 당신에게 알려 준다. 이 연구에 참가했던 많은 남녀의 개인적 이야기는 당신이 향후 개인적 성장을 위해 이 정보를 어떻게 사용할 수 있고, 어떻게 당신의 관계에서 더 많은 만족을 발견할 수 있으며, 어떻게 당신이 선택한 커리어에서 성공할 수 있는지를 보여 준다.

이 책은 자기비난적 내면의 음성과 관련 있는 정서와 당신의 일상의 모든 영역에 영향을 미치는 많은 방식을 포함한 자기비난적 내면의 음성의 모든 영역을 이해하는 것에 초점을 맞추었다. 모든 장은 음성의 깊은 영향을 확인하고 대응해서 당신이 더욱 충만한 삶을 살고, 자신의 이상과 가치, 우선순위들을 발달시키고, 자신만의 삶의 의미를 찾기 시작할 수 있도록 해 주는 방법들을 개괄하였다. 이 책 전체를 통해 기술된 제안, 지침 및 기법은 음성 치료의 방법들에 기초하고 있는데, 이는 『환상결합(The Fantasy Bond)』(1985), 『음성 치료(Voice Therapy)』(1988), 『동정적인 아이 양육하기(Compassionate Child-Rearing)』(1990), 『일상에서의 심리적인 방어들(Psychological Defense in Everyday Life)』(1989), 『파괴적 사고과정 방지하기(Combating Destructive Thought Processes)』(1997a), 『자살과 내면의 음성(Suicide and the Inner Voice)』(1997b) 그리고 『친밀감에 대한 두려움(Fear of Intimacy)』(1999)의 저자 혹은 공저자이자 임상심리학자인 로버트 파이어스톤(Robert Firestone) 박사가 개발한 것이다.

이 책의 구조

이 책은 3부로 나뉜다. 제1부 '자기비난적 내면의 음성을 이해하기'는 사람들에게 가장 익숙한 매일의 자기비난적이고 적대적인 음성을 기술한다. 이것은 더욱 의식적인 수준에서 작동하고 매우 보편적이다. 제1장은 이러한 음성들이 어디에서 나온 것인지, 즉 그것이 원래 어떻게 형성되고 아동기 내내 강화되는지를 설명한다. 이러한 부정적인 사고들을 확인하고 당신 스스로에 대한 보다 더 현실적이고 배려적 관점과 구별하는 데 도움이 될 수 있는 예시적 저널을 제공한다. 제2장은 내면의 음성이 우리를 어떻게 위축시키고, 상상에 의한 혹은 진정한 결핍에 관해 우리를 어떻게 부끄럽게 만드는지 그리고 죄책감을 촉진함으로써 우리 삶의 경험을 어떻게 제한하는지를 설명한다. 이 장은 근원적인 음성을 확인함으로써 죄의식과 수치심을 완화하는 것을 돕기 위한 제안과 연습을 제공한다.

제2부 '자기비난적 내면의 음성을 극복하기'에서는 당신 인생의 특별한 영역에서의 목표를 달성하는 것을 방해하는 특별한 부정적인 사고 혹은 내면의 음성을 개괄하였다. 각 장들은 매일 삶에서 일어나는 수많은 상황에서 당신의 자기비난적 내면의 음성이 당신에게 무엇을 말하고 있는지를 기술하였다. 또한 그것들에 의해 통제되는 음성에 맞서고 행동을 변화시키기 위한 지침과 연습을 제공한다.

제3장은 비생산적인 작업 방식에 기여하는 부정적인 사고들을 확인하고 왜 많은 사람이 성공과 반대로 반응하는지를 설명하고, 이러한 행동들을 치료하고 좋은 작업 습관을 발달시키기 위한 제안을 제공한다. 제4장은 우리의 가장 가깝고 가장 친밀한 관계에서 고통을 유발한 음성을 설명한다. 이 장은 진실한 사랑과 친밀감을 희생하면서 사랑의 환상을 유지하기 위해 내면의 음성이 어떻게 작동하는지를 설명한다. 제5장은 가족, 동료 그리고 성과 인간의 신체에 대한 사회적 태도에 의해 우리 문화의 거의 모든 사람이

어떻게 우연히 상처받게 되는지를 보여 준다. 이 장은 친밀감을 방해하는 성행위에 관한 부정적인 음성을 확인하고 성적 욕망과 친밀감을 다시 회복하기 위해 커플들이 사용할 수 있는 연습을 제공한다.

제6장은 중독 행동에 관여된 사고 패턴에 주안점을 두면서 다양한 형태의 자기 파괴적인 행동들 기저에 있는 음성을 드러냈다. 중독에 관한 모순적인 음성을 확인하고 반박하기 위한 방법을 기술한다. 제7장은 우울 문제를 언급하며 단순히 우리의 삶을 제한하는 사고에서부터 우리가 심각한 자기 파괴적인 행동에 참여하는 데 영향을 미친 사고까지 자기 파괴적인 생각들의 연속체를 확인했다. 연습은 당신이 이러한 사고에 의해 유발된 우울과 감정에 기여하는 부정적인 사고를 확인하는 것을 돕고 이러한 사고에 의해 영향을 받는 행동을 변화시키기 위한 제안을 제공한다.

제8장은 치료자 혹은 상담자를 찾는 특성들을 다루며, 좋은 치료자를 만나는 방법을 위한 지침을 제공한다. 이 정보는 당신이 자신의 개인적인 성장을 더 추구하기를 원하거나, 혹은 당신 삶의 특별한 영역에 전문적인 도움으로부터 이익을 얻었다고 느끼기를 원하는 경우에 제공된다.

제3부 "'좋은 삶'을 살기 위한 지침들" 중 제9장은 인생 초기에 자기비난적 내면의 음성이 어떻게 형성되는지 그리고 불행히도 우리 사회가 어떻게 아동의 부정적인 사고방식을 지지하는지를 부모에게 제공한다. 미래에 우리의 아이들보다 더 중요한 것은 아무것도 없다. 그래서 이 장은 부모가 자신을 향한 더 긍정적이고 배려의 태도를 개발하는 것을 돕기 위한 지침과 제안을 제공하며, 이는 그들의 자녀들에게 긍정적인 영향을 미치도록 할 것이다.

제10장은 많은 사람이 계속해서 자신의 자기비난적 내면의 음성의 지시를 확인하고 도전하며 저항할 때 그들이 시작하게 된, 진행 중인 자기 발견의 긴 여행을 기술하였다. 이전 장들에서의 방법, 제안 및 연습을 추가하기 위해, 저자들은 더욱더 충만한 삶을 달성하는 쪽으로 이동하기 위해 당신이 취할 수 있는 로버트 파이어스톤이 개발한 추가적인 단계들을 기술하였다. 인생에서 제한하고 불량하고 타락적인 외적 · 내적 영향력에 대한 이해는 파이

어스톤 박사가 개인의 안녕감과 성장에 도움이 될 수 있는 아이디어들을 형성하도록 이끌었다. 이 장은 당신 자신의 가치 체계를 구축하고, 관계에서 더욱더 연약해질 위험을 감수하며, 자신을 방어하지 않고 고통스러운 실존적 이슈들에 직면하는 법을 배우도록 하는 우정과 관용의 중요성을 언급하였다.

이 책은 자기 자신, 당신의 영혼, 인생에서 당신에게 가장 중요한 것을 달성하는 능력을 심각하게 손상시키는 파괴적인 사고방식들에 노출되고 도전하는 것을 도울 수 있다. 사람들이 인생에서 직면한 많은 한계는 스스로 초래하였고, 자신과 타인에 관해 그들이 가지고 있는 비현실적이고 부정적인 관점들에 기반을 둔 것이다. 따라서 이 책의 목표는, (1) 살면서 우리의 많은 문제에 기여하고 우리에게 불필요한 고통과 괴로움을 일으키는 우리 안의 힘들을 밝히고, (2) 이러한 힘들에 도전하고 수정하기 위한 방법들을 당신에게 제공하고, 그래서 당신이 자신만의 고유한 가능성들을 실현할 수 있게 되는 것이다.

치료자에 대한 노트

내면의 음성 치료법들은 인지행동적·정신역동적·실존적/인간중심적 심리치료의 보조로 사용될 수 있다. 만약 당신이 치료 과정에서 음성 치료를 사용하고 기저에 있는 이론에 대한 확장된 이해를 얻을 수 있는 단계들에 익숙해지는 데 관심이 있다면,『음성 치료: 자기 파괴적인 행동에 대한 정신치료적 접근』(Firestone, 1988),『파괴적 사고 과정을 방지하기』(Firestone, 1997a),『자살과 내면의 음성』(Firestone, 1997b) 그리고『친밀감에 대한 두려움』(Firestone and Catlett, 1999)을 읽기를 권한다. 추가적으로 실제 사람들과 함께 방법들을 설명하고 있는 음성 치료 훈련 비디오를 보고 싶어 할 수 있다.『음성 치료 훈련 매뉴얼』(Firestone, Firestone, and Catlett, 1997)을 비롯하여 이 단락에서 언급한 모든 자료는 글렌든 협회(Glendon Association; 주소: 5383 Hollister Ave. No. 230, Santa Barbara, CA, 93111)에서 이용 가능하다.

인지행동적 치료자

이 책은 인지행동적 치료(CBT)에 가치를 더할 만한 것으로서 사용될 수 있다. 인지행동적 치료자 일기에서 기록한 자신을 향한 내담자의 부정적인 사고들이 회기 내에서 직접적으로 언급될 수 있다. 부정적인 자기 진술을 포함한 다양한 질문지가 내담자들에게 그들이 이전에 언급하지 않았던 중요한 주제 혹은 자료들을 회기에서 꺼내도록 격려할 수 있다. 연습과 질문지는 인지, 정서 및 행동 사이의 연결에 관해 내담자의 내적 탐색 과정을 촉진할 수 있다. 좌우로 나누어진 양식은 현실 검증을 사용하고, 목표를 정하고, 그러한 목표들에 대한 수정된 행동을 함으로써 내담자가 왜곡되고 자동적이고 부정적인 사고를 지지하고 그것에 반하는 증거를 검증하도록 도울 수 있다. 또한 저널링 양식은 내담자가 통찰하고 자기비난적 내면의 음성의 현실성에 도전하기 위해 CBT로 통합될 수 있는 방식으로 행동변화를 시작하는 것을 돕는다.

음성 치료 방법들은 부정적이거나 역기능적인 인지뿐 아니라 그것들과 관련된 감정들을 표면으로 가져온다. 강력한 정서가 있을 때 '자동적 사고들'을 확인하는 것은 핵심 도식을 변화시키는 데 필요한 '뜨거운 정서를 자극하는 분위기'를 제공할 수 있다.

정신역동적 정신분석적 치료자

정신역동적 치료자를 위해, 이 책은 초기 대상관계가 추후 발달과 성격 역동에 어떻게 영향을 미치는지를 설명하고 있다. 내담자의 의식적 인식에서 방어적으로 제외될 수 있는 '부정적인 부모의 내사화', 혹은 애착이론의 용어로 '내적 작동모델'에 접속하기 위한 방법들(연습, 질문지, 저널링 기법)을 제공한다. 개인적 이야기, 사례, 저널링 연습은 부분적으로 무의식적 과정으로 내담자의 통찰을 제공할 수 있고, 치료자에게 자유 연상법을 통해 얻어진 정보와 유사한 임상 데이터에 접근할 수 있도록 해 준다. 이 자료는 내적 작동모델 혹은 진술이 어떻게 내담자의 현재 삶에서 드러나는지에 관한 통찰을 제공할 수 있다.

음성 치료 기법은 임상가에게 내담자의 양육 환경에 대한 심도 있는 이해를 제공하는 데 사용될 수 있다. 우리는 연습이 이전 치료 장면에서 그들이 언급하지 않았던 이슈들을 제시하도록 한다는 것을 발견하였다. 게다가 내담자가 원가족에서 경험했던 거부 경험을 재현시키려는 시도로서 내담자의 전이를 이해하는 것은 임상가가 내담자의 성격 역동을 개념화하고 해석을 개발할 때 도움이 될 수 있다. 예를 들어, 거부 혹은 부정적인 결과를 예측해 주는 질문지의 특별한 문항들은 부정적인 전이 반응을 표현하는 내담자들에 의해 높은 빈도로 지지될 수 있다.

실존적 인본주의적 치료자

실존적 혹은 인본적인 틀에서 작업하는 치료자는 죄의식, 자기 부정, 격리, 절망, 포기와 관련된 내담자가 부과한 부정적인 사고에 특히 흥미가 있을 수 있다. 사람이 인생에서 긍정적이고 부정적인 사건들과 관련한 죽음 불안으로 고통받는다는 것을 이해할 때, 실존적 치료자는 부정적인 치료적 반응 혹은 내담자의 자기 파괴적 행동의 표출을 예측할 수 있는 긍정적이고 부정적인 사건들에 관해 조사할 수 있다. 이 책을 읽는 것은 내담자가 외로움과 죽음에 관한 실존적 이슈들과 그들이 죽음 불안에 대항하여 어떻게 방어를 형성하는지를 더 잘 이해하도록 도울 것이다. 추가적으로, 제10장은 죽음에도 불구하고 삶을 수용하고 삶을 포기하기보다 강화하기 위해 유한한 존재라는 인식을 사용하도록 내담자를 격려할 수 있다.

차례

Part 1
자기비난적 내면의 음성을 이해하기

Chapter 01   **자기비난적 내면의 음성에 익숙해지기**   21

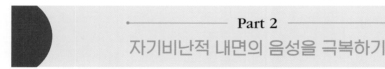

──── Part 2 ────
자기비난적 내면의 음성을 극복하기

Part 3
'좋은 삶'을 살기 위한 지침

Part 1
자기비난적 내면의 음성을 이해하기

제1부는 자기비난적 음성과, 자신들의 일상에서 가장 잘 알고 있는 상대를 향한 적대적이고 냉소적인 생각들에 초점을 맞추었다. 자기비난적인 내면의 음성은 의식 수준에서 나타나고 서로 다른 배경과 문화를 가진 사람들의 일상생활 속에서 나타난다. 부정적인 생각은 아동기에서 유래하며, 성인이 되어서도 지속된다. 제1장과 제2장은 자기비난적 내면의 음성이 어떻게 자존감을 떨어뜨리고 당신에게 수치심과 죄책감을 느끼도록 만들어서 당신의 일상 수행능력을 제한하는지에 초점을 맞추었다. 연습은 당신이 스스로의 파괴적인 생각들, 파괴적인 생각들을 유발하는 사건들과 행동들을 확인하는 것을 돕기 위해 고안되었다. 자기비난적 내면의 음성의 효과를 상쇄시켜 자기 가치감과 자존감을 향상시키기 위한 몇 가지 기법들을 제시한다.

자기비난적 내면의 음성에 익숙해지기

> 우리는 생각과 감정이 우리를 지배하고 통제하도록 한다. 더 나아가 우리의 생각과 감정이 부정적인 충동과 마음의 고통을 결정하도록 한다. 만약 계속해서 이러한 상황이 발생하도록 내버려둔다면 불행과 고통을 초래할 수 있다. 불행이나 피해를 일으키는 것들을 적 (enemy)이라 일컬어져야 한다면, 궁극적인 적은 실제로 우리 내부에 있다는 것을 의미한다.
>
> – 14대 달라이 라마

연설을 앞둔 한 남자가 생각한다. "넌 스스로를 바보로 만들려는 거야. 넌 멍청하다는 소리를 듣게 될 거야. 사람들이 너를 비웃겠지. 누가 네 얘기를 들으려 하겠어? 안 그래?"

데이트를 앞둔 한 여자가 스스로에게 말한다. "어떻게 그가 너를 좋아할 거라고 생각하는 거니? 넌 흥미로운 대화거리를 생각했어야 했어. 그 사람은 다시 연락하지 않을 거야."

직장을 구하는 중인 한 젊은 남자가 생각한다. "넌 너무 어리고 이 일에 경험이 너무 없어. 심지어 이력서 쓰는 것을 귀찮아하는 이유는 뭐니? 이런 식으로 넌 일을 구할 수 없을 거야."

학교에서 시험을 치르는 한 아이가 다음과 같은 생각들 때문에 시험에 집중을 못한다. "넌 정말 바보야. 넌 정답을 하나도 못 쓸 거야. 결국 넌 이번 시험에서 떨어질 거야."

당신은 이와 같은 생각들을 해 본 적이 있는가? 이런 생각들은 당신 삶에 어떤 영향을 주었는가? 이런 생각을 경험할 때 당신은 어떤 감정을 느끼는가? 이런 유형의 생각들을 알고 그것들이 당신의 행동과 정서에 어떤 영향을 주는지를 알게 된다면, 당신은 자신의 삶을 좀 더 통제할 수 있을 것이다. 자기비난적 내면의 음성을 알게 되면 당신은 더욱더 삶의 실제 목표들과 비슷한 행동들을 더 많이 할 수 있다.

자기비난적 내면의 음성이 당신의 행동을 어떻게 통제하는가

연설을 앞둔 그 남자는 왜 자신의 긴장감을 높이는 방식으로 자신을 질책할까? 그 젊은 남자는 왜 구직 실패를 마음에 그렸을까? 이들이 부정적으로 상황을 인식하고 자신의 감정과 행동에 해로운 영향을 주는 방식으로 미래를 예측하는 이유는 무엇일까?

이처럼 자기 파괴적인 생각은 우리의 행동과 일상생활 방식에 강한 영향을 미친다. 예를 들면, 연설을 앞둔 그 남자는 말을 더듬었고, 이력서 쓰는 것을 포기한 남자는 원했던 직업을 구하지 못했다.

연설을 앞둔 남자처럼, 우리의 긴장감을 높이고 수행을 방해하는 생각들을 우리는 대부분 알고 있다. 그러나 대부분의 사람은 이러한 적대적인 생각이 우리 삶을 지배하는 정도를 과소평가하는 경향이 있다. 앞서 예시한 조롱하고 자기비하적인 비난들은 스스로를 향해 느끼고 있는 자기 내면에 있는 분노의 관점에서 보면 빙산의 일각일 뿐이다. 그것들은 우리의 행동을 통제하는 파괴적인 생각·신념·태도로 구성되고, 우리의 개인적인 목표와 커리어 목표를 추구하는 것을 방해하고, 많은 세월 동안 우리의 기분을 나쁘게 하는 더 크고 잘 감춰진 강력한 내부의 적들 중 그저 더 잘 보이는 부분일 뿐이다.

당신에게 이런 내면의 적이 있는가? 이 장은 당신 내부의 비난적 음성을 확인하고 이것들이 당신의 삶에 많은 방식으로 영향을 주고 있음을 발견하는 데 도움을 줄 것이다. 당신의 비난적 음성을 아는 것은 그것을 극복하는 첫 걸음이다.

자신을 위한 것 혹은 자신에게 적대적인 것

우리 모두는 자신의 내면이 나뉘어 있고 인생의 목표와 포부와 관련한 기본적인 갈등을 경험한다. 한편으로는 따뜻한 자기 존중감을 가지고 자신을 좋아하거나 편안하게 느끼는 특성과 행동을 가진다. 우리는 성장하고 발전하려는, 그리고 개인적이고 직업적인 목표를 추구하려는 자연스러운 경향성과 관계에서 친밀해지고 삶의 의미를 찾고자 하는 바람을 가진다. 이 책에서, 이러한 경향성들은 '진짜(실제의) 당신(the real you)' 혹은 '당신의 실제 자기(your real self)'로 언급되는데 왜냐하면, 그것들은 당신 자신에 관한 우호적이고 온정적인 관점으로 이루어져 있기 때문이다.

반면, 우리는 자신에 관해 비우호적이고 비평적인 관점을 가진다. 이런 파괴적인 사고와 태도는 종종 강렬해져서 우리의 현실적이고 긍정적인 사고방식보다 우위를 차지한다. 그러한 것들은 우리 스스로를 가두고 우리의 성공을 방해하며, 때로는 다른 사람에 대해 적대감과 냉소적 감정을 느끼는 데 영향을 미친다. 어떤 경우에는 스트레스 상황에서 부정적 사고방식이 심해질 수 있는데, 즉 우리의 행동에 대해 더 통제하고 실제로 심각한 자기 파괴적 행동을 초래할 수 있다. 비난적이고 분노할 뿐 아니라 부정적 측면의 관점을 이 책에서는 '자기비난적 내면의 음성'이라 하였다. 왜냐하면 당신의 실제 자기와 반대되는 당신의 일부분이기 때문이다. 이것은 자기 패배적이고 자기 파괴적인 행동을 촉진하여 강하게 영향을 주고, 또한 다른 사람에게 분노하거나 상처를 주는 행동을 촉진한다.

　정해진 시간이나 진짜 당신 혹은 자기비난적인 내면의 음성에서 더 두드러지게 나타나는 당신의 어떤 부분에 의존함에 따라 당신은 전혀 다른 견해를 표현하고, 당신의 행동과 타인과의 상호작용에 차이가 있을 것이다. 아마도 당신과 가까운 사람에게서 이런 흥미로운 현상을 봐 왔다. 즉, 그것들은 '그들 자신'으로 보이지 않을 때보다 '그들 자신'일 때 매우 차이가 있을 수 있다. 그들이 '그들 자신'일 때, 그들은 항상 편안하고 훨씬 더 마음에 들었다. 그들이 자기비난적인 내면의 음성에 영향을 받을 때, 그들은 전형적으로 더욱 초조하고 호감이 가지 않았다.

자기비난적 내면의 음성은 어떻게 발달하는가

　어떻게 우리는 스스로에게 등을 돌릴 수 있었을까? 자기 내부의 적은 어디에서 오는 것일까? 우리는 어떻게 자기비난적 내면의 음성을 끝낼 수 있을까? 해답은 과거에 있는데, 그것은 우리가 가능한 한 최선의 방식으로 우리의 삶에 대처하려고 노력해 왔던 바로 어린 시절에 있다.

　자기 분리의 본질과 정도는 우리가 경험했던 부모의 양육과 어린시절의 환경에 달려 있다. 대부분의 사람들과 마찬가지로, 부모도 자신에 대해 양가감정을 갖는다. 즉, 그들은 스스로에 대해 좋아하는 면들도 있고 자기비난적인 사고와 감정들을 가진다. 부모가 스스로에 대해 가지고 있는 부정적인 감정들은 불행하게도 자녀에게 종종 그대로 전달되게 된다. 따라서 부모는 자신들에 대한 비난적 사고와 부정적인 감정뿐만 아니라 자녀에 대한 사랑의 감정을 갖게 된다. 자신이 나쁜 사람이라고 느끼는 어머니와 아버지는 자기 자신에게 좋은 점들이 있다고 믿는 것이 어렵다는 것을 안다. 게다가 자녀는 그 존재 자체만으로 부모 자신이 어렸을 때 가졌던 감정을 불러일으키는 경향이 있다. 어떤 부모가 과거에 외상 혹은 상실로부터 해결되지 않은 감정을 가지고 있다면, 이러한 감정은 자녀에 대한 그들의 반응에 영향을 줄 것이다.

모든 아동기는 아동의 욕구 충족이 되지 않은 상황을 포함하며, 결과적으로 아동은 좌절감을 갖거나 혹은 정서적 고통을 겪는다. 우리 모두는 거부되거나 방치되거나, 심지어 우리의 부모 혹은 주 양육자로부터의 적대감을 경험했다. 비록 그 경험들이 자주 있었거나 혹은 드물었든지 간에, 이러한 사건들은 우리에게 중요한 인상을 남기게 된다.

만약 질문을 받는다면, 우리 대부분은 부모 중 한쪽이 이성을 잃었던 때를 놀라울 정도로 상세하게 이야기할 수 있을 것이다. 부모의 화를 불러일으켰던 것들은 종종 잊히지만, 그 경험으로부터 가졌던 감정은 생생하게 우리의 기억 속에 살아 있다. 우리는 부모의 의도에도 불구하고(?) 부모가 우리에게 화를 내거나, 우리에게 굴욕감을 주거나, 혹은 우리의 감정에 무관심하게 했을 때, 경험했던 공포, 불안, 고통으로부터 우리를 보호하려고 애써야 했다.

아동은 부모가 그들을 대했던 것과 같은 방식으로 자기 자신을 대하는 법을 배운다. 다시 말해서, 사람은 자신이 양육되었던 것처럼 스스로를 양육하는 경향이 있는데, 그들은 부모가 그들을 달래고 벌주었던 것과 유사한 방식으로 스스로를 달래고 벌을 주는 경향이 있다.

당신의 방어

방어는 우리가 스트레스가 되거나 고통스러운 상황들에 대처했던 방식들이다. 어린 시절에 우리는 가족 안에서 우리가 경험했던 정서적 고통의 정도에 비례해서 스스로를 보호하는 방식들을 발달시켰다. 우리의 방어들은 어렸을 때 우리를 도와주었지만, 우리가 성인이 된 지금에, 방어는 우리를 제한하고 우리의 잠재력을 충분히 발달시키는 것을 방해한다. 이러한 심리적 방어들은 폐렴을 앓을 때 나타나는 신체적 반응들과 비교될 수 있다. 폐렴을 앓을 때, 우리 몸에 침투하는 박테리아의 원래 공격보다 우리 신체의 반응이 더욱 파괴적이다. 폐(lung) 속 박테리아의 존재는 우리의 면역체계를 변화시켜 항체를 만들어 박테리아의 침투에 대항하도록 한다. 그러나 이러한 거대한 방어반응은 폐부종을 일으켜 잠재적으로 우리에게 매우 위험하다.

비슷한 방식으로, 작고 취약한 아이였을 때 우리는 고통스러운 상황에서 우리 자신을 보호하기 위해 사용했던 방어들은 우리가 견뎠던 원래의 외상보다도 더 해로울 수 있다. 이런 의미에서 우리의 심리적 방어들은 살면서 나중에 나타날 문제들의 기반이 된다.

환상결합─제1차 방어

로버트 파이어스톤(Robert Firestone, 1985) 박사는 어린 시절에 발달시킨 가장 강력하고 기본이 되는 우리의 방어가 어머니 혹은 주 양육자와 연결되고 있는 환상(fantasy)이라는 것을 발견했다. 그는 이러한 방어를 '환상결합(fantasybond)'이라고 명명하였다. 유아는 어머니와 일시적으로 분리되었을 때의 불안을 피하고 배고픔과 좌절감을 줄이기 위해 과거 수유 경험에 대한 이미지와 기억을 사용함으로써 스스로를 위로하는 데 타고난 재능을 가지고 있다.

고통을 줄이기 위한 인간의 상상력은 놀라울 정도다. 예를 들어, 제2차 세계대전 중 수행되었던 연구들은 음식에 대한 몽상과 환상은 실제 굶주린 사람의 신체적 굶주림통(hunger pangs)을 줄여 주는 것을 밝혔다.

부모가 거의 자녀의 욕구 충족을 시켜 주지 못했거나 혹은 일관되지 않았을 때, 그 아동은 점점 더 부모와 연결되었다는 상상에 의지하게 된다. 대부분의 환상과 같이, 이러한 환상은 진정한 만족을 대신하는 것이 된다. 그 아동은 자기만족의 수단으로 이 환상에 의존하게 된다. 만약 아기 혹은 어린 아동이 잘못된 독립심을 표현할 수 있다면, 그 아동은 "나는 내 자신을 돌볼 수 있어. 어느 누구도 필요 없어."라고 말한다.

아동은 손가락 빨기, 담요 만지기처럼 긴장을 풀어 주는 행동과 훗날 고통스러운 감정을 없애기 위한 행동과 함께 자기 충족적인 망상을 지원한다. 사실, 거의 모든 도를 넘는 행동은 이러한 의도를 위해 사용될 수 있다. 종종 우리는 우리 욕구 충족을 위해 다른 사람들에게 의존하는 것보다 환상결합과 스스로를 진정시키는 다른 방법들을 더 선호한다.

유아기에 우리의 상상 속에서 부모와 결합되는 과정에서, 우리는 우리에 대한 부모의 태도를 취한다. 불행하게도, 이것들은 긍정적인 태도뿐 아니라 부정적인 태도도 포함한다. 이러한 내재화된 적대적인 태도들은 자기비난적 내면의 음성의 기반을 형성한다.

자기 충족적인 환상과 그녀의 환상을 지원하곤 했던 행동들을 발달시킨 한 아동의 사례가 여기에 있다.

카일라 이야기

카일라(Kayla)의 부모가 결혼한 지 3년 만에 그녀가 태어났다. 카일라는 그들의 첫아이였고, 그들은 자녀를 돌보기 위한 준비가 다소 덜 되었다. 그들은 과잉보호하는 경향이 있었고, 카일라는 자주 울었는데 그녀의 부모는 자신들이 생각할 수 있는 모든 것, 즉 고무젖꼭지, 노래, 수시간 어르기를 사용해서 카일라를 달래려 했지만 그들의 계속된 시도에도 불구하고 괴로움은 끝이 없어 보였다.

카일라의 어머니는 어린 시절 자신이 거부된 것으로 괴로워했고, 카일라를 안을 때 긴장을 했다. 그녀는 카일라를 가슴에 꽉 껴안고서 거실을 서성거리며 과장된 움직임으로 아이를 위아래로 흔들어 주었다.

카일라가 한 살이 되었을 때, 부모에게 부부문제가 생겨서 그녀의 어머니는 오랫동안 집을 떠나있었다. 카일라는 점점 더 불안하고 고통스러웠다. 단 한가지 방법만이 그녀를 안정되게 해 주었는데, 한 사람이 계속 서서 안아

주는 것을 고집했다. 카일라는 그 사람의 어깨에 머리를 묻고, 몸을 축 늘어뜨리고 우는 것을 멈추고 조용해졌다. 눈이 반쯤 감기고 게슴츠레한 채로 헝겊 인형처럼 사람 손에 안겨 있었다. 이 당시, 카일라는 마약을 복용한 사람처럼 보였다.

그녀가 두 살 반 때쯤, 카일라는 철수되는 징후를 보이기 시작했다. 종종 그녀 자신만의 세계에 빠진 듯이 보였다. 그녀는 독특한 방식으로 장난감을 가지고 놀았다. 가장 좋아하는 놀이는 블록, 코인 혹은 카드를 반복적으로 특정 모양이나 순서로 차곡차곡 쌓거나 정리하는 것이었다. 카일라는 쌓아 놓거나 배열해 놓은 장난감을 놀이친구가 흩트리면 소리를 지르곤 했다. 또한 카일라는 애착 접촉(affectionate contact)을 피하려고 했다. 실제로 카일라는 얼굴을 찡그리고 실제로 애착으로부터 뒤로 물러나려 했다.

카일라는 잠자리 습관을 만들었는데 그리 다양하지 않았다. 그녀는 일정 순서의 노래, 잠자리 이야기, 그리고 좋아하는 습관—그녀의 머리를 세상으로부터 돌린 채 엄마 혹은 아빠의 어깨 위에서의 익숙한 여행—을 요구했다. 그녀는 하나의 노래나 이야기를 반복적으로 요구했다. 만약 다른 노래 혹은 이야기를 해 주면, 그녀는 몸을 뻣뻣하게 세우고 "아냐! 아냐! 같은 노래! 같은 노래!"라고 소리를 질렀다.

카일라는 자연스러운 바람과 희망을 많이 잊어버린 것처럼 보였다. 카일라 부모의 신경증과 초조함 때문에, 카일라는 자신을 돌볼 수 있도록 자기 망상을 강화하기 위해 습관화된 방식으로 물건과 활동을 사용했다. 이러한 활동들이 방해를 받으면 그녀의 환상이 위협을 받고 있었기 때문에 패닉에 빠졌고, 그녀는 분노로 반응했다. 이러한 습관은 그녀의 초기 고통을 경감시켜 주었고 부분적으로 그녀의 욕구를 채워 주었기 때문에 연령이 높아질수록 점점 더 이러한 습관에 중독되었다. 본질적으로, 그녀의 진짜 바람은 그녀 내부의 공허감을 채워 주는 무언가를 계속해서 추구하는 것으로 변형되었다. 그녀가 '그것'을 발견했을 때, 그녀는 결코 오랜 시간 만족하지 않았고 곧바로 그녀의 탐색을 다시 시작하곤 했다. 세 살 무렵에 카일라는 중독자와 매우 흡사해졌고, 습관과 행동은 그녀에게 마약 같은 것들이었다.

죽음을 배우는 것이 환상결합을 어떻게 강하게 하는가

때때로 3~7세에, 우리는 죽음에 대해 배운다. 죽음을 피할 수 없다는 사실에 대한 새로운 인식은 우리에게 깊은 슬픔과 두려움을 일으키고, 우리의 세계를 엉망으로 만든다. 우리의 삶을 포함해서 우리가 영원하다고 생각했던 것들이 이젠 일시적인 것이라는 것을 깨닫는다. 이런 압도적인 감정에 대처하기 위해 우리는 초기 환경에서 정서적 고통을 다루기 위해 형성했던 것과 같은 방어에 의존한다. 이런 식으로 우리가 이미 발달시킨 방어는 강화되고 더욱더 우리의 성격으로 스며들게 된다.

죽음에 대해 알게 된 후, 많은 아동이 언젠가 자신의 삶과 사랑하는 사람들을 잃을 수 있다는 것을 알고 있기 때문에, 깊은 잠재의식 수준에서 자신의 삶에 온전히 쏟지 않고 다른 사람과 온전한 애착을 형성하지 않기로 맹세한다. 우리는 스스로를 삶과 동맹을 맺거나—유한한 존재에도 불구하고 삶을 선택하는—혹은 죽음과 동맹을 맺는 것처럼—스스로를 방어하고 죽음에 대한 두려움에 맞서 스스로를 보호하기 위한 시도로 우리의 삶에 제한을 두는—왔다갔다 한다. 삶을 돌아보면서 우리가 삶의 편에 섰는지 혹은 죽음의 편에 섰는지에 대해 알아가는 것이 우리에게는 중요하다.

화난 부모의 내재화—제2차 방어

고통과 부정적인 환경에 대한 빠른 민감성 때문에, 모든 연령대 아동은 특히 주의해야 하고, 심지어 이들은 부모의 작은 분노조차도 깊게 영향을 받는다. 그들이 행동으로 표출하거나 그렇지 않거나에 관계없이, 아동은 부모의 화를 생명에 위협적인 것으로 경험할 수 있다. (극심한 환경하에서, 그들의 인식이 정확해질 수 있다.) 어떤 경우든, 스트레스 상황에 처한 아동은 종종 자기 존재의 핵심에 위협을 느끼고 자신의 삶을 무서워하게 된다.

아동이 두려워했던 스트레스 시기 동안, 그들은 스스로를 무력한 아이로 동일시하는 것을 멈추고 대신에 언어적 혹은 신체적으로 벌을 주는 부모와 동일시하게 된다. 일상적인 부모가 아닌 그 혹은 그녀가 가장 최악이었을 그 시기의 부모를 받아들이거나 혹은 부모로 동화된다. 그 아동은 분노, 두려움, 자기혐오를 받아들이는 경향이 있는데, 사실 이것은 그 당시 부모가 경험했던 정서적 콤플렉스다.

예를 들어, 월터(Walter)는 평상시 아들에게 편안하고 느긋한 편이다. 단, 그들이 함께 프로젝트 작업을 진행할 때를 제외하고. 이러한 상황에서는 심지어 월터가 그 경험을 유쾌한 것으로 만들려고 노력할 때조차도 월터의 완벽주의와 비판적인 본성이 나오곤 한다. 부모교육 집단에서, 월터는 자신이 아들을 가르치려고 할 때 부모로서 맞닥뜨리게 되는 문제들을 더욱더 알게 되었고, 자신의 비평적인 성향에 대해 얘기했다.

지미(Jimmy)가 아주 어렸을 때, 나는 그 아이가 무언가를 잘하지 못할 때 아이에게 크게 화를 내곤 했었다. 예를 들어, 우리가 함께 모형비행기를 만들고 있고 지미가 정확히 조각을 맞추지 못하거나 혹은 그와 비슷한 일이 있을 때면, 난 바로 참지 못하고 아이에게 그것을 똑바로 하라고 요구하곤 했다. 때때로 나는 화를 내며 지미를 비난하기도 했다. 하지만 대부분 나는 당장 그 자리를 떠나버렸고, 지미가 혼자 힘으로 그것을 해결하도록 홀로 남겨두었다. 나는 지미가 나에게서 모든 것을 어떻게 배울 수 있는지 몰랐다.

지미는 여러 면에서 스스로를 비난하면서 자랐다. 그가 대학에서 좋은 성적을 받고 스포츠도 적극적으로 임했지만, 그는 매 상황, 특히 프로젝트를 수행할 때 적의적으로 스스로를 비난했다.

나는 스스로를 힘들게 하는 방식과 나 스스로에게 많은 압력을 어떻게 주는지를 생각했다. 중등학교에서 나는 전 과목 A학점을 받지 못하면 항상 겁이 났다. 심지어 한 과목 B 학점일 경우에도 무서웠다. 운동에서도 최고이거나 그렇지 않으면 최악인 것 같았고, 그 사이 중간에 있지를 못했다. 나는 결코 내 자신이 될 수 없었다. 만약 야구를 할 때 실수를 하면, 나는 바로 나를 심하게 비난했다. 내가 매우 바보라고 생각했는데, 그 의미는, 바로 거기에 주저앉아서 수백 번 스스로를 바보라고 했다. 마치 내가 내 머릿속의 나자신에게 소리를 지르는 것 같았다.

내가 무언가를 만들려고 노력할 때마다, 나는 그 프로젝트에 들어가는 것을 두려워했다. 때론 너무 긴장이 되어서 실제 내 손이 떨리기 시작했고 혼자 생각하기 시작했다. "너는 정말 어설픈 사람이야. 너는 정말 서툴러. 왜 제대로 하는 것이 하나도 없니? 넌 바보이고 저능아란 말이야. 다른 애들은 이런 일에 문제가 전혀 없는데, 도대체 넌 뭐가 문제니?"

실제의 당신과 당신의 자기비난적 내면의 음성

우리 내부 분열의 긍정적인 쪽은 우리가 지닌 독특한 성질—신체적 능력, 속성, 어떤 기질, 우리의 부모 혹은 주 양육자가 가진 긍정적인 특질들에의 자연스러운 동일시—로 시작된다. 긍정적 정서 경험은 우리가 배우는 것, 우리가 즐기는 것, 그리고 우리의 성장과 발달을 촉진하는 경험들을 포함한 이러한 부분의 우리 자신에 기여한다.

실제의 당신

실제의 당신은 당신의 성격에서 방어되지 않은 부분이다. 즉, 당신의 부모와 관심을 주는 다른 성인들의 돌봄의 질과 행동, 그리고 당신에게 향한 사랑과 돌봄의 결과로서 진짜 자기가 발달하고 성장한다.

연습 1-1 실제의 당신을 시각화하기

<연습 1-1>(이 장의 끝부분에 제시함)에서, 당신이 좋아하거나 스스로를 칭찬하는 특성들을 포함하여 당신의 능력과 강점을 나열한다. 또한 장기적·단기적으로 인생에서 당신의 목표, 특별히 관심 있는 것, 특히 좋아하는 활동들을 나열해 보시오. 예를 들어, 어떤 사람들 혹은 어떤 이유들이 당신에게 의미가 있는가? 당신의 가치와 이상은 무엇인가?

마지막으로, 당신의 목표를 수행하는 것과 관련하여 당신은 어디에 서 있는지 기록한다.

자기비난적 내면의 음성

자기비난적 내면의 음성은 당신 성격의 방어적이고 부정적인 측면의 언어이다. 즉, 당신의 계속 진행 중인 개인의 발달과 반대되는 측면이다. 이 음성은 당신의 최상의 관심사와 반대되고 자존감을 감소시키는 일련의 부정적인 사고들로 이루어져 있다. 또한 적대적이고 판단적인 생각은 당신에게 타인에 대해 주의하라고 하고, 세상에 대한 부정적이고 비관적인 그림을 그리게 한다. 내면의 음성은 파괴적인 생각·태도·신념으로 구성되어 있을 뿐 아니라 이런 식의 사고와 관련된 우리 모두가 경험하는 화와 분노, 슬픔 감정을 포함한다.

자기비난적인 내면의 음성은 모든 사람에게서 다양한 수준으로 존재한다. 그것은 현실적으로 사건을 해석하는 우리의 능력을 약화시키고, 부정적인 기분을 작동시키고, 그리고 삶의 만족과 의미를 추구하는 것을 방해한다. 그 음성은 본질적으로 우리의 방어체계에 갇혀 있도록 하는 반면, 우리의 더 건강한 측면(실제 자기)은 이러한 방어들의 통제로부터 자유를 갈구하려고 노력한다. 이러한 파괴적인 내면화된 생각들은 소외감, 즉 자신으로부터 제거되고 우리가 사랑하는 사람들로부터 멀어진 느낌을 초래한다. 우리가 그 음성에 대한 부정적인 해석을 믿고 그것들에 도전하는 것을 실패할 때, 즉 우리가 그 음성에 '귀 기울일 때' 우리는 우리에게 부정적인 결과를 주는 방식으로 행동하려는 경향이 있다.

비록 대부분의 사람이 내면의 음성의 몇몇 측면들을 의식하고 있을지라도, 많은 부정적인 생각은 무의식 수준에 존재한다. 때로 우리는 자기비난적 내면의 음성이 우리에게 무엇을 말하고 있는지를 분명하게 인식한다. 그러나 다른 때 우리는 부정적인 생각에 대해 다소 분명하지 않을 수 있고 부정적인 스스로의 이미지를 단순히 믿어 버리거나 받아들인다. 게다가 우리는 이러한 생각들이 우리의 정서와 행동, 그리고 우리 삶을 사는 방식에 미치고 있는 파괴적인 영향을 완전히 알지 못한다. 우리가 얘기하고 있는 비난적인 내면의 음성은 환청이 아니라 대신에 우리의 머릿속 생각으로 경험된다는 것을 여기서 밝히는 것은 중요하다.

자기비난적 내면의 음성은 양심이 아니다

자기비난적 내면의 음성은 양심 혹은 도덕적 지침이 아니다. 그 음성이 때로는 우리의 가치관과 이상과 관련이 있는 것처럼 보일지라도, 우리에게 대항하는 진술들은 항상 사실에 뒤이어 떠오른다.

양심과 구별되는 자기비난적 내면의 음성 특징은 자기를 비하하고 힘들게 하는 특성이 있다. 비하하는 어조는 우리를 건설적인 태도로 바람직하지 않은 행동을 바꾸도록 하는 대신에 자기혐오적인 감정을 증가시키려 한다. 이러한 파괴적인 생각들은 모순적이다. 즉, 처음에는 그런 생각이 자기 파괴적인 방식으로 행동하도록 우리에게 영향을 미치고, 그 다음에는 바로 그 행동 때문에 우리를 비난하게 한다. 게다가 그 음성은 종종 우리의 본질적인 바람, 욕구, 목표, 즉 우리가 삶에서 성취하고 싶은 것들을 '해야 하는 것들'로, 즉 우리는 좋은 사람이 되기 위해서 이것 혹은 그것을 '해야 한다'로 바꾸어 버린다. 우리가 이러한 '해야 하는 것들'에 부응하지 못했을 때, 그 음성은 우리의 실패에 대해 우리를 조롱하고 질책한다.

자기비난적 음성이 당신에게 어떻게 '말'하는가

대부분의 사람은 일인칭 시점, 즉 '나' 진술로 자기 공격을 경험한다. 또 다른 사람들은 마치 다른 누군가가 자신에게 말을 하고 있는 것처럼 그 음성을 경험한다. 예를 들어, 한 남성은 그의 자기비난적 내면의 음성을 자기 머릿속 '이사회 회의'로 언급했다.

비록 다른 누군가가 당신에게 그것들에 대해 당신에게 뭐라 한다 해도, 자기 공격을 이인칭 시점, '당신(you)'으로 하는 것은 가치가 있다. (1) 그것은 당신의 비난적인 관점과 현실적인 관점을 분리해 준다. (2) 그것은 당신으로 하여금 의식 표면 아래에 있는 이전에는 알지 못했을 수 있는 다른 부정적 사고들을 생각하도록 한다. (3) 그것은 이러한 사고들과 관련이 있는 감정을 불러 일으키고 당신의 자기비난적 내면의 음성의 헐뜯거나 비꼬는 어조를 알도록 해 준다.

 연습 1-2 자기비난적 내면의 음성 공격

<연습 1-2> 양식의 왼쪽에 당신의 자기 공격을 당신이 생각하기에 일인칭 '나'로 기록한다. 예를 들어, "나는 어리석어." 혹은 "나는 이런 종류의 일을 잘하지 못해." 그다음에 그 오른쪽에 이러한 진술들을 2인칭 시점인 '너'로 다시 적어 보시오. "너는 어리석어." 혹은 "너는 이런 종류의 일을 잘하지 못해." 2인칭 시점인 '너'로의 오른쪽에 몇 가지 생각들을 기록한 후, 소리내어 읽어 본다.

- 당신은 그것들을 1인칭 '나'로 적었을 때 보다 좀 더 많은 영향을 미치는지 여부를 의식했는가?
- 이것은 당신 안의 화나 다른 감정들을 불러일으키는 것 같은가?
- 소리내어 2인칭 시점으로 그것들을 읽었을 때 당신은 화난 것처럼 들렸는가?
- 그것들을 소리내어 읽는 것이 당신이 이전에 생각해 보지 못했던 다른 음성들을 생각나게 하였는가?

자기비난적 내면의 음성과 익숙해지기

자기비난적 내면의 음성은 우리에게 고통과 괴로움을 일으키는 방식으로 사건과 상호작용을 해석하는 우리 마음 내부의 중계방송처럼 종종 경험되곤 한다. 그것은 우리 스스로에게 가혹하고 판단적인 방식으로 얘기하는 내적 대화다. 본질적으로, 그 음성은 과거에 발생했던 부정적인 사건들에 기초하여 현재의 부정적인 해석을 만들어 내는 필터로 작용한다. 당신이 어린 시절에 경험했던 부정적 사건 혹은 상실이 많을수록, 당신은 더욱 많이 현재의 상황과 상호작용들을 파괴적인 방식으로 해석할 것이다.

일상생활에서 당신은 개인적 관계와 직장에서 많은 사건들을 경험하고 수많은 상호작용에 관여한다. 이러한 사건에 대한 당신의 반응은 당신의 내면의 음성에 의해 많은 영향을 받기 때문에, 당신은 당신의 관점에 따라서 같은 사건 혹은 상호작용에 대해 매우 다른 반응을 보일 수 있다. 만약 당신이 부정적인 필터를 통해 삶을 경험하고 있다면, 상황이 암울하고 비관적으로 보일 수 있다. 그러나 당신이 진짜 자기 관점의 측면에서 당신의 삶을 경험하고 있다면, 같은 상황이나 사건이 당신에게 밝고 낙관적으로 보일 수 있다.

그러므로 우리에게 일어나는 사건이 우리의 고통의 주요 원인이 아니라는 것을 깨닫는 것이 중요하다. 대신에 우리가 자기비난적 내면의 음성을 통해 우리에게 발생한 그것들을 걸러 냄으로써 이 사건들을 해석했을 때 항상 고통이 발생한다. 이런 관점으로 우리의 삶을 보았을 때, 만약 우리가 실수를 하게 된다면, 그것이 얼마나 작거나 중요하지 않은지와 관계없이, 우리는 종종 자기비난적이거나 의기소침하게 된다. 많은 경우에 우리는 실수의 결과를 과장해서 계속해서 실패할 거라고 자신에게 말한다. 심지어 우리가 노력하는 어떤 것에서도 결코 성공하지 않을 것이어서 함께 포기해 버려야 한다고 스스로에게 얘기한다.

당신 내부에 있는 이러한 적에 대해 인식하는 것은 왜 우리가 부정적인 방식으로 사건을 해석하도록 강요하는지를 이해할 수 있게 된다. 그 음성을 인식하는 것은 변화를 향한 첫 번째 단계다. 그런 다음에 당신은 그 음성의 요구를 무시하는 것을 선택하고 상상 속의 통제와 제약에서 벗어나 보다 더 현실적 관점에서 삶을 살기 시작할 수 있다.

연습 1-3 일기 쓰기: 자기비난적 내면의 음성과 실제의 당신

일기는 당신의 자기비난적 내면의 음성을 확인하고 도전하는 것을 돕기 위한 효과적인 도구가 될 수 있다. <연습 1-3>의 왼쪽에 당신이 그날 경험했던 자신을 향한 부정적인 생각들을 기록한다. 2인칭 '너'로 자기비난적 내면의 음성을 진술한다. 즉, 마치 다른 누군가가 당신에게 얘기하고 있는 것처럼. 하루를 마치면서 10~15분간 당신이 그날 경험했던 부정적인 생각을 기억하는 것은 도움이 된다. 단지 이러한 생각을 흘려보내라. 스스로를 검열하지 마라. 당신의 부정적인 생각에 대해 충분히 표현하라. 그것들을 두려워하지 마라. 당신은 그것들을 믿거나 그것들을 따라 행동해서도 안 된다. 오픈해서 그 생각을 내보내고 글로 적어 보는 것은 실제로 이러한 생각을 조절할 수 있도록 해 준다. 당신의 부정적인 생각의 모든 측면을 알아 본다. 또한 그러한 생각이 논리적이지 않더라도 걱정하지 마라. 음성은 비이성적이고 그 생각이 종종 모순적이라는 것을 기억하라. 양식의 왼쪽에 당신의 비난적인 생각을 기록하는 것을 마친 후, 다시 그 생각을 점검해 보는 시간을 가져 본다. 당신이 그 생각들을 2인칭으로 적었는지를 확인하라.

다음으로는 오른쪽에는 각각의 공격과 관련하여 당신 자신과 특성과 반응에 관해 좀 더 우호적이고 온정적이며 현실적 관점으로 표현해 본다. 가까운 친구나 객관적인 관찰자가 당신과 그 상황을 어떻게 보고 뭐라고 말할것 같은가? 오른쪽에 더욱 우호적인 관점으로 당신 자신에 관해 기록한다. 1인칭 '나' 진술로 온정적인 관점에서 기록했는지 확인해 보라. 이것은 자기 긍정적인 진술로 당신의 기분을 좋게 해 주는 연습이라는 것을 의미하는 것이 아니라 실제의 당신에게서 나오는 객관적이지만 온정적인 관점에서 스스로를 바라보는 연습이라는 것을 의미한다. 실제로 당신은 자신을 어떻게 보나요?

<연습 1-3> 양식의 복사본을 몇 장 만들어서 당신 자신의 일기를 모아 보라. 한 주 동안 매일 당신이 경험하는 부정적인 생각에 관한 기록—앞에서 설명하였듯이, 왼쪽에 부정적인 생각을 기록하고, 오른쪽에 자신에 관한 보다 더 온정적인 관점을 기록하기—을 계속하라.

자기비난적 내면의 음성은 다른 사람을 어떻게 바라보는가

그 음성은 자신을 공격할 뿐 아니라 타인을 향한 공격을 지시한다. 우리가 자신에 대해 분열된 관점을 가진 것처럼, 우리 삶에서 중요한 사람에 대해 상반된 관점을 갖는다. 우리 자신과 다른 사람 모두에 대해 모순된 관점을 가진다는 사실은 우리 모두의 내부에 깊은 분열이 존재한다는 것을 가리킨다. 때론 우리는 사랑받는 사람을 사랑받을 만하다고 보고 그들에 대해 온정적이고 다정한 감정을 갖는다. 다른 때, 우리는 그들의 실수에 집중하고 냉소적 관점에서 그들을 평가한다. 예를 들어, 우리는 배우자 혹은 친구에 대해 냉소적으로 평가하고 있는 자신을 발견할 수 있다. "그는 너무 무신경하고, 감정이 없어." 혹은 "그녀는 너무 어린애 같고 무책임해." 혹은 일반적으로 사람들에 대해서 "너는 누구도 믿을 수 없어. 사람들은 실제로 관심도 없어. 모든 사람은 자신을 위해 최고를 추구하려 해. 넌 조심해야지 그렇지 않으면 그들이 너를 이용할 거야."라고 평가한다.

타인에 대한 부정적인 관점은 자기비난적인 생각과 연결되어 존재하는 경향이 있다. 사람은 자신의 실패에 대해 자신을 비난하는 것과 타인을 비난하는 것 사이에서 마음이 흔들리는 경향이 있다. 그들은 자기 공격을 말로 하고 타인을 의심하거나 편견적인 태도를 표현하는 것 사이를 왔다갔다 한다. 하지만 어떤 사람들은 스스로를 공격하는 경향보다 타인을 왜곡하거나 자신을 냉소적이고 신뢰하지 못하는 경향성이 더욱 두드러진다.

자기비난적 내면의 음성이 당신의 일상을 어떻게 파괴하는가

내면의 음성의 효과와 싸우는 가장 강력한 전략들 중 하나는 당신을 자기 공격의 과정에 몰두하도록 이끄는 상황과 경험을 알아차리는 것이다. 당신은 때로 기분이 나쁜 상태에 빠지거나 혹은 일상생활에서 어떤 사건 뒤에 화가 나는 것을 발견할 수 있다. 당신의 기분이 낙천적이거나 편안함을 느끼는 것에서 기분이 가라앉거나 짜증이 나는 상태로 바뀐다는 사실은 당신의 내면화된 음성을 통해 그 사건을 해석하고 있다는 표시일 수 있다. 당신이 자기 공격의 과정에 빠져 있다는 것을 의식하는 것은 그 음성에 도전할 때 가치가 있다. 그 다음 단계는 당신의 자기 공격의 과정에 관한 내용을 확인하는 것이다.

자기비난적 내면의 음성을 유발하는 사건을 알아채기

만약 지난주에 당신의 기분이 바뀐 것—예를 들어, 비교적 행복하고 만족스러움을 느낀 것에서 기분이 가라앉는 것—을 관찰했다면, 당신의 기분이 바뀌기 바로 전에 일어났던 사건 혹은 상호작용을 기억해 보라. 많은 상황들과 마주하는 것이 고통스럽거나 불안을 유발할 수 있을지라도, 당신이 이 사건 혹은 상황을 해석하는 방법은 문제의 가장 중요한 부분이라는 것이라고 재차 강조하는 것은 중요하다. 당신이 그 사건에 관해, 당신 자신에 관해, 그리고 관여된 다른 사람에 관해 스스로에게 말하는 것은 사건 자체보다 우리의 감정과 마음의 상태를 알아내는 데 훨씬 더 중요하다.

예를 들어, 메리(Mary)와 그녀의 남편은 결혼한 지 6년만에 헤어지기로 결정했다. 두 사람의 목표는 결국 이혼하는 것이었지만 그들은 둘 다 우정을 유지하고 싶어 했다. 7주 후, 메리는 이혼 후 재산분할에 관한 몇 가지 문제들로 인해 괴롭기 시작했다. 어느 날, 그녀가 특히 끔찍한 기분을 느낀다는 것을 알아차렸는데, 반면 일주일 전 그녀는 기분이 매우 좋았고 자신의 미래에 대해 낙관적이었다.

메리는 얘기를 나눌 친한 친구를 찾았다. 친구가 그녀에게 기분이 변하기 바로 전에 발생했던 것으로 확인되는 사건 혹은 상호작용을 떠올려 보라고 했다. 메리는 남편과 이혼 후 재산 정리 중 재정적인 부분에 관해 나누었던 전화 대화를 기억해냈다.

> 나는 남편이 너무 비합리적이고 제멋대로여서 그에게 분통을 터뜨렸어. 그는 또한 미래 나의 계획을 비난했어. 내가 하는 것이 그에게 어떤 차이가 있지? 아무튼. 난 그와 내 자신에게 화를 내는 것으로 끝냈어. 하지만 그 통화를 하기 전에 나는 모든 것이 잘될 거라고 진짜로 믿었거든. 난 우리가 여전히 친구라고 생각하면서 말이지.

대화가 계속되면서, 자기비난적 내면의 음성을 잘 알고 있는 메리의 친구가 전화 통화하는 동안과 그 후에 그녀 자신에게 얘기했던 것을 메리에게 질문했다. 메리는 그 순간을 떠올리며 대답했다.

> 전화 통화 전에 그것이 시작되었다고 생각해. 나의 재정적인 상황에 관해 몇가지 걱정을 하기 시작했어. 그 당시에 그것들은 매우 작은 것 같았지만. 우리가 전화로 얘기를 나누었을 때 난 내 자신에 대해 생각하기 시작했어. "남편은 세상에 대해 걱정이 없는 것처럼 들렸고, 그것을 어떻게 만들어가야 하는지에 관해 걱정하는 사람은 나 혼자뿐이야."
>
> 그러곤 난 남편에게 일종의 그런 비슷한 것들을 말했고, 그의 반응이 나를 발끈하게 했어. 지금 다시 돌이켜 생각해 보니. 난 그가 무슨 얘기를 했는지 전혀 기억할 수가 없지만, 내 스스로에게 말하기 시작했어. "거 봐, 또 그러잖아. 남편은 자신만 생각해. 그는 너무 무관심해. 넌 그와 헤어지는 것을 기뻐해야 해."

하지만 난 전화를 끊은 후, 훨씬 더 나빠졌지. 내 자신을 공격하기 시작했고, 이렇게 생각했어. "지금 너가 해놓은 일을 봐 봐. 넌 순조로운 해결의 기회를 망쳐 버린 거야." 그리고 난 거기에서 멈출 수가 없었어. 난 파경의 책임을 나에게 돌릴 때까지 이런 생각을 계속해서 했어. "이런 식으로 행동하면서 너의 결혼을 망친거야. 항상 버럭 화를 내면서 말이지. 넌 너무 바보야. 이런 일이 일어날 만해. 모두 네 잘못이야."

저녁 내내, 나는 남편에게 화를 내고 모든 것에 대해 남편을 비난하는 것과 내 자신을 비난하며 손가락질하는 것 사이에서 왔다갔다 하는 날 발견했어. 내 마음 어디에도 중간은 없었고, 난 어떤 것에 대해서도 현실적인 관점을 취할 수 없었어. 그래서 난 다음 날 종일 의욕도 없고 화가 났고, 그것 때문에 난 마음을 열고 남편과 다시 말하려는 노력을 하지 못했어. 난 단지 내 미래에 대해 조금 걱정하고 있다는 것을 남편에게 전달하려 했는데 완전히 실패한 것처럼 느꼈지. 내 자신에게 이렇게 말하면서 말이야. "애당초 남편에게 왜 얘기하려 했니? 그는 전혀 이해하지 못할 거였는데……."

사실, 난 그도 아마 같은 것을 생각하고 있을 줄 알았어. 나는 둘이 함께 보다 더 합리적인 방식으로 이것에 관해 얘기하는 것이 나를 위해 그리고 그를 위해 더 좋을 것으로 확신했어. 사실, 내가 너에게 나의 음성을 얘기하는 동안, 난 이처럼 내 자신을 계속해서 공격하는 것이 얼마나 어리석은 것인지를 알 수 있었어. 이런 식으로 생각하는 것은 내가 진정 하고 싶은 것을 하지 못하게 해. 그리고 그것은 재정적 합의에 관한 몇 가지 세부 사항에 대해 그에게 잔소리하거나 그를 공격한 것이 아니라 헤어지는 것에 관한 나의 고통스러운 감정을 어떻게 해서든 그에게 표현하려 했던 것이었어. 실제로, 나는 오랜 기간 동안 살아갈 수 있는 충분한 돈을 합의해서 받았어.

메리는 남편에 대해 가졌던 화나고 냉소적인 생각들을 확인하고 자신의 자기 공격을 친구에게 드러낸 후, 그녀는 남편과 얘기하기를 바랐고 그날 저녁 남편과 식사를 하기 위한 약속을 했다. 다음 날, 그녀는 자신의 걱정, 그리고 자신이 이혼으로 인해 경험하고 있는 고통스러운 감정들을 성공적으로 남편이 알도록 했다고 친구에게 얘기하게 되어 기뻤다. 자신의 감정에 대해 남편에게 직접적으로 얘기했을 때 그녀는 자신의 실제 목표를 달성할 수 있었는데, 그것은 그들이 헤어져 살게 되었다는 사실에도 불구하고 그들의 우정을 유지하는 것이다.

자기비난적 내면의 음성을 지원하는 특별한 외부 비평을 알아차리기

당신 특유의 자기 공격을 확인하려고 노력할 때, 친구, 가족 구성원, 동료 혹은 고용주의 비난에 대한 당신의 반응을 계속해서 파악해 보는 것이 도움이 된다. 이미 우리 자신에 대해 가지고 있는 특수한 부정적 태도와 부합될 때 우리 모두는 피드백에 훨씬 더 민감해지는 것으로 보인다. 게다가 우리는 종종 우리 자신에 대한 것만큼 우리에게 적대적인 사람에게서 비난이 나온다고 상상하기 때문에 얼마나 냉혹한지 혹은 온화한지, 현실적인지 혹은 비현실적인지에 관계없이 외부의 비난에 과잉반응을 한다. 화, 상처받은 느낌, 수치심, 죄의식과 같은 반응들은 전형적으로 사람이 받는 부정적인 피드백의 내용 혹은 심각성에 비례해서 나타난다.

예를 들어, 참만남 집단에서 지적이고 매력적인 여성은 그녀가 다양한 방식으로 공격적인 사람이라는 것을 알게 되었다고 언급하며(말하며), 말하면서 그녀를 무섭게 비판하는 다른 집단원에 직면했다. 그의 공격은 광범위했고, 상당히 가혹했다. 그 여성은 그의 가장 약한 공격 중 하나인 '바보'라고 그녀를 부를 때까지 앉아서 차분히 듣고만 있었다. 그 순간, 그녀는 벌떡 일어나서 소리를 질렀다. "나를 바보라고 부르지 마세요." 추후 자신에 대한 성찰 후, 그녀는 그가 자신을 '바보'라고 불렀을 때 완전히 충격을 받았고, 몹시 화가 나는 것을 느꼈다고 털어놓았다. 현실적 수준에서 아무리 그녀가 지적인 여성이었다는 것을 깨달을지라도, 그녀가 어렸을 때 그녀의 가족은 그녀를 '바보'로 보았었다.

당신의 자기 공격을 타인에게 투사할 수 있는 시기를 알아차리기

우리 안의 분열을 알아차리는 것은 누군가에게는 너무 고통스럽고 당황스러운 일이다. 결과적으로, 우리는 타인에게 우리의 자기비난적 내면의 음성을 투사하게 된다. 많은 경우, 다른 사람에 의해 거절되었거나 비난받는다고 느끼는 것이 내부로부터 오는 고통스러운 공격을 경험하는 것보다 덜 속상하다. 일반적으로, 우리 내부의 적과 투쟁하는 것보다 바깥의 적과 싸우는 것이 더 쉽다는 것을 안다.

당신이 타인에 대해 자신의 자기비난적 내면의 음성을 투사하고 있는 중일 수 있다는 것을 인식하는 것은 중요하다. 때때로 당신은 스스로에 대해 생각하고 있는 부정적 생각을 끊어 버리고 대신에 다른 사람을 당신에 대해 부정적으로 생각하고 느끼는 것으로 인식할 수 있다. 사실, 다른 사람이 당신에 관한, 즉 당신에게 끔찍하고 기분을 가라앉게 하는 것들에 관해 생각하고 있는 것으로 당신이 상상하고 있는 거의 모든 비난은 당신이 스스로에 대해 생각하고 있는 비난일 수 있다.

예를 들어, 자신의 남성성에 대해 의심을 하는 젊은 남자가 여성들을 향한 자기비난적 내면의 음성을 투사하는 과정을 다음과 같이 묘사했다.

여성을 처음 만날 때마다, 난 그녀가 나에 관한 어떤 것을 생각하고 있다는 것을 알아요. 난 단지 그 여성이 나를 부정적인 시선으로 보는 것이라고 생각하거나 상상하는 것이 아니에요. 절대적으로 그것에 대해 확신하는 것을 느꼈어요. 일반적으로 여성들이 나를 진지하게 남성으로 생각하는 것이 아니라 소년으로 생각하고 있다고 믿었어요. 아마도 농담을 나눌 펜팔 친구 혹은 누군가로 여기는 것 같았어요. 분명히 남자로 보는 것은 아니었어요. 내가 이러한 투사를 철회하고 내 자신에 대해 이런 식으로 생각하는 사람은 바로 나라는 것을 깨닫는 것은 어려웠어요. 대부분의 시간을 나는 여성들로부터 이러한 반응, 즉 그들이 생각하고 있는 것에 관한 나의 믿음을 확인하기 위한 방식으로 행동했어요.

　　만약 이 남성이 여성들이 그에 대해 생각하고 있는 것에 관한 자신의 믿음이 스스로의 자기 공격에 대한 투사라는 것을 계속 몰랐다면, 그는 자기 패배적인 행동의 잠재된 원인들을 확인하는 것이 어려웠을 것이다. 게다가 그는 여성들에게 다가가는 것에 주저하는 경향성을 계속해서 가졌을 것이고, 그것 때문에 계속해서 거절당했을 것이다. 여성과의 그의 상호작용은 남성으로서 자신에 관한 부정적인 이미지를 확신시켜 주는 것이 되었을 것이다.

행동에 옮김으로써 자기비난적 내면의 음성 극복하기

　　당신의 자기비난적 내면의 음성에 의해 지시된 행동을 변화시키기 위한 계획은 다음의 두 가지 범주로 나뉜다. (1) 최선이 아닌 행동을 하도록 당신에게 말하는 부정적인 음성에 대항할 계획, 그리고 (2) 내면의 음성이 당신에게 벗어나도록 말하게 하는 활동들 혹은 상호작용처럼 당신에게 이익이 되는 행동을 위한 계획이다.

　　유형(1)의 행동에 대한 예로, 일과 후 친구들과 술을 마시는 한 남자가 자신을 위로해 주는 자기비난적 내면의 음성을 인식하게 되었다. "계속해서 한 잔 더 해. 넌 좀 편안해져도 돼." 음성이 너에게 말하고 있는 것과 함께 가는 것 대신에, 그는 한 잔 이상 마시지 않기로 결정했다. 이 행동은 앞으로 내면의 음성이 지시하는 것에 굴복하지 않겠다는 그의 결심을 증가시켜 주었고 자신만의 관점을 강화시켰다.

　　유형(2)의 행동에 대한 예는 자신이 관심 있는 것을 하기인데, 고통스러울 정도로 수줍음을 많이 타는 여성의 경우다. 그녀는 교회에서 자신에게 호감을 느끼는 남성과 대화를 시작하는 것을 두려워했다. 그녀는 그에게 다가갈 때마다 생각했다. "그가 왜 너랑 얘기하고 싶어 하겠어? 너는 재밌는 얘깃거리를 하나도 가지고 있지 않잖아." 이 경우에 그녀가 계획했던 행동은 기회를 잡아서 그와 대화를 시작해 보는 것이었다.

우리가 이런 종류의 위험을 감수할 때, 우리의 자존감이 향상되고 적극적으로 되는 것에서 힘을 얻는다. 우리가 거절당할 거라고 예측하는 것처럼 부정적인 가정을 시험해 보기 위해서는 상당한 용기가 필요하다. 우리의 노력이 우리 내면의 음성에 의해 예측되는 것과 다른 결과를 유발할 수 있다는 것을 스스로에게 증명했을 때에만 진정한 학습과 변화가 일어난다.

자기 위안적인 행동에 저항하기 위한 행동을 취하는 것은 또한 통합과 투지를 불러일으킨다. 그것은 우리의 삶을 방해하고 있는 중독적인 습관 패턴을 포기하도록 하는 우리의 결심을 강화시켜 준다. 결과적으로, 우리는 보다 더 건설적인 방식으로 우리의 욕구를 충족시켜 주는 더 많은 기회를 가질 수 있다. 좀 지연이 있을지라도 우리의 바람, 희망 및 목표에 맞추어 계속해서 행동할 때, 우리는 진정한 자기를 강화하고 우리 세계의 경계를 확장시킬 수 있다.

📝 연습 1-4 행동을 위한 계획

<연습 1-4>의 왼쪽의 '나의 자기비난적 내면의 음성이 지시하는 행동'은 당신이 확인해 온 음성에 의해 촉진되거나 영향을 받는다고 믿고 있는 행동 혹은 습관 패턴을 기록하는 곳이다. 오른쪽의 '실제 나를 반영하는 행동'은 음성의 지시보다는 당신만의 관점을 반영하기 위해 당신이 계획하는 행동을 기록한다. 이것들은 실제로 당신이 즐기는 활동뿐 아니라 당신이 추구하는 관심사에 맞는 행동으로 구성될 수 있다. 이러한 행동은 음성에 대항하기 위해 계획하는 작지만 점진적으로 주장적인 단계들로 구성될 수 있다. 일주일 내내, 당신이 자신을 위해 하기로 결심했던 행동뿐 아니라 내면의 음성에 의해 통제된다고 믿는 행동을 계속해서 기록한다.

이 연습의 가장 중요한 부분은 당신 음성의 지시에 반대되는 새로운 행동에 대해 생각하는 것을 포함한다. 치료 중인 그리고 치료가 끝난 많은 사람이 이렇게 함으로써 그들의 삶에서 중요한 변화를 만들 수 있었다. 만약 당신이 바꾸기를 원하는 자기 패배적

인 패턴의 행동을 당신이 인지한다면, 당신은 이 행동을 줄이거나 심지어 그것을 중단하는 것까지도 결심할 수 있다. 그러나 부정적인 행동을 중단시킴으로써 당신의 기본적인 방어가 무너질 수 있다는 것을 아는 것은 중요하다. 따라서 자기 패배적인 행동을 중단하는 과정에서 당신이 어느 정도의 불안을 경험하는 것은 피할 수 없을 것이다.

불안을 예측하기: 그것은 긍정적 변화의 징후다

자기비난적 내면의 음성에 기반을 둔 자신에 관한 부정적인 관점과 행동을 변화시키고자 할 때, 불안한 감정을 경험하는 것을 피할 수 없다. 모든 변화 혹은 진척은 불안을 유발하고, 음성의 공격은 항상 강도를 증가시키지만 단지 일시적인 것이다. 대부분의 사람은 불안을 그들에게 무언가가 잘못되고 있는 것을 나타내는 나쁜 것으로 보는 경향이 있다. 우리 모두는 불안을 없애도록 교육받아 왔다. 약을 먹거나 혹은 그것과 관련된 불쾌한 감정을 감소시키기 위해 우리가 할 수 있는 어떤 것을 한다.

불안은 거의 항상 정서적 성장을 동반한다는 것을 기억하라. 그것은 종종 우리가 우리 삶 속에서 건설적인 변화를 만들고 있다는 지표다. 만약 우리가 불안의 증가와 자신에 관해 생각하는 방식에 있어서의 어떤 긍정적인 변화를 항상 동반하는 음성 공격을 참는 법을 배운다면, 불안과 음성 공격은 점차 감소하거나 배경 속으로 사라질 것이다. 그것은 마치 그릇된 행동을 하도록, 즉 살면서 내면화된 부정적인 처방을 따르지 않는 것과 같은 우리를 공격하는 것과 같다. 그것은 우리를 이전으로 돌아가게 하려고 하는, 우리에게 소리를 지르는 화난 부모를 닮았다. 만약 우리가 그것을 떨쳐 내고 새로운 행동을 고수한다면, 공격은 약해지기 시작한다. 그 상황은 잔소리하다 지쳐서 결국 포기해 버리는 부모와 매우 흡사하다.

음성 치료를 통해 자기비난적 내면의 음성에 도전하기

　　음성 치료의 방법들은 파괴적인 생각 혹은 음성과 동반되는 정서와 함께 표면으로 가져오도록 개발된 것으로, 사람들이 파괴적인 생각들에 도전해서 행동을 변화시킬 수 있다. 그 방법을 '음성 치료'라 하는데, 왜냐하면 사람의 자기 제한적이고 자기 파괴적인 행동과 삶의 방식을 지배하는 부정적인 사고 패턴에 대해 말로 표현하는 과정이기 때문이다.

　　치료 회기에서, 내담자는 스스로에 관한 진술이라기보다 스스로에 대한 구어적 진술의 형태로 2인칭 '너'로 자신의 자기비난적 사고를 표현하는 법을 배운다. 특별한 형식으로 음성을 크게 말하는 것은 내담자로 하여금 어린 시절 획득한 이질적인 관점을 구성하는 적대적인 사고 및 태도와 자기 자신의 관점을 분리할 수 있도록 해 준다. 종종, 그들은 부모 중 한 명 혹은 둘 모두의 특징을 묘사하는 태도 및 상호작용과 그들의 내면화된 음성을 바로 연결한다. 그들의 부정적 사고에 노출되고 그 근원을 찾아봄으로써 그들의 기본 방어를 파괴하고 긍정적인 방향으로 자기 개념을 변화시킬 수 있다. 사람은 종종 그 음성과 관련된 감정을 많이 표현하고 이전에 그들이 알지 못했던 핵심적인 부정적인 신념이 밝혀진다. 즉, 무의식적 수준에 존재하는 많은 그들의 신념들이 음성 치료 과정에서 나오게 된다.

　　집단 회기에서, 릭(Rick)은 형에게서 들었던 가벼운 비난의 효과에 대해 얘기했다. 그 당시, 릭은 결혼한 지 10년이 되었고, 두 자녀가 있었으며, 대기업의 성공한 임원이었다. 그러나 그의 어린 시절은 대부분 가혹했다. 즉, 그 시절 그의 부모 사이에 끊임없는 다툼이 있었고, 그것은 집안 분위기를 혼란스럽게 만들었다. 그는 형의 비난이 자기비난적 사고과정을 어떻게 활성화시켰는지를 설명하면서 시작했다. 그가 이러한 공격적 음성을 말로 표현하기 시작하면서 그는 강력한 감정에 압도되었다. 다음은 이 대화의 일부분이다.

릭: 잠시 동안 형과 머무르기 위한 우리 가족의 방문에 대해 약간은 두렵다
고 형이 말했어요. 그 대화 후에, 나는 나 자신을 진정으로 비난했어요.

치료자: 형이 말했던 것에 관해 당신은 자신에게 뭐라고 말했나요?

릭: 그 말을 들었을 때 그 공격은 "내가 함께 살기에 맞지 않는구나."였어요.
"너는 단지 싫은 사람이야. 너는 이류야. 너는 가치가 없어." 나는 진정
으로 그 공격을 느낄 수 있었어요. "너는 주변 사람들과 맞지 않아. 그리
고 넌 진짜 그것을 숨겨야 해. 넌 정말 조심해야 해. 사람들이 너를 알아
차렸을 때 너를 매우 싫은 사람으로 볼 수 있기 때문에 넌 조용히 있으
면서 단지 뒤에 있어야 해."

그래서 그때 만약 누군가가 내 아이들에 관해 무언가를 말한다면, 나는
내 가족에게서 느꼈던 공격을 했어요. 나는 그 공격의 근본은 "너도 우
리와 같아. 너가 생각하기에 넌 뭐가 다르니? 넌 그냥 미친, 쓸모없는
놈이야."라고 생각해요. [릭이 울기 시작했다.]

내가 아이들에 대해 생각했을 때 진짜 많이 느끼기 시작했어요. 아이들
이 그런 정신으로 그 속에 엮인다는 것을요. 그리고 난 우리 애들이 이
런 감정을 갖기를 얼마나 강력히 원하지 않는다는 것을요. 난 내 자신에
관해 이것을 믿는 방식과 내 삶을 사는 방식이 어떤 식으로든 그들에게
감정을 줄 수 있다는 것을 알 수 있어요. 내가 나 자신과 아이들을 위해
이것을 변화시키는 것이 얼마나 중요한지도 알아요. 왜냐하면 내가 지
금 당장 그것을 말할 때—내가 싫은 사람이기 때문에 아이들이 싫은 사
람이라고 느끼는 것을 말로 표현할 때—기분이 매우 나쁜 것을 느껴요.

회기 후반부에, 릭은 자기 삶에서 건설적인 변화를 만드는 것이 쓸데없는
것이라고 느끼는 것이 그의 아버지가 삶에 관해 가졌던 비관적 관점에서 기
인한다는 것을 발견했다.

릭: 음성이 말했어요. "네가 오늘 많은 것을 느낄 때조차도, 넌 무엇을 하려

고 했니? 왜냐면 거기엔 여전히 아무것도 없어서. 넌 여전히 아무것도 아니야." 거기에 아무것도 없다고, 어떤 실체도 가지고 있지 않다고 말했어요.

치료자: 당신은 그와 같은 느낌을 어떻게 가지게 되었나요?

릭: 난 아버지를 힘이 있다고 보지 않았어요. 그는 항상 보트를 타는 꿈을 꾸었고, 주말이면 마리나에 있는 보트를 보러 가곤 했어요. 하지만 그는 결코 그것에 관해 아무것도 하지 않았어요. 나는 아버지가 어떤 것을 하거나 혹은 어떤 조치를 취하는 것을 보지 못했어요. 그것은 모두 환상이었어요.

몇 주 후에 열린 추수 회기에서 릭은 자녀들과의 관계가 좋아졌다고 말했다.

나는 아들과 다른 식으로 관계를 하고 있기 때문에 아들이 더 좋게 느끼고 있다는 것을 알 수 있어요. 나는 아이를 보는 것이 마치 일터에서 집으로 돌아와 그를 보는 기쁜 감정처럼 훨씬 더 행복해지고 있어요. 그리고 어느 정도는 내 딸을 위해서이지만, 몇 가지 이유로 아들에게서 나를 보는 것 같다고 생각했어요. 그래서 아들을 분리해서 보는 것과 내가 그를 위해 원하는 것. 내가 성장하지 않음으로써 나 자신을 위해 원하는 것을 느끼는 것은 여전히 나에게 고통과 슬픔을 주었어요. 하지만 난 아들에게 그것을 주려고 노력하고 있다는 것에 기분이 좋아요.

음성 치료에서, 음성 공격을 확인하고 동반되는 정서를 표현하는 과정은 내담자 자신의 관점과 자신을 위한 감정을 다시 얻도록 해 준다. 본질적으로, 내담자는 자신과 다시 연결된다. 어떤 치료의 형식은 부정적인 관점에 대한 답변을 돌려주는 방식으로 자기 긍정의 진술을 하도록 권한다. 하지만 역설적으로, 당신 자신을 격려하는 것은 자기 패배적인 행동의 증가와 같은 아이 같은 반응을 유발할 수 있다. 이런 식으로 스스로를 칭찬하는 것은 우리 자신을 바깥에 머무르게 하는 것이기 때문에 우리 자신을 벌하는 것만큼 악영향을 미칠 수 있다. 두 경우 모두에서, 우리는 자신과 자신의 경험으로부터 제거되고 진짜 우리의 삶을 살도록 하지 않는 단계에 있도록 한다. 우리 자신이 되고 우리를 관찰하고 참여자가 되기보다는 직접적으로 우리의 감정을 경험하는 것은 최고로 중요하다.

음성 치료의 다음 단계에서, 비난하는 내면의 음성에 따르는 행동을 바꾸는 것은 우리의 비난하는 내면의 음성에 대한 강력하고 중요한 해답이다. 우리는 반드시 내면의 음성에 답해야 한다. "네가 말하는 것을 할 생각이 없어. 나는 내가 원하는 삶을 살고 내 목표와 소망을 성취할 거야."

요약하면, 방해하는 파괴적 사고의 과정이나 자기 공격이 우리 모두의 내부에 있다. 우리는 위험하고 제약하며 궁극적으로 자기 파괴적인 내적 대화에 의해 다양한 정도로 괴로워하고 있다. 음성 치료 방법은 내부의 적과 우리와 우리 삶을 바라보는 방식에 대해 구어로 바꾸는 것이다. 일기 쓰기, 음성에 조종되는 행동을 수정하는 목표 세우기, 그리고 단계별로 행동하기는 음성의 지시를 대항하는 데 매우 유용하다.

비난하는 내면의 음성을 인식하고 음성의 지시에 대항하게 되면서 다음 질문에 답할 수 있게 된다. 우리는 자신 고유의 삶을 살고 자신의 운명을 실현하는가, 아니면 과거 패턴을 반복하고 부모의 삶을 재현하는가? 비난하는 내면의 음성이 우리를 보는 방식을 따르게 되는가, 아니면 우리의 실제 자기를 표현하는 태도에 따르게 되는가? 부모가 우리 삶에 처방한 부정을 더 끊어 버릴 수 있을수록, 우리 자신의 운명을 실현하는 기회가 더 커진다.

연습 1-1 실제의 당신을 시각화하기

나의 신체적 능력

나의 긍정적인 특성

나의 흥미와 활동

나의 장기 목표

나의 단기 목표

목표와 관련하여 난 어디쯤 있는가?

연습 1-2 자기비난적 내면의 음성 공격

'나' 진술로서의 자기비난적 공격	'너' 진술로서의 자기비난적 공격
예: "나는 내가 매력적인 사람이라고 생각하지 않는다."	예: "너는 매력적이지 않아."

연습 1-3 일기 쓰기: 자기비난적 내면의 음성과 실제의 당신

'너' 진술로서의 자기비난적 내면의 음성	'나' 진술로서의 실제의 나
예: "나는 내가 매력적인 사람이라고 생각하지 않는다."	예: "너는 매력적이지 않아."

연습 1-4 행동을 위한 계획

나의 자기비난적 내면의 음성이 지시하는 행동	실제 나를 반영하는 행동

자기비난적 내면의 음성이 어떻게 수치심, 죄책감, 낮은 자존감을 만들어 내는가

> 예민한 사람에게 어떤 것에 대해 죄책감을 느끼도록 하는 것은 너무 쉽다.
>
> – 모튼 어빙 세이든(Morton Irving Seiden)

수치심과 죄책감은 자존감을 낮추는 주된 정서다. 사실, 우리 대부분은 죄책감과 수치심에 얽매여서 제한된 범위 내의 개인적 관계와 경험을 하며 우리의 삶을 살아간다.

수치심과 죄책감은 구분될 수 있다. '수치심'은 스스로를 원래 열등하다고 보거나 어떤 면에서 부족한 것으로 바라볼 때 느끼는 정서다. 죄책감은 우리의 행동과 관련된다. 예를 들어, 잘못된 일을 했을 때, 자신의 가치관과 이상에 부합해서 살지 못했을 때 등이다. 종종 죄책감은 우리의 자기비난적 내면의 음성에 의해 자극을 받는다. 흔히 이런 비현실적이고 부정적인 감정은 자존감을 낮추고, 가치 없는 사람으로 느끼게 만들고, 긍정적인 자기 존중의 감정을 줄이게 한다. 수치심과 죄책감을 극복하는 방법을 배우는 데 있어서, 이러한 정서가 발생할 때 이를 확인해서 이 정서에 영향을 미치고 강화하는 자기비난적 내면의 음성을 밝혀 낼 필요가 있다.

언제 수치심과 죄책감을 느끼는지 확인하기

수치심은 초기 아동기, 말을 배우기 이전부터 발달하는 원초적인 감정이다. 우리가 나쁘고 사랑 못받고 태어났다고 생각하는 뿌리 깊은 지각이다. 그것은 우울하게 만드는 감정으로, 어떤 식으로든 우리를 무기력하게 느끼게 만들기 때문이다. 우리 대부분은 애정을 바라는 것—즉, 접촉하고 싶고, 사랑받고 싶고 다른 사람에 의해 진정으로 받아들여지고 이해 받고자 하는 바람—에 부끄러움을 느끼며 자란다. 우리가 부끄러움이나 모욕감을 느끼면, 스스로 지각하기에 우리가 기본적으로 나쁜 사람이라고 알려질 수도 있는 어떤 징후를 감추고 싶어한다.

만약 부모가 알몸이나 인간의 몸에 대해 부정적인 관점을 가지고 있다면, 우리는, 어린아이로서, 이런 관점을 우리 자신의 것으로 내재화하여 우리의 몸과 성적 감정에 대하여 수치심을 발달시키는 경향이 있다. 예를 들어, 연구들은 과도하고 가혹한 배변 훈련은 유아에게 수치심을 일으키고 추후 정서적·성적 혼란과 관련이 있다는 것을 보여 주었다. 우리 몸과 성적 취향에 관해 우리가 발달시킨 부정적인 감정은 일생 동안 유지되고 친밀한 관계에서 심각한 문제들을 일으킬 수 있다.

죄책감은 행동뿐 아니라 받아들일 수 없는 것으로 여기는 생각과 감정과 관련해서 경험되었던 자기비난적 감정과 태도로 정의될 수 있다. 죄책감은 우리가 잘못된 행동을 하거나 다른 사람의 감정에 상처를 주었다는 것을 깨달았을 때 일어난다. 우리는 또한 싫어하는 사람에게 나쁜 일이 생기기를 비밀스럽게 바랐을 때도 죄책감을 느낄 수 있다. 경쟁에서 라이벌을 이겼을 때, 친구 또는 가족보다 더 성공하였을 때 행복을 느낄지라도, 다른 수준에서 우리는 죄책감을 느낄 수 있다. 하지만 당신이 잘못하고 있다는 것을 아는 상황에서조차도, 당신의 행동에 대한 부정적인 결과로 인해 당신 자신을 공격하는 것은 소용이 없다. 죄책감을 강화하고 비난하는 내면의 음성을 찾아내고, 자신과 타인에게 동정적으로 느끼고, 미래의 상호작용에서 자신의 행동을 바꾸는 방법을 계획하는 것이 훨씬 더 건설적이다.

사람에게 기본적인 갈등을 일으키는 두 가지 뚜렷한 형태의 죄책감이 있다. 즉, 목표를 향하여 움직이고 원하는 것을 추구하는 것에 관한 죄책감[신경증적 죄책감(neurotic guilt)]과 실제 인생을 살아가면서 뒤로 물러나고 포기하는 것에 관한 죄책감[실존적 죄책감(existential guilt)]이다. 첫 번째 유형의 죄책감, 즉 신경증적 죄책감은 인생에서 만족을 추구하는 것에 대한 후회 또는 자기 질책의 감정으로 경험된다. 본질적으로 우리는 단순히 자신의 개인적 목표나 직업 목표를 추구할 때 스스로를 '이기적'이라고 비난한다.

하지만 만약 이 죄책감에 굴복해서 목표 추구를 그만두게 된다면, 우리는 두 번째 유형의 죄책감을 경험한다. 인생에서 자신을 성취하거나 수동적으로 되거나, 혹은 환상 속에서 만족을 추구하려는 우리의 타고난 경향성을 억누르려 할 때 이런 유형의 죄책감, 즉 존재론적 죄책감이 일깨워진다. 슬픔과 후회가 뒤섞인 이런 고통스러운 정서는 무슨 이유든지, 자신의 소망과 이상, 가치를 반영하는 것으로부터 당신이 방황하고 있다는 징후다.

우리 모두는 정서적인 딜레마(emotional catch-22) 상태에 있다. 즉, 이런 양극단의 죄책감 사이에 매달려 있고, 이것이 인생 경험의 한계를 결정한다. 만약 삶에서 개인 목표를 실현하는 쪽으로 움직인다면 신경증적 죄책감을 느낄 것이고, 포기하고 시도하지 않는다면 존재론적 죄책감을 느낄 것이다.

죄책감, 수치심, 낮은 자존감의 기초가 되는 방어

우리 대부분은 자신을 나쁘거나 사랑받을 수 없는 것으로 생각하며 성장하였고, 성인이 되어서 우리는 많은 상황에서 수치심과 죄책감을 느끼는 경향이 있는 것으로 보인다. 하지만 왜 우리는 스스로를 좋아하고 사랑하는 사람과의 새로운 관계가 긍정적인 방향으로 우리 자신을 인식하도록 바꾸게 하지 못할까? 왜 우리는 자신을 심각하게 왜곡하고 있다는 것을 발견하고 난 후에도 자신에 관한 더 현실적인 관점을 취하지 못할까? 우리의 부정적인 신념이 우리가 작고 약하고 취약해져 있을 때 만들어져야 할 필요가 있는 방어 체계의 핵심적인 부분이라는 사실에 그 해답이 있다. 제1장에서 설명하였듯이, 이러한 방어 방법들은 정서적 고통에 대해 우리를 보호하고 인생에서 결정적인 시기에 우리로 하여금 정서적으로 생존하도록 돕는다.

중세시대 전투에서 살아남기 위해 기사가 착용했던 보호 갑옷처럼 방어를 그려 보라. 이제 더 이상 위험이 없는 지금, 무거운 갑옷을 입고 있는 상황을 상상해 보라. 방어라고 하는 무기는 당신이 어렸을 때 당신을 보호해주었지만, 만약 성인이 된 지금도 계속 그것을 입고 있다면 자유롭게 움직이는 당신의 능력이 심각하게 제한받게 될 것이다. 하지만 언제 벗는 것이 안전한가를 어떻게 알 수 있는가? 당신이 방어를 포기하려 할 때, 심지어 당신이 안전하다는 것을 발견하기 전이라도 당신은 갑옷을 벗어던지는 위험을 먼저 감수해야 한다. 이 상황은 불안을 유발하고, 많은 사람이 자신의 갑옷 안에 '안전하게' 머무르는 것을 선호한다.

자기비난적 내면의 음성을 계속해서 믿으려고 하는 방어, 즉 신뢰 부족, 냉소, 혹은 당신이 수치스러워하거나 혹은 죄책감을 느끼기 때문에 계속 비밀을 유지하려는 것은 오늘날 당신 인생의 어떤 외적 사건보다도 훨씬 더 당신을 괴롭힌다. 어렸을 적 당신은 스트레스와 고통에 대처하기 위해 적극적인 방법을 취할 힘이 없었다. 기껏해야 그 상황에서 당신이 할 수 있는 최선으로 스스로를 방어했다. 하지만 당신이 어렸을 때 작동했던 같은 방어들이 아동기를 지나서도 계속 지속되었고, 당신의 현재 삶에서 사람과 사건에 그것들을 적용하면서 자기 패배적으로 되고 있다.

우리는 왜 부모를 항상 선하고 전능하게 보는가

대부분 우리가 성장하면서 스스로를 보호하기 위해 배웠던 주요 방식 중 하나는 부모를 이상화하고 자신을 나쁘게 보는 것이다. 부모와 가족을 이상화하는 것은 기본적인 방어이고, 낮은 자존감과 부정적인 자기상(self-image)의 주된 근원이다. 어린 아동의 생존이 말 그대로 자기 부모에게 달려 있기 때문에 어린 아동은 부모가 착하고 강하고 혹은 최소한 충분하다고 믿을 필요가 있다. 따라서 아동이 부모에게서 사랑받지 못했거나 혹은 거부되었다면, 아동은 그 거부를 부모가 부적절하거나 애정이 없는 것으로 보는 것보다 자신의 타고난 나쁜 성품 때문이라고 생각하는 것이 훨씬 더 낙관적이다. 이런 식으로, 어린 아동이 온 힘을 다해 매달리는, 아동이 스스로를 변화시키고 '착한' 사람이 되기 위해 열심히 노력한다면, 언젠가 부모가 그들을 사랑할 것이라고 하는 희망이 항상 있다.

자아상을 긍정적인 방향으로 바꾸고 우리 인생에서 사랑을 수용할 수 있게 하는 데 있어 부모와 가족을 이상화하는 것은 강력한 저항의 중요한 부분이다. 부모의 무능, 나약함, 부정적 성향과 행동을 노출하는 것을 금기시하는 것은 우리 사회에서 강력하다. 실제로 당신의 아버지가 당신에게 무관심하고 무시할 때, 친척과 친구들이 "아빠는 너를 진정으로 사랑한단다. 다만 그는 사랑을 보여 주는 방법을 모를 뿐이야."라고 말하는 것을 얼마나 많이 듣게 되는가? 아동을 보호한다는 미명아래, 사람들은 아동 앞에서 부모를 비난하기를 꺼린다. 하지만 이것은 부모의 결점이나 단점을 아동이 부정하고 그들 자신에게 결점이 있다고 여기는 느낌을 지지해 준다.

연습 2-1 부모를 현실적으로 바라보기

긍정적인 자기 존중의 감정을 강화하기 위해, 부모에 대한 좀 더 현실적인 관점을 가지는 것은 중요하다. 당신의 부모 또한, 당신처럼, 어렸을 적 그들 자신의 부모의 제약과 부적절함으로 고통을 받았을 것이라는 것을 기억하라. 목표는 부모를 비난하자는 것이 아니라 현재까지 부정적인 영향을 주는 우리의 어린 시절에 있었던 사건을 찾아내어 우리의 한계를 설명하려고 시도하는 것이다. 게다가 이제 성인이 되어서 우리는 어린 시절에 가져보지 못했던 우리 인생을 통제할 수 있는 힘을 갖고 있다. 부모에 대한 현실적인 모습을 좀 더 발달시키고 부모의 힘뿐만 아니라 약점까지도 분명하게 볼 수 있을 때, 우리는 긍정적인 방향으로 자아상을 바꾸는 데 중요한 조치를 취하고 있는 것이다.

<연습 2-1>(이 장의 끝부분에 제시)의 'A. 부모의 성향과 행동을 묘사하기'와 'B. 당신에게 수치심과 죄책감을 일으켰을 수 있는 부모의 행동'의 질문에 대하여 당신의 답변을 기록한다. A의 첫 4개 질문은 온정적 자녀양육 부모교육(CCPE: Compassionate Child-rearing Parent Education) 프로그램에서 사용된 부모 워크북에서 발췌하였다. 부모가 부모의 어린 시절 중요한 사건들과 조부모의 부모가 사용했던 아동양육방법을 탐구하고 조부모의 긍정적·부정적 특성들을 묘사할 때, 부모 스스로에 대해 더 동정심을 발달시키면서 긍정적인 자존감을 증가시킨다. 조부모의 부모에 대한 더 현실적인 관점을 키우는 것은 부모 자신을 더 현실적이고 긍정적인 관점으로 보게 해 준다.

B의 질문은 스웨덴의 양육에 대한 나의 기억 척도(Egna Minnen Betrdffande Uppfostram: EMBU; Perris et al., 1980)에서 발췌했는데, 이것은 다른 부모들의 행동들 중 아동의 수치심과 죄책감을 유발하는 것들을 측정하는 것이다. 이 질문들은 '예/아니요'로 대답할 수 있다.

신경증적 죄책감에 내재된 자기비난적 내면의 음성

대부분 우리는 자기비난적 내면의 음성의 형태로 신경증적 죄책감을 경험한다. 우리가 어린 시절에 극심한 좌절로 고통받았거나 혹은 정서적으로 박탈당했을 때, 부정적인 자아상을 발달시키는 경향이 있다. 성인이 된 우리는 종종 즐거운 경험을 외면하고 행복하거나 성공할 만한 가치가 없다고 스스로에게 말하면서 우리의 삶을 제한한다.

소망을 추구할 때 자기비난적 내면의 음성은 어떻게 죄책감을 느끼게 하는가

죄책감은 아동의 단순한 욕구, 즉 실질적인 돌봄에 대한 욕구와 애정 어린 접촉과 사랑에 대한 욕구 충족과 관련하여 부모가 거부했던 결과로서 인생 초기에 발달하기 시작한다. 아동의 소망과 요구가 좌절될 때, 필연적으로 아동은 스스로를 애정 결핍으로 비난하며 죄책감을 일으킨다.

예를 들어, 크리스(Chris)는 23세 독신이고 열심히 일하는, 세무사로 수입도 좋은 사람이다. 하지만 10대 때부터 그는 남을 돕거나 공공 서비스 분야에 있는 사람들과 좀 더 직접 일하는 것에 관심이 있었다. 야간 학교에 등록하여 심리학과 사회학 과정을 밟았으며, 이 수업이 자기 인생에서 가장 신나는 일이라는 것을 알게 되었다. 그는 파트타임으로 일하기로 결정하고 저축한 돈을 학교로 다시 돌아가는 데 사용했다. 그는 결국 심리학 학위를 취득하기를 희망했다. 직장에 이를 알리려고 했을 때, 그가 엄청난 실수를 하는 것이라고 말하는 강력한 음성의 공격을 받았다.

"넌 진짜 다시는 돌이킬 수 없을 거야. 안 그래? 이 시점에서 너의 경력을 바꾸리라고 누가 생각하겠어? 좋은 직업을 포기해? 무엇 때문에? 학위를 마칠 정도로 충분히 네가 스마트하다고 생각하게 하는게 뭔데? 너는 절대 통과하지 못할거야. 너는 다시 네 마음을 바꾸겠지. 넌 항상 이런 식이야. 매우 무책임하게! 넌 지금 하고 있는 일에 만족해야 해. 넌 왜 우리처럼 하지 않니? 왜 그렇게 정착하지 못하는 거야?"

자기 공격을 확인한 후, 크리스는 안심하면서 자신의 결정을 더 강하게 느꼈다. 그는 또한 '자기비난적 내면의 음성'의 기원에 대해 중요한 통찰을 얻었다. 그는 지루한 일에 갇힌 것을 불평하면서도 한 번도 뭔가를 하지 않았던 아버지를 떠올렸다. 게다가 크리스의 부모는 경직되고 제한적인 인생을 살았으며, 크리스가 경영학을 마치자 즉시 안정되고 꾸준한 직업을 갖도록 상당한 압력을 가하였다. 크리스는 자신이 흥미를 가진 직업을 가짐으로써 아버지를 뛰어넘는 가능성에 대해 죄책감을 느끼는 것을 알게 되었다.

살아 있는 것에 대한 자기비난적 내면의 음성은 어떻게 죄책감을 느끼게 하는가

　　제1장에서 언급하였듯이, 자기비난적 내면의 음성은 부모가 화나거나 벌주거나 거부하려 할 당시 흡수된 부정적인 관점이다. 예를 들어, 만약 당신이 계획되지 않았거나 혹은 부모가 힘든 시기에 태어난 아이라면, 당신은 자신이 짐 같은 존재라 믿으면서 성장했을 것이다. 만약 그렇다면, 성인이 되어 당신은 사랑받을 가치가 없다고 느낄 수 있다. 좀 더 깊은 수준에서, 당신은 살아있는 것에 대해 죄책감을 느낄 수 있다.

　　예를 들어, 신시아(Cynthia)는 3남매 중 셋째로 원하지 않는 임신으로 태어났는데, 큰 오빠의 죽음에 관한 소식을 듣고서 촉발된 죄책감에 대해 다음과 같이 표현했다.

　　　나는 항상 태어나선 안 되는 사람인 것처럼 느꼈어요. [그녀는 울기 시작했다.] 내 말은, 내가 일종에 몰래 끼어든 거예요. 그게 바로 내가 느끼는 거예요. 내 인생을 통틀어서, 나는 그저 끼어든 인생 같은 거예요. 그리고 오빠가 죽었기 때문에, 난 그것을 훨씬 더 강렬하게 느껴요. 오늘날 내 인생에서 내가 가진 모든 것에 행복을 느끼는 것이 나에겐 어려워요. 나는 이런 생각도 해요. "네가 행복해질 어떤 권리가 있는거야? 오빠는 죽었고, 그는 좋은 사람이었어. 모두가 그를 좋아했어. 너는 항상 말썽꾸러기였잖아. 왜 네가 행복해야 하는데?" 나는 삶을 갖기로 한 적이 없어요. 특히, 지금과 같은 삶은 더더욱 아니에요.

나는 태어나지 말았어야 했어요. 내가 태어나서 행복했던 사람은 아무도 없었던 것 같아요. 그래서 어떤 면에서 난 나를 좋아한다고 말하는 사람을 믿지 않았어요. 나는 매우 의심이 많아요. 난 내가 사람들이 좋아하거나 걱정해 주는 사람이 될 수 있다는 것을 기본적으로 믿지 않아요.

이 인터뷰 3년 전에, 신시아의 11세 된 딸 비안카(Bianca)가 아동 토론 집단에서 유사한 음성을 드러냈었다. 비록 비앙카의 출생이 계획되었고 부모가 진짜로 원했던 아이였지만, 비앙카는 자신의 어머니가 가졌던 것과 같은 자기비난적 내면의 음성, 즉 자신이 가치가 없고 자격이 없다는 것을 가졌었다.

나는 많은 시간 음성을 가지고 있어요. 그것들은 이런 거예요. "넌 모든 사람을 괴롭히고 문제를 일으키는 것을 그만두어야 해. 어느 누구도 너에게 관심이 없어. [그녀는 울기 시작했다.] 아무도 너에게 뭔가를 주고 싶어하지 않아. 아무도 너에게 잘해 주고 싶어 하지 않는다고. 왜냐면 네가 다른 사람들에게 잘하지 못하니까. 모두 너를 미워해! 애당초 너는 태어나지 말았어야 해."

그런 생각이 어디서 오냐고 집단 지도자가 물었을 때, 비앙카가 대답했다.

몰라요. 내가 엄마 아빠를 쳐다볼 때, 부모님들이 나를 그렇게 생각할 거라고 생각해요. 만약 부모님들이 나를 그렇게 생각하지 않았다면, 엄마 아빠는 더 친절했을 거예요. 엄마 아빠가 그렇게 냉정하지 않았을 거예요.

가족 중 두드러진 것에 대한 자기비난적 내면의 음성이 어떻게 당신에게 죄책감을 느끼게 하는가

많은 사람이 부모가 이룬 것보다 인생에서 더 많이 성취했을 때 고통스러운 죄책감과 음성 공격을 경험한다. 항상 그런 것은 아니지만, 매우 자주 우리는 동성 부모와 관련해서 죄책감을 느낀다. 당신이 더 많은 재정적 혹은 직업적 성공을 이루었거나, 더 많은 친구를 사귀거나 당신의 가족 구성원보다 더 만족스러운 관계를 가진다면, 이것은 상당한 불안을 유발하고 후회와 자책감을 일으킨다. 사람은 흔히 가족이 실패한 곳에서 성공한 것에 관한 죄책감으로 고통받는다. 당신의 성취는 부정적인 사고, 또는 다음과 같은 강한 음성 공격을 촉발한다. "네가 뭐라고 생각해? 네가 우리보다 낫다고 생각해? 너는 단지 너 자신만을 생각하지."

예를 들어, 35세의 데이빗(David)은 최근에 회사에서 중요한 직책을 맡게 되었다. 승진을 할 수 있었던 그의 특성은 공정성과 평등에 기반한 고용인들에 대한 그의 세심함 뿐 아니라 적극성과 결단력이었다.

반대로 권위적이고 자만심이 강했던 데이빗의 아버지는 벤처 사업에서 실패를 되풀이하였다. 데이빗은 그가 경험하고 있는 죄책감이 아버지가 사업적으로 성취했던 것보다 더 높은 지위를 달성했을 때 유발되었다는 것을 깨달았다. 그는 임원의 직책을 수행하는 자신의 능력을 의심하기 시작했다. 일기를 쓰면서, 그는 자신이 가지고 있는 음성 공격을 확인했다.

다음은 데이빗의 일기(제1장의 〈연습 1-3〉 양식 기반)에서 발췌한 것이다.

자기비난적 내면의 음성	실제의 나
입 닥치고 네 자리를 지켜.	난 이 자리가 좋아. 난 여기에 맞아. 난 내가 하는 일과 요청받은 일을 할 가치가 있어.
너 자신 그대로보다 더 잘하려고 애쓰지 마.	난 어떤 것이 되려고 애쓰지 않아. 난 그대로의 나이고, 난 그럴 만한 위치에 있을 뿐이야.
고용인들이 너를 견딜 수 있을 것 같지 않아.	난 고용인들을 배려해. 난 존경을 가지고 공정하게 그들을 대하려 해. 그들은 나를 인간적으로 좋아할 뿐 아니라 관리자로서도 역시 좋아해.
넌 폭군이야!!!	난 폭군이 아니야. 아버지가 폭군이었지. 하지만 난 아버지가 사람들에게 했던 것과 매우 다르지.

이런 화난 음성을 명확하게 밝히고 그가 자신을 실제로 어떻게 보는지 진술한 후, 데이빗은 자신의 지위에서 물러나게 하고 성공을 방해하는 그의 충동에 대한 투쟁에서 성공했다. 그는 자신을 폭군으로 몰아붙이는 것이 명백하게 잘못이라는 것을 알았다. 이 음성들은 그 자신의 것이라기보다는 실제로 그의 아버지의 성격과 행동을 묘사하는 것이었다.

신경증적 죄책감은 환상결합 또는 부모를 포함한 우리 인생에서 중요한 사람들과의 상상 속 연결을 잃게 될 거라는 두려움에 의해 복잡해진다. 우리가 좀 더 독립적인 인생을 가지기 시작할수록, 이 환상결합에서 분리되는 것에 죄책감을 느낀다.

존재론적 죄책감에 내재된 자기비난적 내면의 음성

신경증적 죄책감에 관한 자기비난적 내면의 음성에 굴복할 때마다, 우리는 자기 패배적이고 자기한계적인 행동에 몰두하는 경향이 있다. 우리는 힘들게 얻은 성공을 방해하거나 혹은 특히 만족스러운 관계를 외면할 수 있다.

하지만 추후 우리는 목표와 우선 사항에 반대되는 방식으로 행동한 것에 대한 후회의 감정과 분노의 자기 공격을 경험할 수 있다.

목표를 포기하는 것에 대해 자기비난적 내면의 음성이 어떻게 죄책감을 느끼게 하는가

사람은 삶을 온전하게 추구해오던 것에서 후퇴하려 할 때, 자신을 배신한 것에 대한 죄책감과 사랑하는 사람을 배신한 것에 관한 죄책감을 느낀다. 일반적으로, 사람이 자신의 재능과 긍정적인 특성을 방해하거나 혹은 파트너와 가까워지거나 애정 관계에서 물러서게 될 때마다 죄책감을 느낄 수밖에 없다.

예를 들어, 사라(Sara)는 첫 아이 출산 한 달 후 침울해지고 다소 우울해졌다. 그녀는 어머니가 된다는 책임감에 부담스러웠고 자신이 부적절하다고 느꼈다. 그녀는 긴장하고 산만해졌고, 남편 잭(Jack)과도 서먹해지고 멀어지게 되었다. 아이가 밤에 울 때마다 그녀는 억울한 감정을 누르기가 어려웠다. 사라는 정신을 바짝 차려서 자신이 매우 간절히 원했던 것에 대해 저항하도록 했던 부정적인 생각들을 파악해 보고 싶었다. 그녀는 자신의 생각을 일기로 적기 시작했다.

자기비난적 내면의 음성	실제의 나
넌 아이 돌보는 법을 몰라	내가 초보 엄마는 맞아. 하지만 나도 아이를 돌보는 것에 대해 다소 좋은 본능이 있어. 난 모르는 걸 배울 수 있어.
넌 아이를 기분 나쁘게 만들 거야.	아이가 울고 가끔은 기분 나쁠 수 있지만, 모든 아기가 다 울잖아. 만약 내가 차분하고 편안하면, 난 항상 아이를 기분 좋게 만들 수 있을 거야.
너는 아이를 가져야 하는 유형의 여자가 아니야.	나는 잭을 사랑하고, 우리는 함께 가정을 이루고 싶어 해. 우리는 아이에게 좋은 인생을 주고 싶어. 그래서 난 아이를 가져야 하는 유형의 여성이야.

너는 진짜 나쁜 엄마야.	완벽한 엄마 같은 것은 없어. 다른 관계와 마찬가지로, 너도 자신에 관해 배우며 성장하는 거야. 난 나쁜 엄마가 아냐. 난 그냥 엄마야.
네가 또 잭을 기분 나쁘게 하고 있는 거 모르겠니?	현실적으로, 난 최근까지 자신이 아니었어. 그리고 그는 날 그리워해. 나도 그와 가깝게 있었던 걸 그리워해.
그는 너에게 흥미를 잃을 거야.	내가 힘든 시기를 보내고 있다는 이유만으로 날 거부하지 않을 거야. 잭의 사랑은 그보다 더 깊어.
그는 네가 아이를 잘 다룰 거라 생각하지 않고, 그가 옳아.	우리는 모두 초보야. 모두 부모가 어떻게 되는지 배우고 있어. 그래서 우리는 함께 하는 거야.
너는 너 자신이 된 적이 한 번도 없어.	웃기네. 이 두 가지 관계는 내 인생의 기쁨이야. 어느 정도 장애는 있겠지만, 나를 멈추지 못해.

일기에 적은 후, 자신의 자기 공격이 남편과 아이로부터 자신을 멀어지게 했다는 것이 사라에게 분명해졌다. 이 거리는 그녀에게 가족으로부터 훨씬 더 멀게 느껴지도록 만들었던 엄청난 죄책감을 일으켰다. 다음 몇 주 동안 사라는 자신의 음성 공격을 계속 확인했고, 아이의 출생으로 촉발되었던 익숙하지 않은 정서를 다루는 법을 배웠다. 그녀는 좀 더 낙관적으로 되었고 자신이 아이를 돌보는 것에 부적절하다고 말하는 비현실적이고 자기 폄하적인 생각을 점차 변화시켰다. 그녀는 이후 다시 남편과 친밀한 관계를 즐기게 되었다.

우리를 위해 지시된 삶을 살아가는 대신 우리 자신의 삶을 살아가려 할 때, 우리는 신경증적 죄책감을 경험하곤 한다. 하지만 만약 우리가 이런 유형의 죄책감에 압도되고 우리 자신의 기준과 가치에 따라 사는 것을 포기하기 시작하거나, 또는 만약 우리가 가치 있는 관계에서 철수해 버리면, 우리는 존재론적 죄책감을 경험하는 경향이 있다. 이런 감정이 어디서 오는지를 이해하고, 그러한 감정을 촉발하고 강화하는 음성을 확인하는 것은 당신에게 자기 공격의 과정을 차단하도록 해서 자신에 대한 연민과 자신만의 고유한 관점을 되찾도록 해 줄 수 있다.

죄책감, 수치심, 낮은 자존감을 방지하기

당신에게 수치심 혹은 죄책감을 느끼도록 하는 자기비난적 내면의 음성에 도전하고 이를 극복하기 위해 사용할 수 있는 많은 연습들이 있다. 이런 파괴적인 생각을 찾아내서 반박한다면, 당신은 인생을 살아가는 데 좀 더 자유로울 수 있다.

자기비난적 내면의 음성과 양심을 구분하기

죄책감과 연관된 자기 공격을 찾아낼 때, 음성이 양심이나 도덕적 기준이 아니라는 것을 기억하는 것이 중요하다. 음성은 비합리적이고 비논리적이며 모순된다. 먼저, 음성은 우리가 자기 패배적인 방식으로 행동하도록 영향을 미치고, 그 다음에 음성은 그러한 행동에 대해 우리를 경멸하게 한다. 실제로, 그 음성은 우리를 아무도 승자가 없는 상황으로 몰아 넣는다. 게다가 만약 음성이 진짜 양심이라면, 힐난하거나 조롱하는 어조를 보이지 않았을 뿐더러 가혹하고 처벌적 특성을 갖지 않을 것이다. 음성으로부터 우리가 경험하는 '해야 한다'와 '해야만 한다'는 우리가 자기 패배적이거나 자기 파괴적으로 인식하는 행동을 변화하고자 노력할 때 우리를 격려하기보다 우리의 에너지와 동기를 약화시키면서 큰 압력으로 작용한다.

죄책감과 수치심을 유발 · 강화하는 음성을 확인하기

당신이 죄책감이나 모욕감을 느낄 때 자신에게 말하고 있는 것에 익숙해지는 것은 심신을 쇠약하게 하는 감정을 극복하는 첫걸음이다. 당신의 파괴적인 생각을 찾아낸 후, 제1장에서 설명하였듯이 당신은 좀 더 현실적인 관점으로부터 이 부정적인 믿음을 분리해 내는 것을 배울 수 있다. 먼저, 최근에 당신이 죄책감이나 수치심을 느끼게 만든 상황을 기억해 보라. 그 상황에 있었거나 혹은 그 후에 당신은 어떤 음성을 경험했는가?

연습 2-2 파이어스톤의 수치심과 죄책감 음성 척도

당신을 죄책감 혹은 수치심을 느끼도록 하는 부정적인 생각을 얼마나 자주 경험하는지를 확인하기 위해 이 연습을 사용하시오.

연습 2-3 수치심과 죄책감: 자기비난적 내면의 음성과 실제의 당신

양식 왼쪽에 <연습 2-2>의 2~4에 체크했던 부정적 사고나 신념을 기록하시오. 목록에 있는 음성 진술은 목록에 포함되지는 않았지만 당신이 경험했던 다른 생각을 떠올리게 할 수 있을 수도 있다. 만약 떠오른 게 있다면, 그 생각 또한 기록하라. 그런 다음 양식의 오른쪽에 당신과 당신 행동에 대한 좀 더 적절하고 현실적인 관점을 기록하시오. 예를 들어, "너는 충분히 베풀지 않아."라는 항목에 2점 이상 점수를 주었다면, 당신은 아마도 당신 자신을 위한 몇 가지 진술들—"실제로 나는 매우 관대한 사람이에요. 나는 많은 시간 타인을 위해 일하고 있는 것처럼 느껴요. 때로, 내가 문제로 걱정할 때, 난 평상시 나처럼 관대하지 않을 수도 있어요. 하지만 그런 경우는 예외적인 것이에요."—을 기술하는 것처럼 느낄 수 있다. 당신이 경험한 죄책감과 수치심을 유발하는 음성에 대한 답을 생각해 보고 답변을 만들어 보기 위한 시간을 가져보라.

"넌 너무 수줍어하고 내성적이야."와 같이, 몇몇 부정적인 음성 혹은 신념은 몇 가지 현실적인 근거가 있다. 하지만, 어떤 사람이 수줍음이 많다 해도, 수줍어하고 내성적인 것에 관한 자기 공격은 가혹하고 비판적이며, 도덕적이 진술인 '해야 한다'가 전형적으로 뒤따르게 된다. 처방과 '해야 한다'에 자신에 관한 단정적인 진술은 변화를 만드는 데 도움이 되지 않는다.

낮은 자존감을 위장한 표면적으로 긍정적 사고를 확인하기

우리가 치료자로서 수행한 많은 훈련에서, 참여자들이 묻는 것이 있다. "긍정적인 음성은 어떤가요?" "사람들은 긍정적 음성을 가지지 않나요?" 정의에 따르면, 자기비난적 내면의 음성은 사람이 자기로부터 이탈하고 스스로를 대상으로 이해하는 파괴적인 과정이다. 사람이 겉보기에 긍정적인 음성을 가지지만, 이 음성은 사람의 행동과 감정, 인생에 파괴적인 영향을 준다. 예를 들어, "넌 쉴 자격이 있어. 너는 프로젝트를 다음에 마쳐도 돼."와 같이 사람을 목표로부터 물러서도록 하는 분명히 우호적인 음성이 있다. 자신의 목표를 지연시키거나 달성하지 못한 것에 대해 죄책감을 느끼도록 한다는 점에서 이러한 음성은 파괴적이다.

많은 사람은 자기를 괜찮다고 확신시키거나 혹은 스스로에 관한 자기 의심이나 나쁜 감정이 없다고 스스로 안심하기 위한 노력으로 긍정적인 '자기 대화'를 사용한다. 예를 들어, 자존감이 높은 래리(Larry)는 최근 자신의 관리기술을 향상하기 위해 산업 심리학자에게 자문을 구했다.

첫 면담에서 그의 모든 분야에 대해 개인력을 조사하는데, 래리는 비록 이혼은 했지만 친구 관계나 인간관계에 문제가 없다고 말하였다. 그를 괴롭히는 단 한 가지는 대기업 시스템 매니저로서의 새로운 자리에서 우유부단해지는 습관이라고 말했다.

심리학자가 래리에게 자신을 전반적으로 어떻게 보고 자신에 대해 어떻게 느끼는지를 물었을 때, 래리는 자신에 대해 정말 좋게 생각하고 있고 자기 신뢰와 자기 확신을 느낀다고 답하였다. 그는 다소 자부심을 가지며, 자기는 '자수성가'한 남자이고, 최근 그가 오른 직책에 가기 위해 열심히 일했다고 분명히 말했다. 그는 이러한 성취에 대해 스스로를 존경한다고 말했다. 이것에 대한 단 하나의 흠은, 그렇지 않았다면 높은 자존감의 완벽한 그림이었을 테지만, 그가 새로운 일에서 해야 하는 결정에 대해 지레짐작(second-guess)해 버리는 것이다.

이것은 그를 매우 불안하게 만들었고, 자신에게 빠른 반응을 요구했던 스트레스 상황에서 그를 거의 무력하게 만들었다. 래리는 자신의 자기 확신과 높은 자존감이 단지 나약함과 무능함, 기본적으로 결함이 있는 사람이라는 깊은 지각을 감춰 주는 얇은 가면이었다는 것을 깨달았다. 래리가 열등감과 수치심뿐 아니라 그가 이러한 감정을 노출할 때 나타나는 분노 뒤에 있는 자기비난적 내면의 음성을 인식하게 되었을 때, 그는 점차 좋아졌고 의사결정을 할 때도 보다 더 직접적이고 단호하게 되었다. 그의 치료 부분은 그가 무능력하고 이류라고 말하는 특수한 음성 공격을 드러내어 확인하는 것으로 이루어졌다. 그가 이러한 부정적인 음성들—그가 자신의 '어둠의 측면'이라고 언급했던—을 알아차릴 때까지 그는 직장에서의 상호작용 혹은 관계 속에서 온전하게 '진짜'를 느끼지 못했다고 언급했다.

이 사례에서 보듯이, 당신은 어떤 사람들은 자신이 가진 부정적인 생각과 신념을 항상 인식하는 것은 아니라는 것을 알 수 있다. 사실, 만약 질문을 받으면, 이들은 아마 많은 시간 자신을 진짜 좋아하거나 인정한다고 답할 것이다. 인지적 수준에서, 그들은 자신이 진실이라고 알고 있는 한 진실을 말하고 있는 것일 수 있다. 여전히, 그들의 행동과 그들의 삶에서 수행하는 방식들은, 정서적 수준에서는 그들이 자기 폄하적인 태도와 자신을 향한 상당한 분노를 숨기고 있다는 것을 종종 보여 준다.

자만과 같은 '긍정적인' 음성: 낮은 자존감의 은폐

자만심의 기저에 있는 생각은 단지 교묘하고 기만적인데, 왜냐하면 이것은 긍정적이고 수용적이고 보호적인 것처럼 보이기 때문이다. 자기비난적 내면의 음성을 확인하고 도전할 때, 자만심이라고 하는 '긍정적인' 음성을 인식하는 것이 가치가 있다. 대부분 우리는, 래리가 경험했던 것처럼, 얼핏 보기에 우리에게 가장 이익인 것처럼 보이는 파괴적인 생각을 갖고 있다. 우리가 인생 초기에 발달시킨 열등감을 보상하기 위해 사용하는 과장된 자기 중요성과 역량에 관한 생각은 표면적으로는 우호적인 음성들 중에 있다. 이런 내면화된 음성은 부정적인 자아상과 낮은 자존감을 감추어 준다.

　많은 사람이 자신이 스스로를 망가뜨리고 있다는 사실을 숨기는 데 도움이 되도록 만들어 온 내적 대화를 가진다. 이것이 자만심의 음성이다. 낮은 자존감이라고 하는 동정의 또 다른 측면이다. 이 '긍정적인' 음성은 사람으로 하여금 뛰어난 재능이나 혹은 비현실적으로 높은 수준의 수행을 할 수 있는 능력을 가지고 있다고 안심시켜 준다. 흔히 이러한 음성은 아이를 사랑하는 것의 대용물로 자녀를 기르거나, 혹은 엄마 혹은 아빠의 그림자로서 자녀에게 훌륭해지기를 요구하는 부모에게서 나온다. 추후, 이들은 스스로 부과한 기준에 부합해서 살지 못한 후에, 그 음성은 인정사정없이 비난할 수 있다. 즉, 다시 말하면 이런 유형의 음성은 실패와 뒤이은 의기소침과 굴욕감을 만드는 것이다.

　앤(Anne)이 어렸을 때, 그녀의 미술적 재능은 어머니에 의해 만들어졌다. 앤의 어머니는 앤에게 언젠가는 그녀가 훌륭한 화가가 될 것이라고 말했다. 게다가 그녀는 딸의 재능에 관해 친구와 이웃에게 계속해서 떠벌리며 자랑했다.

　성인이 된 앤은 미술 강사가 되었으며, 가끔 취미로 그림을 그렸다. 하지만 그녀의 마음 깊숙한 곳에서 그녀는 자신의 미래에 대한 어머니의 예측을 계속해서 믿고 있었다. 어느 날, 앤은 경쟁력 있는 미술 전시회를 알리는 포스터를 보았고, 자신의 그림을 몇 점 출품하기로 결정했다. 그녀는 자신에게 다음과 같이 말하면서 대회를 열심히 준비했다. "넌 진짜 재능 있어! 마음만 먹으면 우승할 거야. 너는 타고난 화가야." 하지만 대회에서 입상조차 하지 못했을 때, 친구와 학생 앞에서 심한 굴욕감을 느껴야 했다. 그녀는 실의에 빠져서 심지어 그림 그리는 것을 포기하는 것도 함께 고려했다.

　마침내 앤은 전문가 도움을 찾았고, 실의에 빠진 기분의 원인이 되는 생각을 드러내기 시작했다. "너는 진정한 화가가 아니야. 너는 사기꾼이야! 다른 참가자에 비해 네 작품은 한심해 보여. 진짜 농담도 잘하는군! 네가 진짜 큰물에서 노는 것처럼 생각하고, 네가 대단한 화가로 생각하지. 얼마나 멍청하니!"

다음에, 앤은 이런 가혹한 비난 때문에 자신을 부추겼던 '긍정적인' 사고를 탐색했다. 그녀는 이런 자만심에 관한 견해는 실제 자신의 것이 아니라 그녀의 능력에 대한 어머니의 과장된 평가를 반영한 것이었고, 딸의 성취에 의지해서 살아가려는 시도였다는 것을 깨달았다. 이런 통찰은 그녀에게 즉각적인 안심을 주었다. 앤은 또한 어머니가 만든 것은 단지 그녀가 딸에게 줄 수 없었던 사랑과 애정의 대체물에 불과했다는 고통스러운 진실에 직면해야 했다.

추후 회기에서, 그녀는 어머니가 딸의 재능이 자신에게서 물려받은 것이라고 친구들에게 말했던 것을 회상했다. 자신의 재능이 어머니에 의해 이용되었다는 것을 알게 되면서 앤은 새로운 에너지가 솟았다. 그녀는 또한 자신에 대해 좀 더 현실적인 관점을 갖게 되었다. 그녀는 많은 노력과 공부를 통해 언젠가 화가가 될 수는 있겠지만, 그녀의 어머니가 그렇게 되기를 바랐던 것처럼 '위대한' 것은 아마 결코 아닐 것이라는 점을 알게 되었다. 그녀는 유화를 더 경험하기 위해 고급 미술반에 등록하였으며, 그녀는 진정으로 그것을 즐겼고, 가르치는 것에서도 계속해서 상당한 즐거움을 얻고 있었다.

일반적으로 사람들은 진실된 칭찬이나 사랑보다 아첨이나 아부를 받아들이는 것이 더 쉽다는 것을 발견하게 되는데, 이유는 그렇게 하는 것이 자신에 관한 부정적인 믿음을 위협하지 않기 때문이다. 자신을 진정으로 존경하고 개인적 특성을 인정하는 사람들의 진정성 있는 칭찬을 묵살하는 것은 대단한 것이 아니다. 그들은 어색하고 불편함을 느끼는데, 왜냐하면 이런 경험은 튀는 것에 대한 불안과 자기의식, 죄책감을 일으키기 때문이다.

✏️ 연습 2-4 **파이어스톤의 자만심 음성 척도**

이 장의 뒷부분에 있는 <연습 2-4>를 이용하여 자만심에 관한 겉보기에 긍정적인 음성을 확인한다. 척도에 나열된 문항에서 당신이 그 생각을 경험하는 것에 관해 빈도를 체크한다.

74

<연습 2-4>에서 척도를 채워 나갈 때, 당신의 부모가 이런 관점으로 당신을 묘사한 것을 기억할 수 있는가? 그러한 진술들이 당신에 관해 정확히 묘사된 것인가? 혹은 당신이 생각하기에 그것들은 당신이 가진 실제 재능이나 특성을 과대포장된 것인가? 그들의 칭찬이 다소 지나쳤는가? 당신에 대한 묘사가 부모가 그들의 인생에서 성취하고자 하는 것 이상을 반영하는 것처럼 보이는가? 이들의 칭찬이 부모의 자존감을 높이는 한 방법으로 당신이 '훌륭해지는' 것이라고 하는 그들의 필요를 나타내는 것처럼 보이는가?

 연습 2-5 부모가 나를 보는 방식과 내가 나를 보는 방식

실제의 당신을 시각화해 보도록 한 <연습 1-1>에서 당신이 나열한 능력과 특성을 검토한다. <연습 2-5>의 왼쪽에 부모가 당신의 긍정적인 특성을 어떻게 보는가를 먼저 기록한다. 그들이 당신의 능력, 자질, 특별한 관심사에 대해 어떻게 묘사하는가? 다음으로 오른쪽에 당신의 능력, 자질, 재능, 특별한 관심사에 대한 현실적인 평가를 기록한다. 당신은 자신을 실제 어떻게 보고 있는가? 이 두 가지 관점 사이에 차이가 있나요? 부모가 묘사한 당신의 기대에 부응하지 못했을 때 실패처럼 느낀 적이 있는가?

 연습 2-6 실제와 가상의 한계

이 연습은 당신의 한계를 다시 생각하도록 돕는다. 즉, 이들이 전적으로 현실적인가를 심각하게 고려한다. 아마도 몇 가지 '골칫거리들'은 내면의 음성―이런 한계를 감추려고 하는 자만의 음성, 아니면 한계를 과장하는 부정적인 생각들―에 의해 조종되어 왔을 것이다. 지나치게 긍정적이거나 혹은 지나치게 부정적인 두 유형의 생각들이 확인되고 극복할 수 있다. <연습 2-6>을 활용할 때, 당신의 장기적 · 단기적 목표를 달성하지 못하도록 하는 현실적인 한계들뿐 아니라 당신이 생각하기에 당신의 자기비난적 내면의 음성에 영향을 받는 한계들이 무엇인지를 기록한다.

당신의 부모의 현실적인 관점을 발달시키는 것만큼 당신 자신에 관한 현실적이고 균형잡힌 관점을 발달시키는 것은 중요하다. 저하된 자존감을 상쇄하기 위하여, 당신은 인생에서 장기적·단기적 목표를 수행하도록 움직일 때 당신의 한계들과 관련하여 수용적이고 이해심있는 태도를 발달시킬 필요가 있다. 이러한 한계들이 당신이 목표를 달성하려고 매진할 때 실제 장애가 될 수 있지만, 우리의 한계가 가상적이든 혹은 실제이든 간에 그러한 한계들로 우리 스스로를 공격하려는 성향과 싸울 필요가 있다.

우리 모두는 인생에서 우리 자신을 실현하고 우리 자신을 방해하거나 제약하는 사이에서 기본적으로 갈등을 경험하고, 종종 이러한 갈등 속에 우리를 계속해서 가두고 우리를 과거에 묶어 두게 하는 수치심과 죄책감의 고리를 알지 못한다. 음성 치료에서 나온 이번 장에서 기술한 기법과 연습은 당신이 수치심과 죄책감과 따로 분리되어 의식할 수 있도록 도울 수 있다. 부정적인 생각이 당신의 어린 시절과 어떻게 관련되는지 통찰을 얻는 것은 이러한 고통스러운 정서의 밑에 깔린 자기비난적 내면의 음성에 대한 더욱더 깊은 이해를 이끈다. 일관되게 당신의 자기 공격에 도전함으로써, 당신은 더 자유롭게 되어 열정적이고 활기있게 당신의 인생을 추구할 수 있다.

연습 2-1 부모를 현실적으로 바라보기

A. 부모의 성향성과 행동을 묘사하기

1. 당신은 부모님과 긴 시간 동안 분리된 경험이 있는가? 있다면 그것은 죽음 · 이혼 · 질병에 의한 것인가? 아니면 다른 어떤 것 때문이었는가? 만약 그렇다면, 당시의 당신의 행동에 대해 적어 보시오.

_____

_____

_____

_____

2. 당신이 보기에 부모님이 당신에게 준 가장 가치 있는 것은 무엇인가? 그런 성격 특성, 가치, 가치 관 등을 적어 보시오.

_____

_____

_____

_____

3. 당신이 싫어하는 부모님의 결점 혹은 약점은 무엇인가? 그러한 특성을 적어 보시오.

_____

_____

_____

_____

4. 당신의 부모님은 자녀에게 엄격하였는가, 관대하였는가? 부모님의 양육방식을 적어 보시오.

_____

_____

_____

_____

B. 당신에게 수치심과 죄책감을 일으켰을 수 있는 부모의 행동

문항	어머니		아버지	
1. 어렸을 때 다른 사람들 앞에서 매 맞거나 혼난 적이 있는가?	예	아니요	예	아니요
2. 부모님이 당신을 좋아한다는 말이나 행동을 보여 주었는가?	예	아니요	예	아니요
3. 당신의 부모님이 다른 사람들 앞에서 말하거나 한 행동이 당신을 부끄럽게 한 적이 있는가?	예	아니요	예	아니요
4. 부모님이 당신이 필요로 하는 것에 있어 못마땅해하였는가?	예	아니요	예	아니요
5. 부모님이 당신이 게으르고 쓸모없다고 다른 사람들 앞에서 비판한 적 있는가?	예	아니요	예	아니요
6. 부모님이 "그렇게 하면 내가 슬플 거야."라고 표현하였는가?	예	아니요	예	아니요
7. 부모님이 불행할 때 그것이 나 때문이라고 느낀 적이 있는가?	예	아니요	예	아니요
8. 부모님이 "널 위해 많은 것을 해 주고 희생하고 있음에 감사해라."라고 표현한 적 있는가?	예	아니요	예	아니요
9. 부모님이 원하는 대로 행동하지 않아서 양심의 가책을 느낀 적이 있는가?	예	아니요	예	아니요
10. 부모님이 "다 큰 사람이 (또는 남자/여자)가 그렇게 행동하면 안돼."라고 말한 적 있는가?	예	아니요	예	아니요
11. 부모님이 당신이 다른 누군가처럼 되기를 바란다고 표현하였는가?	예	아니요	예	아니요
12. 부모님 중 누구든 당신이 달라졌으면 한다고 바란다고 생각하는가?	예	아니요	예	아니요
13. 부모님이 슬프거나 다른 이유로 좋지 않아 보인다면, 당신은 죄책감을 느끼는가?	예	아니요	예	아니요

연습 2-2 파이어스톤의 수치심과 죄책감 음성 척도

당신이 경험한 적 있는 비난적인 내면에 음성(목소리)에 동그라미하세요.

0=그렇지 않다, 1=별로 그렇지 않다, 2=약간 그렇다, 3=그렇다, 4=매우 그렇다

예) "나에 대해 이렇게 생각하거나 말한다."

	0	1	2	3	4
너는 멍청하다.	0	1	2	③	4
사람들이 널 더 잘 알게 되면 그들은 진짜 너의 모습이 얼마나 끔찍한지 알게 될 거야.	0	1	2	3	4
또 차사고가 났어? 너 정말 멍청하구나!	0	1	2	3	4
네가 일으키는 모든 문제를 봐.	0	1	2	3	4
누구도 네 얘기를 듣고 싶어 하지 않아. 너의 의견은 비밀로 해.	0	1	2	3	4
너는 사랑스럽지 않은데 어떻게 그(그녀)가 너를 신경 쓸 수 있니?	0	1	2	3	4
계산하는 걸 잊었군. 똑바로 할 순 없을까?	0	1	2	3	4
넌 아무것도 받을 자격이 없어.	0	1	2	3	4
너는 스스로를 너무 의식해서 친구가 없는 게 당연해.	0	1	2	3	4
너는 아이를 너무 원해서 지금은 그(그녀)와 시간을 보내지 않아.	0	1	2	3	4
오늘 저녁식사에 어울리지 않는 옷을 입어서 모두 널 쳐다보고 있어.	0	1	2	3	4
너 자신을 봐! 너는 너무 매력적이지 않고 너무 못생겼어.	0	1	2	3	4
너는 네가 시도한 모든 일에 실패했어.	0	1	2	3	4
성공하고 싶었던 지금의 너를 봐! 너는 네 목표를 포기하고 끌려다니고 있어.	0	1	2	3	4
너는 같이 있기엔 성질 나쁜 친구야.	0	1	2	3	4
너는 여기 있을 사람이 아니야. 다른 사람들과는 달라.	0	1	2	3	4
네가 어렸을 때 꿈꾸던 것들은 어떻게 되었니? 넌 네가 성취하려 했던 어떤 것도 해내지 못했어.	0	1	2	3	4
너는 행복을 누릴 자격이 없어. 넌 정말 소름끼치게 싫어.	0	1	2	3	4
넌 너무 수줍어하고 내성적이야. 넌 좀 적극적일 필요가 있어.	0	1	2	3	4
너의 오빠(언니)를 더 닮을 수는 없니?	0	1	2	3	4
네가 믿는 네 자신이 진짜야. 너는 정말 쓸모없어.	0	1	2	3	4

너는 정말 그(그녀)를 다치게 했어. 어떻게 용서를 구할 거야?	0	1	2	3	4
무엇이 너를 특별하게 만들었니?	0	1	2	3	4
너는 충분히 베풀지 않아.	0	1	2	3	4
네가 누구라고 생각해? 너도 우리(가족)와 다를 게 없어.	0	1	2	3	4
너 자신을 위한 삶을 살 수 있다고 생각했다면, 음, 너는 할 수 없어. 너는 아무것도 할 수 없어.	0	1	2	3	4
너는 정말 사려 깊지 않아. 너는 너밖에 몰라. 너는 절대 너의 가족(아이, 어머니, 아버지)을 생각하지 않아.	0	1	2	3	4

연습 2-3 수치심과 죄책감: 자기비난적 내면의 음성과 실제의 당신

수치심과 죄책감을 유발하는 자기비난적 내면의 음성	나에 대한 실제적 관점

연습 2-4 파이어스톤의 자만심 음성 척도

당신이 경험한 적 있는 나의 '긍정적인' 상태에 동그라미하세요.

0=그렇지 않다, 1=별로 그렇지 않다, 2=약간 그렇다, 3=그렇다, 4=매우 그렇다

너는 너의 친구들보다 훨씬 똑똑하고 많은 것을 갖고 있어.	0	1	2	3	4
너는 무엇이든 해낼 수 있어. 어떤 것도 너에게 어렵지 않아.	0	1	2	3	4
너는 재능이 아주 많아. 사람들은 언젠가 네가 해 준 것에 대해 고마워할 거야.	0	1	2	3	4
너는 다른 사람들보다 잘 대처해. 너는 너를 절대 실망시키지 않아.	0	1	2	3	4
대부분의 사람들은 정말 엉망으로 하지만, 너는 항상 통제력이 있어.	0	1	2	3	4
물론 그녀는 아름답지만 아름다움은 단지 외적인것에 불과해. 너는 더 많은 개성과 매력이 있어.	0	1	2	3	4
그는 너처럼 여자를 세심하게 대할 줄 몰라.	0	1	2	3	4
너는 이 관계에서 모든 것을 주지만, 그(그녀)는 아무것도 주지 않아.	0	1	2	3	4
너는 승진할 자격이 있어. 아무도 너만큼 이 일에 기여하지 않아.	0	1	2	3	4
네가 하는 일은 정말 가치 있어. 넌 없어서는 안 될 존재야. 사람들이 어떻게 너 없이 잘 지낼 수 있겠니?	0	1	2	3	4
넌 그 프로젝트에 대한 공로를 인정받아야 해. 너는 대부분의 일을 했어.	0	1	2	3	4
네가 이 운영에 있어 진정한 브레인이야.	0	1	2	3	4
너는 모든 걸 다 갖고 있어. 외모, 성격, 매력……. 넌 어디서든 잘 어울릴 거야.	0	1	2	3	4
물론 여자들은 다른 사람들보다 너를 좋아할 거야.	0	1	2	3	4
너의 유머감각은 대단해. 그(그녀)가 너의 농담에 웃는 것 좀 봐.	0	1	2	3	4
주위를 둘러봐. 너는 명백하게 여기에서 제일 예쁜 여자야(잘생긴 남자야).	0	1	2	3	4

연습 2-5 부모가 나를 보는 방식과 내가 나를 보는 방식

부모가 보는 나	내가 보는 나
능력	능력
자질	자질
재능	재능
특별한 관심사	특별한 관심사

연습 2-6 실제와 가상의 한계

신체적 한계

부정적인 성격 특징

단기 목표 달성의 방해 요인

장기 목표 달성의 방해 요인

자기비난적 내면의 음성에 영향을 받았다고 생각되는 한계나 방해 요인

자기비난적 내면의 음성을 극복하기

제1부에서는 자기비난적 내면의 음성의 기저에 있는 기본 이론을 설명하였고, 낮은 자존감에 어떻게 작용하는지와 수치심과 죄책감을 어떻게 강화하는가를 보여 주었다.

제2부에서는 동일한 이론적 접근을 통해서 파괴적인 생각이 성인 생애에서의 중요한 부분, 예를 들어 직업, 인간관계, 성생활 등에서 어떻게 제약을 가하는지를 설명한다. 또한 감정을 차단하기 위해 약물이나 알코올과 같은 진통제에 어떤 식으로 빠져들게 하는지를 설명하고, 기분이 어떻게 침체되고 우울해지게 만드는지를 설명한다. 제2부에서는 파괴적인 생각을 싸워 이겨내고 인생을 좋게 만들기 위한 방법과 연습을 제시한다. 더불어, 마지막 장에서는 만약 정신치료의 도움을 받아서 자기 자신을 좀 더 발전시키기를 원하는 경우라면, 좋은 치료자를 찾는 방법에 대한 의견을 제시한다.

Chapter 03

자기비난적 내면의 음성이 어떻게 커리어를 방해하는가

> 당신이 성공을 견딜 수 있는 것보다 더 빠르게 그것이 오지 않기를 기도하라.
>
> – 엘버트 허버드(Elbert Hubbard)

이 장은 비난하는 내면의 음성이 당신이 일에서 만족을 얻고 커리어 목표를 달성하는 것을 어떻게 방해하는지에 초점을 맞추었다. 성공한 지도자와 고용인, 그리고 창의적인 프로젝트에 관여하는 사람들이 음성이 부과한 한계를 어떻게 극복하고 그들의 경력에서 더 많은 발전을 어떻게 이루었는가를 보게 될 것이다. 비생산적인 일 습관을 조절하는 특별한 생각과 태도를 확인함으로써 당신의 직장에서 성공과 성취감을 더 잘 달성할 수 있을 것이다.

많은 전문가는 실적을 향상하게 하고, 일터에서의 효율성을 증가시키고, 창조적인 일을 통해 자신을 표현하는 중에 놓인 장애물을 극복하기 위해 다양한 전략들을 계획해 왔다. 사람들이 그들의 커리어 목표를 성취하는 것을

88

도와주는 성격 특성들을 발달시킬 수 있는 지침들을 다룬 많은 책들이 출판되었다. 하지만 이러한 전략들은 기본 원인을 무시하는 경향이 있으며, 따라서 이 제안을 따르다 보면 많은 사람이 곤란에 빠지는 경향이 있다.

왜 많은 사람이 비즈니스 세계의 모든 영역에서 능력보다 훨씬 못미치게 기능하는 걸까? 비생산적인 작업 유형의 예는 셀 수 없이 많으며, 이는 비즈니스와 산업에서 쉽게 관찰된다. 중요한 승진을 한 고용인들이 왜 그들이 보상을 받았던 동일한 업무를 수행할 때 종종 무능력해지는가? 경영진뿐 아니라 고용인이 성취를 약화시키는 자기 패배적 습관 패턴을 발달시킴으로써 흔치 않은 성공에 대해 종종 부정적으로 반응한다는 것은 잘 알려진 사실이다.

이런 예에서 공통으로 보이는 맥락은 인간 행동에 대한 중요한 진실을 암시해 준다. 즉, 우리 모두는 성취하고 싶은 것과 성취하도록 허용하는 것 사이의 갈등 상태에 놓인다. 우리 모두는 인생의 모든 측면에서 만족과 성취를 바라는 강한 소망이 있다. 이런 성향이 '실제 자기'의 한 부분임을 재차 강조한다. 동시에 우리의 성공을 방해하고 성취를 제한하는 성향이 있는데, 이 성향은 비난하는 내면의 음성의 징후다. 우리의 자기비난적 내면의 음성의 부분인 자신과 타인을 향한 악의적 태도에 관한 인식이 없다면, 우리는 자신의 이익에 반대되는 방식으로 행동할 수도 있다. 우리의 행동이 부정적 관점에 의해 통제되는 정도는 일할 때의 우리 마음의 상태를 결정하며, 그 결과로 회사의 생산성을 유의하게 떨어뜨릴 수 있다.

당신의 방어가 커리어를 어떻게 제한하는가

우리는 어려서부터 우리 자신을 방어하고 우리가 알고 있는 세상에 대처하기 위해 만들어 낸 고유의 방법들을 가져왔다. 성인이 되어 우리는 이 전략이 불필요하고 효과적이지도 않을 뿐 아니라 오늘날 우리의 삶을 제한한다는 점에서 실제로 해가 된다는 것을 알게 된다. 이것은 특히 우리의 직업적인 삶에서 분명하다. 우리는 사람들이 일터로 가져와서 작동시키는 가장 흔한 역기능적인 방법들을 토의할 것이다.

성공은 환상결합을 위협한다

비즈니스에서 성공했다는 환상을 갖는 사람이 많이 있지만, 그들은 현실에서 성공을 원하지 않는다. 이것은 실제 성취가 환상결합—그들의 초기 환경에서 그리워하고 있는 것에 대한 대체물로써 아동기 이후 사람들이 사용해 온 절차—을 위태롭게 하기 때문이다. 결과적으로, 그들은 만족을 위해 현실 대신 환상을 고려한다.

예를 들어, 안드레아(Andrea)는 2년 동안 영업사원으로서 매우 높은 수준의 성공을 유지하였다. 특별 만찬에서, 회사는 그녀에게 금시계를 선물했다. 다음 달, 그녀의 실적은 극적으로 떨어졌다. 수개월 동안 실적은 계속 감소했다.

안드레아는 직장에서의 그녀의 문제를 이해하기 위해 상담을 받았다. 그녀는 곧 금시계를 선물받은 이후부터 자신을 괴롭혔던 자기비난적 내면의 음성을 알게 되었다. "이제 너에게 더 많은 일을 기대할 거야. 너는 이제 이윤 마진을 더 높여서 더 많이 팔아야 해. 너는 절대 이를 따라갈 수 없을 거야. 그들이 분명 실수한 거야. 너는 받을 자격이 없어. 네가 어떻게 실패하는지 그냥 지켜봐. 너는 절대 여기에 부응할 수가 없어."

안드레아는 이러한 자기 공격을 주의깊게 듣고 그녀의 고용주에 대한 왜곡된 관점을 믿는 것이 자신이 어린 시절 그녀에게 기대되었던 때 어린아이로서 느꼈던 분노와 화를 불러 일으켰다는 것을 깨달았다. 안드레아의 아버지는 그녀가 15세 때 사망했는데, 그녀는 가족의 수입을 보충하기 위해서 그녀가 싫어하는 일을 오랫동안 해야만 했다. 가족은 그녀의 희생에 대해 감사조차 없었다. 회사에 대한 그녀의 기여에 대해 인정받은 현실은 어린 시절부터 그녀와 동반되어 온 환상을 파괴하였는데, 그것은 언젠가는 감사를 받고 보상을 받을 거라는 환상이었다. 그녀는 오래되고 익숙한 분노의 감정을 동료와 상사에게 투사하였으며, 그녀의 수행을 방해함으로써 이런 감정을 행동화했다. 현실에서 성공을 얻은 것은 미래의 상상이나 환상 속 성공으로부터 우리가 얻어 왔을 수 있는 만족이나 위안을 효과적으로 방해한다.

성공과 자만심

때때로 사람들은 실제 성공을 거둔 후, 낮은 자존감을 보상하기 위해 그것을 이용하려고 한다. 그들은 중요성을 과장하고, 자신을 과대포장하기 위해 그 결과 자신의 자만심을 키우는 방법으로 자신의 성취를 이용한다. 성공을 축하하는 타인으로부터의 진정한 인정을 즐기는 대신, 자신을 칭찬하는 내적 과정에 몰입하게 된다. 이것이 탐(Tom)에게 일어났는데, 그는 대기업의 최고 영업사원이었다.

나는 스물네 살이었을 뿐인데 영업에서 매우 성공하기 시작했다. 나는 빠르게 성장하는 회사에 다녔고, 그곳에서 핵심적인 인물이었다. 처음에, 나는 그저 내 일만을 계속하였다. 내가 무엇을 성취했는지 정확히 깨닫지 못할 정도였다. 관리부에서 내 영업 실적을 인식했을 때, 나는 회사에 기여한 공로에 감사를 받게 되어 깜짝 놀랄 정도였다. 나는 또한 동료에게도 존경을 받았다.

그 후에 일어난 첫 번째 일은 내가 매우 불안하고 무서워졌다는 것이다. 이것은 내게 익숙하지 않은 것이었다. 나는 재빠르게 내 역할로 돌아섰다. 설명하기는 어렵지만, 갑자기 난 그저 나 자신 그대로 되는 것 대신에, '성공한 톰'처럼 행동했다. 내가 나 자신을 의식하자마자, 실제 대신 이미지 이상으로 바뀌었다. 나는 더 이상 내가 아니었다. 나는 외부에서 나 자신을 바라보고 있었다.

나와 함께 일하는 모든 사람이 내가 맡고 있는 역할 때문에 매우 불편해졌다. 나는 정말로 동료들과 친구를 밀어내었다. 나는 다른 사람으로부터 오는 그것을 인정하는 대신에 스스로에게 많은 칭찬을 하면서 항상 내 스스로를 격려하였다. 나 스스로에게 말했다. "넌 진짜로 해냈어. 고객들이 너에게 어떻게 반응하는지 봐 봐! 넌 진짜 영업을 잘해. 이렇게 짧은 시간에 이만큼 했다니 정말 놀라워. 그들은 회사를 위해 네가 해낸 모든 것에 고마워해야 해." 그 시점에는 모두 자족적이었다. 그리고 결국 그것은 나의 성공을 실제로 방해하게 되었다. 내가 너무 이미지나 역할에 빠졌기 때문에 고객들 또한 나에게 부정적으로 반응하기 시작했다. 고객들은 나와 이야기를 하지 않았고, 주문도 하지 않았다.

톰은 직접적으로 일을 수행하기보다 역할 놀이에 더 몰입했다. 그는 또한 자신의 허영을 과대 포장하고, 그의 과장된 자만심 이미지를 지지하기 위해 그의 동료들을 경계하고 있었다. 톰이 슈퍼 세일즈맨 역할에 빠져 있기 전에, 그는 많은 에너지를 가졌고 개인적으로 더 어필했다고 언급한 것이 흥미로웠다. 자만심의 관점에서 작동하는 사람은 단순히 자기 자신일 때보다 덜 기능적이며, 에너지가 더 적고, 덜 매력적이다.

경쟁으로부터 물러나기

사람들은 때로 경쟁하는 상황을 두려워하기 때문에 직장에서 잘 수행했던 업무에서 물러나거나 충분히 누릴 자격이 있는 성공을 피한다. 자기비난적 내면의 음성은 특히 이런 상황에서 특히 두드러진다. 승진이나 리더 자리를 위해 경쟁하는 것을 두려워하는 남녀는 스스로에게 다음과 같이 말할 수 있다. "그(그녀)를 조심해야 해. 네가 그 자리를 놓고 경쟁하는 것을 그(그녀)가 모르게 해야 해." 다시 말하면, 두려워하지 않았다면 앞서갈 수 있었던 많은 사람이 경쟁자들로부터의 보복을 두려워한다.

자기비난적인 사고는 거의 항상 경쟁자와의 직접적인 경쟁으로 유발된다. 예를 들어, 큰 건축회사를 공동 설립한 한 여성은 경쟁에 직면했을 때 물러서 버리는 자신의 경향성으로 인해 힘들어했다. 그녀는 특히 남성 재무 담당자나 건축가와 토론할 때 자신의 의견 표현을 취소하거나 낮추는 자신을 발견하곤 하였다. 이런 상황에서 뒤로 물러나도록 그녀를 북돋우는 음성을 찾아내었다. "그들은 여성 말을 듣기 원하지 않아. 그들은 전문가야. 건축은 남성의 영역이야. 어쨌든 네가 뭘 알아? 그들이 너보다 경험도 훨씬 많아. 조심스럽게 행동하고, 네 의견은 꼭 참도록 해." 결국, 그녀는 포기하는 자신 성향의 기원들을 알게 되었다.

나를 제한하는 가장 큰 것은 바로 나의 어머니가 스스로 정해 놓았던 한계들을 지나치는 것이 어렵다는 것을 난 알았어요. 무엇보다, 어머니는 아버지와의 관계에서 너무 순종적이었어요. 어머니는 일을 할 때 상사의 의견에 따랐고, 절대 자기 의견은 언급하지 않았어요.

나는 어머니를 능가하는 것에 대해 죄책감이 있을 뿐만 아니라, 나 또한 남자들에 대해 어머니의 관점을 취했고, 내가 앞지르게 된다면 남자들이 내게 화를 낼까 봐 두려워해요. 이것은 실제로 나의 두려움이 아닌 그녀의 두려움이라고 느끼고 있어요. 남성과의 관계에서 어머니가 행동한 방식을 내가 얼마나 모방하고 있었는지를 이제는 알 수 있어요. 내 경력에서 승진할 때마다, 어머니를 뛰어넘는 것에 대한 죄책감과 남성의 세계에서 내가 사기꾼이라는 두려움 때문에 그것은 나를 힘들게 했어요. 나는 다른 여성에게도 말하였고, 그들 또한 사실이었습니다. 나에게, 이런 종류의 죄책감과 비합리적인 두려움은 남성이 나에게 주는 장애물보다도 훨씬 큰 한계예요.

불쌍한 척하기(피해자인 척하기)

피해자인 척하기는 어느 사람이 직장에서 성인이 되는 것을 거절하는 징후다. 피해자가 된 듯한 태도는 성인에게는 결코 적절하지 않은데, 왜냐하면 이들이 그들의 인생에서 실제로 힘을 갖고 있기 때문이다. 종업원은 흔히 수동적인 피해자 역할 연기를 하고, 변화를 가져오거나 심지어 궁극적으로는 다른 일을 찾을 수 있다는 가능성을 고려하지 않고서 자신이 착취를 당하고 있거나 불공평한 대접을 받고 있다고 불평한다. 대신에 이들은 무능력, 유치함, 눈물 그리고 다른 허약함의 증상들을 통해 표현될 수 있는 '부정적인 힘'으로 타인을 조종한다. 부정적인 힘의 기저에 있는 자기비난적 내면의 음성은 독선적인 어조를 띄고 많은 '해야 한다'는 표현을 포함한다. "그들이 너를 이렇게 취급해서는 안 돼. 너는 왜 항상 늦게까지 일해야 해? 상사가 너무 불공평해. 상사는 네 일을 항상 불평만 하지 잘했다고 칭찬한 적이 한 번도 없어. 네가 왜 네 길을 두고 모든 공적을 받는 그를 도와야 해?"

자기 자신을 피해자로 보는 것은 절대 기능적이지 않다. 이것은 개인적인 힘, 즉 자신을 주장하거나 건설적인 변화를 만드는 능력을 포기하게 만드는 관점이다. 당신이 이 역할을 하고 있는지 혹은 그렇지 않은지를 인식하기 위해서, 당신의 반응들을 점검해 보라. 당신의 업무 부담에 대해, 혹은 당신의 상사가 얼마나 비합리적이며 요구가 많은가를 동료에게 불평하곤 하는가? 당신은 자신의 실패나 실수에 대해 압도되거나 혹은 타인을 비난하는가? 만약 당신이 이런 패턴을 가지고 있다면, 그것은 당신의 상사가 너무 요구가 많거나 지독해서가 아니라, 당신이 무력한 피해자의 역할로 자신을 밀어넣기 때문일 수 있다.

특히 당신이 직장을 옮길 때마다 이런 사고와 행동 패턴을 반복하고 있다면, 그것들은 알아볼 만한 가치가 있을 수 있다. 당신이 불평하는 바로 그 상황들을 만드는 데 있어서 당신이 어떤 역할을 하고 있을 수 있다. 당신이 몸담았던 과거 직장에서의 상황들을 돌이켜 생각해 보라. 이런 상황에서 당신이 피해받은 느낌을 갖도록 한 음성들이 있었는가? 이런 생각들이 당신의 현재 직장 상황을 어떻게 방해하고 있는가?

직업 세계에서, 피해자 같은 느낌을 피하기 위해서는, 주도성을 발달시키고 당신이 상황을 조절할 수 있는 것을 주장하는 것을 배우는 것이다. 당신이 행복하지 않다면 마음 놓고 목소리를 높일 수 있거나, 혹은 그 문제가 재발되고 있는데 당신이 느끼기에 상황이 나아질 수 없을 때 직장을 바꿀 수 있도록 할 필요가 있다. 이것이 의미하는 것은 당신에게는 자신만의 개인적인 힘—자기의 목표와 우선 사항—을 개발하는 것이 중요하다는 것이다.

연습 3-1 커리어 목표: 자기비난적 내면의 음성과 실제의 당신

　미래를 위해 당신이 가진 궁극적인 커리어 목표의 비전을 작성해 보기 위한 시간을 가져 본다. 그런 다음, <연습 3-1>의 왼쪽에 당신에 대한 개인적 의미를 부여하는 식으로 이 목표를 진술하는 글을 작성한다. 만약 아직 커리어를 결정하지 않았다면, 잠시 시간을 내어 당신 인생에 가장 중요한 의미를 갖는 이상과 가치관이 무엇인지 생각해 보고, 당신의 이상을 표출하는 활동들에 관한 글을 작성한다. 이미 직업을 갖고 있다면, 그 분야에서 자신 목표의 핵심을 포착하여 기록한다. 만약 목표가 하나 이상이라면 각각에 대하여 간단하게 기록한다. 그 후에 중간 부분에는 당신의 자기비난적 내면의 음성이 이 목표들을 어떻게 공격하는지를 기록한다. 오른쪽에는 궁극적인 직업 목표를 성취하는 데 있어서 방해된다고 느끼는 현실적인 장애들을 기록한다. 다음은 <연습 3-1>에 관한 세 가지 예시다.

나의 커리어 목표	자기비난적 내면의 음성이 말하는 것	나의 현실적인 생각
학생: 나는 아이와 함께 하는 일을 원하는데, 그들에게 생존을 위한 기술을 가르치는 것뿐 아니라, 자신이 될 수 있는 최상의 사람이 되도록 영감을 주고, 타인을 돕는 즐거움과 보상에 관해 그들에게 가르치는 것을 원한다.	"네가 아이에 대해 뭘 알아? 어떻게 그들이 배우게 하고, 무슨 영감을 줄 거야? 너는 아이들과 경험도 별로 없어. 네가 생각하기에 무엇이 너를 좋은 교사로 만들어 줄 수 있는데?"	교육학 석사학위를 취득하기 위한 대학원 학비 부족
컴퓨터 프로그래머: 내 목표는 새로운 소프트웨어를 만들어서 컴퓨터 과학의 기술 수준을 한 단계 더 높이는 것이다. 나는 동료와 상사로부터 내 업적이 인정받기를 기대하고 있다.	"네가 뭐라고 생각하니? 아인슈타인? 네가 진짜로 원하는 건 친구들에게 거물인 것처럼 보이는 거잖아."	밤에 나만의 프로젝트를 할 여유 시간이 없음. 도움을 줄 사람을 구할 돈도 없고, 아내(남편)의 지원 부족

디자인 회사 매니저: 나의 개인적인 목표는 회사 강령이다. 즉, 고객을 위해 미적으로 기쁨을 주는 환경을 창조하는 것, 예산 범위 안에서 해내는 것, 시간 내 완수하는 것, 다른 고려사항들보다 고객의 이익을 최우선으로 하는 것이다.	"이건 참 진부하고 우스꽝스러운 소리야. 네가 제시간에 프로젝트를 끝낼 수 있다는 걸 믿는 사람은 아무도 없어. 너무 비현실적이야."	먼저 생각하고, 잘 계획하고, 예산과 시간 내 일을 마치도록 프로젝트 매니저들을 동기화시키는 방법에 관한 도전들

보살핌을 받고 싶은 욕구

과도하게 의존적으로 되려는 경향성은 일의 성공을 방해할 수 있다. '보살핌을 받고 싶은' 정도에 따라, 이런 태도에 동조하는 생각을 경험할 것이다. 우리는 인정받는 것에 관심을 가지는 경향이 있고 자신의 생각을 발달시키기보다 다른 사람의 의견에 의존하려할 것이다. 우리는 자신에게 다음과 같이 말할 수 있다. "결정을 내리는 사람은 바로 네 상사야. 결국 그가 전문가지. 네가 정책을 만드는 사람이라고 생각하는 거야? 그냥 네가 하기로 되어 있고 해야 하는 것만 해결해!" 자기비난적 내면의 음성은 당신의 능력에 대한 자신감과 신뢰를 악화시킬 수 있는데, 이것은 지지 · 인정 · 관심을 얻기 위해 당신이 동료 혹은 상사에게 의지하도록 유도할 수 있다.

이런 성향은 관리자 수준에서 일하는 사람에게서도 보일 수 있다. 대부분 간부는 의존성이나 불안정에 대한 어떠한 감정도 밝히기를 꺼린다. 이들은 자신을 속이려 하며, 다음과 같은 생각으로 보호받으려는 요구들을 합리화하는 경향이 있다. "너는 이 일을 대표하고 있었어. 이제 그들은 너로부터 더 이상 지시 없이 이 일을 보살펴야만 해." 이것의 숨은 의미는 다음과 같다. "그들이 당신을 돌보아야 해. 그게 그들의 일이야."

당신은 직장에서 성숙하고 책임감 있는 태도로 기능할 수 있는 사람들의 능력이 어떻게 내면의 음성에 의해 조장되는 일종의 합리화에 의해 심각하게 망가지는지를 볼 수 있다. 고용인과 관리자의 목표는 의존적인 행동을 포기하고 독립성을 향해 움직이며 궁극적으로 어떻게 상호의존적으로 되는가를 배우는 것이다. 즉, 타인의 지지나 지원을 위해 그것들에 의존하기보다 다른 사람들과 조화를 이루며 일하는 것이다.

당신의 업무 수행과 긍정적인 특성을 억누르기(방해하기)

생산성 상실의 측면에서 가장 문제되는 행동은 사람들이 가진 긍정적인 특성과 재능을 억제하거나 못하게 하는 그들의 '보류하는(withholding) 행동'에서 발견될 수 있다. 이런 자기패배적인 행동 양상은 많은 방식, 즉 미루기, 피로, 집중력 부족, 지리멸렬하거나 비생산적 작업 방식, 망각, 무능 등을 통해서 표현될 수 있다. 고용인에 의한 보류하기의 산업과 사업에 있어서 대가는 엄청나다.

보류하기 행동에 기여하는 두 가지 동기 요인이 있다. 첫째, 앞서 안드레아가 그랬던 것처럼, 어떤 사람은 성공과 연관된 정체성의 긍정적인 변화를 견디지 못하고 보류하는 방식으로 반응한다. 둘째, 보류하기는 분노를 바깥으로 표출하는 것이 허용되지 않는 분위기에서 화와 분노를 처리하는 방식으로써 고용인에 의해 사용될 수 있다. 이런 환경에서, 분노의 감정은 고용주를 자극하고 도발하는 수동적인 방식으로 표출된다.

린 매클루어(Lynne McClure)는 그녀의 책 『직장에서의 분노와 갈등(Anger and conflict in the workplace)』(2000)에서 이런 유형의 '숨겨진 분노'를 작업 상황을 망치게 하는 행동을 초래하는 '장막 뒤' 분노로 기술했다. 매클루어에 따르면, 많은 사람은 이런 행동이 기저의 분노를 표현하는 것을 전혀 모르고 있으며, 따라서 이들이 무능하거나 비효율적이라고 비난 받게 되면 자신은 결백하다고 느낀다.

직장에서 전형적인 보류하기 행동

보류하기의 양상은 흔히 무의식적이고 주로 수동적인 행동으로 표현되기 때문에 밝혀 내기가 어렵고 직접 직면하기도 어려울 수 있다. 관리자 팀에게 노동 현장에서 그들을 자극하는, 그들만의 용어로 '정말로 돌아버리게 만드는' 행동과 소통 방식을 열거하라고 질문했다. '고용인'이라는 제목의 목록에는 다음과 같은 것들이 포함되었다. 전화 메시지 전달을 습관적으로 잊어버리는 비서, 급여 수표 발행을 늦게 하는 경리, 물건을 잘못 선적하는 창고 직원, 매우 바쁜 듯이 보이지만 완수한 것이 거의 없는 직원, 점심 먹는데 두 시간이나 걸리는 직원, 몇 시간 동안 인터넷 서핑을 하거나 혹은 근무시간에 개인적인 전화를 하거나 혹은 동료를 험담하는 데 사용하는 직원 등이다. '동료 매니저'라는 제목에는 다음 목록들이 나열되었다. 체계가 없음, 불필요하고 지나친 업무 회의, '팀 플레이어'가 되는 데 실패, 목표들을 우선 순위 매기는 것을 하지 못하고 목표를 향해 단계를 정하지 못하는 것, 자신을 높이기 위해 동료들을 깔아 뭉개는 습관, 소통 기술이 엉망인 경우, 정보 공유를 꺼리는 경우, 그리고 영업사원이나 다른 직원들을 무시하는 태도 등이다.

보류하기 행동을 지배하는 특정 음성을 밝혀 내기

대부분의 보류하기 행동이 무의식의 힘으로 움직이므로, 우리가 보류하기에 관한 피드백을 받았을 때 상처받고 이해받지 못했다고 느끼거나 혹은 화나고 방어적으로 느끼는 것을 이해할 수 있다. 하지만 우리 내부에 있는 자기 패배적인 양상을 인식하고 우리의 성공을 방해하는 생각을 확인하고자 시도함으로써 우리는 중요한 영향을 미치기 시작할 수 있다.

브래드(Brad)의 이야기는 우리 자신의 기본 이미지를 바꾸는 것에 대한 두려움에 의해 동기화된 보류하기 유형의 한 예다. 브래드가 어린 시절, 그의 아버지는 몇 가지 사업을 시작했지만 하나씩 차례로 실패했다. 비록 브래드는 아버지 사업을 자주 도왔음에도 불구하고, 부모는 그를 게으르고, 사려 깊지 못하고, 무관심하다고 여겼다. 부모는 그가 사람되긴 글렀다고 계속해서 말하였다.

그에 대한 부모의 부정적인 인식에도 불구하고, 브래드는 법 전문 자격을 가진 뛰어난 법인 변호사가 되었다. 재무와 비즈니스 실무에 대한 지식 또한 발전하였다. 망해 가는 기업에 대한 컨설턴트로서, 브래드는 회사를 회생시키고 건실한 기업으로 바꾸는 데 중추적인 역할을 했다. 결과적으로 브래드는 회사의 새로운 재무 책임자로 고용되었다. 하지만 책임자가 된 수개월 후에 그는 이사회 회의를 자주 잊어버렸고, 전화와 이메일을 회신하는 데 실패하기 시작했고, 일상적인 회사 업무에 무관심해 보였다. 다른 이사회 임원들과 직원들이 모두 그의 행동들에 대해 불평했다. 훨씬 더 놀랍게도, 회사에 심각한 현금 흐름 문제가 발생하게 되어 브래드의 업무는 위태로워졌다.

자기 행동에 당황하여, 브래드는 직장에서 자신에게 닥친 위기에 관해 상담을 구하였다. 그는 재무 책임자의 자리에 이르게 한 그의 행동을 보류하게 만든 자기비난적 내면의 음성을 확인하였다.

나는 이 자리를 차지하는 데 위태로운 느낌을 받았다. 내 자신에게 다음과 같이 얘기함으로써 의기소침해졌다. "네가 나와 다른 게 뭐라고 생각해? 네가 회사를 어떻게 관리할 수 있는데? 넌 무능하고 게으르잖아. 게다가. 넌 사람을 이끌 인물도 아니야. 넌 사람들 다룰 줄도 모르잖아. 넌 항상 사려 깊지도 못하잖아. 정말 웃겨! 네가 이 거대한 회사의 재정을 다룰 수 있다고 생각하는 거야? 넌 네 시간도 관리할 수 없잖아!"

자신에 대한 냉소적이고 조롱하는 태도를 확인한 후, 브래드는 재무 책임자가 되자마자 느꼈던 두려움과 불안을 경험하는 대신 그는 부모가 그를 규정한 방식에 맞는 행동으로 점점 되돌아갔었다. 자신의 업무 수행을 보류함으로써, 브래드는 가정에서 형성된 부정적인 정체성을 바꾸는 것에 대한 두려움을 감소시키려고 시도했다.

트리시(Trish)의 이야기는 눌려 있는 분노가 원인이 되어 나타난 보류하기의 한 예시다. 트리시는 10년 이상 대학교 교수로 근무해 왔다. 학과장이 대형 연구비를 많이 수주하기 위해 고액의 연봉을 주고 유명한 남성 연구자를 고용했다. 곧, 트리시는 수업에 늦게 나타나고 연구 제안서 쓰는 것을 미루는 등 그녀의 기준에 훨씬 못 미치는 수행을 하고 있는 자신을 발견했다. 트리시는 자신이 학과장에게 화가 나 있음을 깨달았다. 계속해 왔던 일기에 그녀는 자신의 자기비난적 내면의 음성을 기록하기 시작했다. 그녀가 기록한 부정적인 생각들은 질투, 부러움, 그리고 그녀가 매우 경쟁적으로 느꼈던 사람을 고용한 학과장에게 복수하고 싶은 욕구를 표현했다. 다음은 그녀가 나열한 몇 가지 생각들이다. "왜 그가 너보다 두 배나 더 받아야 해? 넌 여기서 10년을 일했잖아. 학과장은 미쳤어. 학과장은 네가 해 온 많은 일을 인정하지 않는 거야. 그는 네가 학과에 얼마나 많은 기여를 했고 네가 수주해 온 연구비를 인정하지 않는 거야. 혹은 학과장은 그를 고용하지 말았어야 했어. 넌 당장 그만둬야 해. 인정받지도 못하는데, 왜 열심히 일해야 하는데?" 자기비난적 내면의 음성을 기록하는 것은 트리시에게 상당한 위안을 주었고, 자신의 화가 과장되었음을 깨닫기 시작했다. 어렸을 때, 트리시는 부모가 그녀와 여자 형제들에 비해 남자 형제들에게 노골적으로 우호적이었기 때문에 남자 형제들과 심한 경쟁을 했었다. 자신의 분노가 상당 부분 잘못된 것을 알게 되면서, 트리시는 교육과 연구를 위한 자신의 에너지와 열정을 회복하게 되었다.

보류하기 행동과 그 밑에 놓인 음성을 알아차리기

당신이 일에서 만족감과 성취를 달성하는 것을 방해하는 보류하기 양상의 행동들에 대해 배우는 첫 번째 단계는 당신 내면에서 확인할 수 있는 것들에 관한 목록을 작성하는 것이다. 비록 당신의 최선의 수행을 의식적으로 억제하지 않을 수 있을지라도, 당신은 그 안에 관여하는 행동들이 보류하기의 예라는 것을 확인할 수 있다.

 연습 3-2 보류하기 행동: 자기비난적 내면의 음성과 실제의 당신

<연습 3-2>의 왼쪽에 당신이 일에서 성공하는 데 가장 해롭다고 믿는 행동들을 기록한다. 그런 다음, 가운데에는 당신의 자기비난적 내면의 음성이 각 행동에 관해 무엇을 말하는지를 기록한다. 이것은 당신이 업무에서 목표를 달성하는 데 방해가 되는 당신의 일과 동료들에 관한 생각들을 포함할 수 있다. 오른쪽에는 당신이 현실적으로 보류하기 행동을 어떻게 보는지에 관해 기록한다.

다음은 <연습 3-2>의 예시다.

보류하기 행동	자기비난적 내면의 음성이 말하는 것	나의 현실적인 생각
나는 자주 지각한다.	"그게 무슨 문제야? 기껏해야 10분에서 15분인데. 다른 사람도 늦어."	시간을 잘 지킨다는 것은 무언가를 말한다. 즉, 그것은 내가 일에 진지하게 임하고 있다는 것을 보여 준다.

보류하기는 어디에서 나오는가

보류하기 행동에 영향을 주는 음성에 대해 통제력을 갖는 두 번째 단계는 언제 어디서 이런 행동이 시작하는지를 이해하도록 하는 것이다. 다양하게 우리는 모두 우리의 수행이나 긍정적 성질과 재능을 보류하는 성향이 있으며, 이런 보류하기 습관 양상은 어린 시절에 시작된다. 어린 시절, 우리가 경험한 고통과 관련하여 화를 느낄 때, 우리의 화나는 감정은 수용할 수 없는 것이고 우리는 이것을 억제해야만 할 것 같다. 하지만 우리는 이러한 화를 다루는 간접적인 방법들을 발견한다. 아동은 수행하지 않음으로써, 즉 부모가 원하는 것을 하지 않음으로써 자신이 상당한 영향을 줄 수 있다는 것을 곧바로 발견한다. 우리가 부모나 교사 같은 권위적인 인물에게 화를 간접적으로 행동으로 표출할 때, 우리는 어느 정도 위안을 느낀다. 보류하기의 또 다른 이유는 부모가 자녀의 행복을 위해서가 아니라 부모 자신에 대해 좋은 느낌을 느끼기 위해서 자녀가 성공하기를 원하는 상황에 대한 반응이 될 수 있다. 이런 유형의 압력은 자신이 원하는 것과 부모가 원하는 것을 우리가 분리하기 어렵게 만든다.

많은 부모가 책임감을 수용하는 자녀의 능력과 준비를 과소평가함으로써 자녀의 보류하기 패턴의 발달에 기여한다. 부모는 가정환경에서 자녀가 생산적이게끔 교육하지 못하고 자녀가 점차 나이들어감에 따라서 좀 더 중요한 기능을 발휘하려는 의욕을 꺾는다. 대부분의 사람들은 보류하는 것에 익숙해져서 우리의 능력 내에 있는 일을 할 수 없다고 실제로 믿을 수 있다.

게다가 만약 우리의 부모가 성공으로부터 철수하고 실패 지향적이라면, 그들을 모방하는 우리 자신을 발견할 수 있다. 부모는 일에 대한 그들의 태도가 자녀가 택할 직업에서의 성공에 좋은 역할 모델을 제공한다는 것을 흔히 알지 못한다. 그들의 일이나 상사를 불평하고 피해자로 느끼는 부모는 이런 태도를 자녀에게 전달하게 된다. 과도하게 일을 하는 부모는 가치를 오로지 성취하는 데 두게 되며, 이들의 자녀는 부모의 강박적인 일 패턴을 모방한다. 다른 한편, 직업에 자부심을 가지며 에너지를 쏟고 헌신적으로 일을 하는 부모는 자녀에게 일에 대한 긍정적 태도를 강화해 준다.

사회적 압력이 직장에서 어떻게 작동하는가

슈퍼바이저와 동료의 부정적인 사회적 압력이 흔히 우리의 최고 수행 능력을 억누르게 하거나 혹은 최선을 다하지 못하게 하는 파괴적인 생각을 강화하는 작용을 종종 한다. 예를 들면, 해상 운송을 위해 트럭에 컴퓨터 단말기를 포장해서 선적하도록 고용된 한 남자는 그의 동료들에 의해 하루에 일정량 이상은 싣지 말라는 경고를 받았다. 그들은 수행을 비교당하는 것을 걱정했다.

이런 특정 예시에서, 일정 수준 이하로 수행하게 하는 사회적 압력은 공공연하게 알려져 있다. 신입 사원은 같은 부서 다른 직원들에 의해 암시된 위협을 알고 있다. 이런 인식을 고려하여, 이들의 위협에 굴복하여 '허용된' 수준까지 자신의 임무를 낮출 것인지, 아니면 자신의 기준으로 일하는 것을 계속할 것인지를 결정할 수 있다.

사회적 압력이 말로 표현되거나 혹은 그렇지 않더라도 명백할 때, 우리는 정해진 기준을 따를 것인지 혹은 탁월함을 위해 애쓸 것인지를 선택할 수 있다. 하지만 은밀한 사회적 압력이 있는 경우, 위협은 미묘하게 말로 표현되지 않으며, 따라서 더 효과적이다. 이런 유형의 사회적 압력은 충분히 의식적이지 않은 수준에서 우리의 두려움과 죄책감을 일으키도록 작용한다. 게다가 군중에서 두드러지기보다는 집단 기준과 제재를 따르려는 사람들의 경향은 이런 형태의 사회적 압력을 강화한다.

대부분 사람은 상사와 동일시하고 그들의 행동을 모방하려는 성향이 있다. 예를 들어, 만약 상사가 항상 말로는 원칙을 강조할지라도 고객이 최우선이 아니라는 것을 행동으로 보여 준다면, 회사의 전체 판매원과 고객 담당 사원은 흔히 이에 따라 행동하고 고객에게 최고의 대접과 질 높은 서비스를 제공하지 못하게 된다. 화를 잘 내고 위세를 부리는 매니저는 그의 격한 방식이 종업원의 행동 패턴의 부분이 된다는 것을 알게 된다. 일반적으로, 직원은 동료와 고객과의 상호작용에서 상사가 그들에게 보여 주는 태도와 행동을 택한다.

당신의 창의성을 방해하는 음성을 찾아내고 극복하기

만약 당신의 직업이 생산물을 만들거나, 글쓰기, 음악, 미술, 드라마 집필을 통해 자신을 표현하는 것이라면, 당신은 자기비난적 내면의 음성의 영향에 특히 취약할 가능성이 있다. 창작 과정에서, 당신은 자신이 소유한 독특한 관점, 즉 진정한 자기를 표현한다. 따라서 반대되는 관점, 즉 자기비난적 내면의 음성으로부터 일어나는 자기 공격이 발생할 수 있다.

당신은 독특한 자신의 관점, 당신의 실제 자기를 표현한다. 따라서 반대되는 관점인 비난하는 내면의 음성으로부터 일어나는 자기 공격이 더 자주 일어날 수 있다. 창의적인 일은 집중 작업을 하는 동안 혼자 보내는 시간대를 항상 포함하고 고립된 기간이 연장되는 것은 자기비난적 내면의 음성을 불러일으키는 것을 피할 수 없다. 예를 들어, 한 작가는 다음과 같이 생각하고 있는 자신을 발견할 수 있다. "이 작품은 매우 하찮은 것 같아. 완전히 지루하고 따분해. 바로 지워 버리고 다시 시작해야겠어. 어떤 것들이 네가 첫 번째로 쓸 수 있다고 생각하게 만들었는데? 네가 증명하려했던 것은 뭔데? 네가 증명해 온 모든 것은 주제 혹은 작문에 관해 하나도 모른다는 거야."

창의적 매체를 우리 스스로를 표현하려고 시도한 곳에서, 우리는 음성 공격에 스스로를 노출시키고 있다. 사람들은 공개적으로 모습을 드러내거나, 라디오에서 인터뷰를 하거나, 무대 위 혹은 카메라 앞에서 공연할 때, 음성이 침투해서 수행을 방해한다. 예를 들어, 한 배우가 다음과 같이 생각하고 있는 자신을 발견하였다. "넌 너무 뻣뻣해. 네 손으로 뭔가를 해라. 너는 너무 이상하고 어색해. 봐, 감독이 너를 노려보고 있잖아. 너는 경직된 군인처럼 보여서 자연스럽게 보일 필요가 있다. 정말 웃긴데, 넌 배우인 척하고 있어. 너는 목석같은데 자연스러운 척하고 있어! 정말 웃기지만, 너는 배우인 척하고 애쓰고 있어. 정말 네가 그것을 할 수 없다는 것을 직시해 봐. 넌 그것을 해낼 자질이 없어!"

당신이 창의적인 프로젝트에 참여하게 될 때, 당신은 당신의 발전을 방해하는 그 생각들을 확인하기 위해 다음의 연습을 이용할 수 있다. 당신이 창의적인 프로젝트를 하게 되면, 다음 연습을 이용하여 당신이 발전하는 것을 방해하는 생각을 찾아낼 수 있다.

연습 3-3 창조적인 프로젝트: 자기비난적 내면의 음성과 실제의 당신

<연습 3-3>의 맨 위에는 '내 프로젝트의 목표'를 적어 넣는다. 양식의 왼쪽에는 프로젝트를 완성하기 위해 필요한 단계를 기록한다. 그 다음으로 중간에는 자기비난적 내면의 음성이 어떻게 당신을 공격하고 당신의 발전을 어떻게 간섭하는지를 기록한다. 오른쪽에는 당신이 어떻게 발전하는지 당신의 현실적인 평가를 적는다.

연습 3-4 파이어스톤의 작업 음성 척도

이 척도를 완성하는 것은 당신의 작업과 관련된 생활을 방해하고 있는 당신이 가진 음성들을 찾아내는 것을 도울 수 있다. 척도는 자만심과 보류하기 행동에 기여하고, 경쟁에서 물러나고, 피해자 역할하기, 보살핌을 받고 싶어 하는 행동에 기여하는 음성을 포함한다. 업무와 관련한 당신의 자기비난적 내면의 음성에 더 익숙해지는 것은 당신이 하는 당신의 커리어를 방해하는 행동 패턴이 무엇이었는지를 깨닫도록 도울 수 있다.

이 장에서는 다음과 같은 의문이 생긴다. 당신의 커리어 목표를 성취할 때 방해되는 것은 무엇인가? 개인적 삶과 관계에서 그러하였듯이, 때로 우리는 직장에서도 자기 패배적인 태도로 행동하는 자신을 발견할 수 있다. 하지만 많은 경우에서 우리가 자신에게 이런 한계를 강요하는 것은 알지 못하고 실패나 실수를 외부 사건과 타인에게 전가하며 비난하는 자신을 발견할 수 있다.

이 장은 이러한 어려움의 뒤에 있는 파괴적인 생각을 설명하였다. 우리가 자기비난적 내면의 음성을 '경청'할 때, 대개 최고의 포부를 방해하는 것으로 끝나고 어렵게 성취한 성공을 종종 거부하게 된다. 자기비난적 내면의 음성과 비생산적인 작업 습관 사이의 관련성이 이해가 될 때, 이러한 어려움을 극복하기 위해 많은 조치들이 취해질 수 있다. 당신은 작업 습관을 향상시키고 창조적인 작업을 통해 당신 자신을 표현할 수 있도록 능력을 개발하기 위해 이 장에 있는 방법과 연습을 활용할 수 있다.

커리어 세계에 집중하는 것은 우리가 성취하고 행복하고 안녕감을 달성하는 데 필수적이다. 직업에서 성공하는 것은 우리의 삶을 풍요롭게 해 줄 수 있고, 자립에 도움을 주며, 우리에게 자유를 제공하여 삶의 다른 모든 영역을 즐길 수 있게 한다.

연습 3-1 커리어 목표: 자기비난적 내면의 음성과 실제의 당신

나의 커리어 목표	자기비난적 내면의 음성이 말하는 나의 목표	목표에 관한 나의 현실적인 생각

연습 3-2 보류하기 행동: 자기비난적 내면의 음성과 실제의 당신

보류하기 행동	자기비난적 내면의 음성이 말하는 것	나의 현실적인 생각

연습 3-3 창의적인 프로젝트: 자기비난적 내면의 음성과 실제의 당신

내 프로젝트의 목적은?

프로젝트를 달성하기 위한 단계	자기비난적 내면의 음성이 말하는 것	나의 현실적인 생각

연습 3-4 파이어스톤의 작업 음성 척도

당신이 경험했던 일에 대해 뒤따라오는 비난적 내면의 음성(목소리)이 얼마나 자주 있는지 체크하세요.
0=그렇지 않다, 1=별로 그렇지 않다, 2=약간그렇다, 3=그렇다, 4=매우그렇다

당신은 권위적이군요, 왜 사람들이 당신 말을 들어야합니까?	0	1	2	3	4
일일운영을 위해 시스템을 구성하였으니, 다른 사람들은 이제 당신을 괴롭히지 않고 수행할 수 있어야죠	0	1	2	3	4
왜 여성의 명령을 받아야하죠?	0	1	2	3	4
당신은 사기꾼이에요. 무슨 말인지 모르잖아요.	0	1	2	3	4
왜 항상 늦게까지 일하나요? 왜 모든 잔업이 당신에게 떨어지는 것 같죠?	0	1	2	3	4
당신의 상사는 별로에요! 그는 당신과 그의 다른 직원들을 신경 쓰지도 않는데 왜 이번 달의 그의 할당량을 채울 수 있도록 도와야하죠?	0	1	2	3	4
당신은 누구라고 생각합니까? 당신은 선을 한참 넘었어요. 당신 가족 중에 누구도 이렇게 성공의 사다리에 오른 적은 없어요	0	1	2	3	4
당신은 회사의 누구보다 노하우가 풍부하기 때문에 장차 크게 될 거에요	0	1	2	3	4
당신은 직장과 가족 둘 다 할 수 없어요. 봐요, 당신의 어머니도 집에 계셨는데 당신이 둘 다 할 수 있다고 생각해요?	0	1	2	3	4
글을 쓰기 전에 더 많은 조사를 해야 해요. 어쨌든 당신은 그 주제에 대해 새롭게 할 말이 없네요	0	1	2	3	4
당신은 내일 이 프로젝트가 더 하고싶어질거에요. 게다가 당신은 먼저처리해야할 실질적인 것이 있어요	0	1	2	3	4
당신은 이걸 하는데 시간을 다 낭비했어요. 이 끔찍하고 평범하고 힘없는 두 장을 하는데요	0	1	2	3	4
당신은 오늘 충분히 열심히 일했어요. 이제 좀 쉬고 커피도 마시고, 점심 먹고 쉴 시간이에요	0	1	2	3	4
승진에 대해 누구한테 말하든 조심하는 게 좋아요. 여기는 뒷말이 많아요	0	1	2	3	4
당신은 이 일에 낭비되는 많은 재능을 가지고 있어요. 그들은 당신이 여기 있는 것을 감사하지 않을 거에요	0	1	2	3	4

이제 네가 이 자리를 차지했으니, 그들은 너에게 더 많은 것을 기대할거에요. 당신은 페이스를 유지하기 힘들 거에요	0	1	2	3	4
여기서 일을 제대로 할 줄 아는 사람은 당신뿐이에요	0	1	2	3	4
일하는 건 너무 지겨워	0	1	2	3	4
더 완벽하기 위해서 일을 확인해봐	0	1	2	3	4
그 쇼가 다가오면 모든 것을 끝낼 수 없을거에요	0	1	2	3	4
당신이 만든 것을 좋아 할 거라고 생각하다니 정말 바보 같아요	0	1	2	3	4
당신은 그들의 최고의 직원이에요. 그들은 당신에게 매달리고 당신이 원하는 것을 주는 게 나을 거에요	0	1	2	3	4
여기있는 누구도 당신을 좋아하지 않아요. 당신은 이 일을 그만둬야 해요	0	1	2	3	4
당신의 경력을 우선시 하는 게 좋을 거에요. 정말 열심히 일하지 않으면 아무데도 못 갈 거 에요	0	1	2	3	4
왜 학교를 가려고하니? 너는 절대 성공하지 못 할거야	0	1	2	3	4
언제 진짜 직장을 구해서 열심히 일할거야?	0	1	2	3	4

Chapter 04
자기비난적 내면의 음성이 어떻게
관계에 영향을 주는가

   우리는 가장 가까운 관계에서 보다 인생의 어떤 영역도 과거 프로그래밍에 따른 부정적인 운명으로 살지 않는다. 가장 많은 보상을 줄 수 있었던 관계 안에서, 우리는 가족 내에서 형성된 정체성을 유지하고 그 과정에서 사랑을 밀어내게 된다. 이러한 정체성은 자기비난적 내면의 음성에 의해 조절되는 부정적인 환상과 믿음으로 종종 이루어진다. 부정적인 정체성을 변화시키는 것은 상당한 불안을 일으키고, 그래서 모순적으로, 대부분 사람이 어떤 희생을 치루고서라도 부정적 자아상을 유지하려고 애쓴다. 사랑하는 관계에서 다른 사람과 가까워지는 것은 우리에게 인생은 소중하지만 결국 끝난다는 것을 알게 해 준다. 우리가 삶과 사랑을 받아들인다면, 우리는 또한 죽음의 필연성에 맞닥뜨려야 한다.

우리가 관계에서 기회를 잡고 개인적인 목표를 달성하는 것을 향해 움직일 때 다양한 정도의 불안을 경험하곤 한다. 만약 우리가 두려움에 직면하고 사랑받는 것을 견디는 것을 배운다면, 우리가 쌓아 온 영역을 유지할 수 있다. 반면, 만약 우리가 관계에서 취약해지는 것을 무시하는 대신 방어적인 태도를 보인다면, 우리를 사랑하고 존경하는 사람을 의도치 않게 벌주게 된다. 우리는 파트너를 사랑하는 감정을 변형시키는 방식으로 행동하고 결국 우리 자신을 있는 그대로, 즉 부정적 시각으로 보게 된다. 대부분의 사람이 관계에서 이런 중요한 역동을 인식하지 못한다.

이 장의 목표는 관계 안에서 갈등, 거리감 및 불만을 일으킬 수 있는 당신의 음성 공격을 인식하도록 돕는 것이다. 당신의 파트너에 대한 적대적이고 판단적인 생각뿐 아니라 특정 자기 공격을 확인함으로써, 당신은 사랑하는 사람과 좀 더 개방적으로 관계 맺는 것을 배울 수 있다. 당신의 음성 공격의 내용을 드러내고 이 장의 두 번째 절에서 설명하는 교정적인 제안들을 따른다면, 당신의 관계 안에 존재할 수 있는 정직하지 못한 의사소통 패턴을 중단시킬 수 있다. 이 지침과 연습은 당신과 파트너 사이의 더 깊은 의사소통을 촉진할 수 있다.

자기비난적 내면의 음성이 친밀함을 어떻게 방해하는가

관계가 실패하는 주된 이유는 각 파트너가 그 혹은 그녀의 자기비난적 내면의 음성과 이 음성을 조정하는 방어적인 행동을 관계 속으로 가져오기 때문이다. 문제가 있는 관계에서, 둘 모두는 종종 자신들의 음성의 지시를 경청하고 있다. 어떤 의미에서 그들의 의사소통은 그들이 자신과 파트너를 바라보는 방식을 왜곡시키는 부정적 관점을 통해 걸러지게 된다. 양쪽 모두는 다른 한쪽으로부터의 사랑하는 반응을 밀어내는 경향이 있고, 그들의 분노와 멀어지는 행동을 정당화시키는 음성에 의해 촉진된 합리화를 사용하는 경향이 있다. 게다가 그들은 자신이 가진 자기비평을 상대에게 투사하고 마치 상대로부터 비난받는 것처럼 반응하는 경향이 있다.

대부분의 사람은 사랑의 추구를 경멸하거나 조롱하는 음성 공격에 의해 영향을 받는다. 우리는 다른 사람을 사랑할 때 정서적으로 투입하게 되는 것에 대해 우리에게 경고하는 음성에 '경청'한다. 예를 들어, 새로운 파트너에게 사랑의 반응을 느끼기 시작했다면, 당신은 다음과 같이 생각하는 자신을 발견할 수도 있다. "조심해! 너무 깊이 빠져들지 마." "너는 왜 그(그녀)에게 관심을 가져야 하는데?" "기다려! 너 정말 그(그녀)를 그렇게 많이 좋아하는 거야? 제동을 걸란 말이야. 너무 빨라." "진실한 사랑이 존재한다고 믿다니, 넌 정말 멍청하구나." 때때로 타인에 대한 냉소적이고 의심하는 음성은 미래의 거절이나 상처를 예측하기도 한다. "넌 결국 거절당할 거야. 남자들(여자들)은 모두 똑같아. 머잖아 너를 버릴 거야. 그들은 진짜로 좋아한 게 아니란 말이야."

그럴듯한 자기 보호적인 음성의 지시를 무시할 때, 우리는 다른 사람을 사랑하고 신뢰하는 것에 대해 자신을 어리석다고 명명하는 공격이 전혀 논리적이거나 정확하지 않다는 것을 발견하게 된다. 다른 누군가를 사랑하는 행동은 좋은 기분을 느끼게 해 주기 때문에 그 자체가 보상을 준다는 것을 깨닫는다. 우리는 또한 파트너를 사랑하고 관대해지는 것이 우리 스스로에게 긍정적인 감정을 강화시켜 준다는 것을 알게 된다.

환상결합은 관계에서 어떻게 작용하는가

일반적으로 말해서, 사랑과 우정의 관계를 망가뜨리는 데 기여하는 가장 중요한 하나의 요인은 환상결합의 형성이다. 이런 유형의 파괴적인 결합을 만드는 사람은 사랑과 애정, 우정이 줄거나 사라진 후에도 오랫동안 그들이 여전히 서로를 사랑한다고 상상함으로써 흔히 자신과 서로를 기만한다. 환상결합의 개념을 이해하는 것은 우리 모두가 한번쯤은 가졌던 질문에 대한 답을 줄 수 있다. "이 연애가 왜 끝난 거지?" 또는 "이 결혼이 왜 실패한 거야?"

통계로 보면 결혼의 50%가 이혼으로 끝나며, 평균적으로 결혼생활은 단지 7년 동안 지속하고 대략 결혼한 사람의 절반이 만족하지 못하고 불행하다고 말한다. 하지만 대부분 사람이 여전히 조화로운 결혼생활을 위해 노력하는 것을 이상적인 것으로 보는 것 또한 사실이다. 왜 사람들의 행동과 그들이 인생에서 가장 원하는 것 사이에 그와 같은 불일치가 있는 것인가? 한 가지 이유는, 제3장에서 언급하였듯이, 대부분의 사람이 원한다고 말한 것을 진정으로 원하지 않는다는 것이다. 사실, 대부분 사람은 사랑받는 실제 경험을 견디는 것보다 사랑에 대해 환상을 갖는 것이 더 쉽다는 것을 알고 있다. 예를 들어, 대부분 파트너는 서로 사랑한다고 말한다. 하지만 가까이에서 그들을 관찰해 보면, 당신은 어떤 그럴듯한 '사랑'이라는 단어의 합리적인 정의로 그들의 행동을 받아들이는 것이 어렵다는 것을 알게 될 것이다.

많은 사람이 환상에서 위로와 안심을 찾고 진정으로 사랑하는 관계에서 가질 수 있는 진정한 충족과 행복을 거부하는 것은 왜인가? 그 해답은 어린 시절에 있다. 제1장에서 언급하였듯이, 모든 아동은 정도는 다양하지만 자라는 과정에서 정서적인 고통과 불안을 겪는다. 부모가 자녀의 요구를 충족시키거나 그 혹은 그녀의 발달을 촉진하기 위해 필요한 방향과 지침뿐 아니라 사랑과 애정을 제공할 수 없는 가족에서, 아동은 그 환경에 없는 것의 대체물로서 어머니 혹은 주 양육자와 하나가 되는 환상을 형성한다. 아동은 자신의 고통과 불안, 배고픔을 부분적으로 덜어 주는 이러한 환상에 의존함으로써 완전히 자기 충족적이 된 것과 같은 잘못된 느낌을 발달시킨다. 돌봐주는 부모와 보살핌을 받는 자녀로 이루어진, 마치 그들은 자신 안에서 하나의 완벽한 시스템인 것처럼 느낀다.

우리가 어렸을 적 더 심각하게 결핍되었거나 거부될수록 우리는 더욱더 이러한 환상을 만들어 내고 우리 자신 외에 아무도 필요하지 않다고 믿는 경향이 있다. 나중에 성인이 되어서도 다른 사람과의 진정한 친밀감과 진실한 사랑을 거부하고 친밀한 관계 내에서 다른 기회를 갖는 것을 주저하게 된다. 우리는 위험을 감수했을 때, 무력하고 의존적이었던 우리가 환상결합을 처음 형성했던 때를 벗어나기 위해 애썼던 것과 똑같은 정도의 불안과 공포 그리고 정서적 고통에 노출될 것을 두려워한다. 그래서 우리는 부모와 연결되었다고 상상하듯이 파트너와 가깝고 사랑스러운 관계, 연결되었다는 환상을 만들게 된다. 많은 사람이 새로운 것에 대한 기회를 갖는 것보다 익숙하고 다소 안전하다고 느끼는 같은 패턴을 다소 반복하는 것 같다.

요약하면, 환상결합은 처음에는 부모와의 상상 속의 연결이었으나 후에는 성인기에서 중독적인 애착이나 개인에 대한 과의존의 형태로 외부 세계로 확장된다. 환상결합의 이러한 외적인 부분은 우리가 파트너에 '속해' 있다는 징후, 그리고 사랑이라는 가식적인 사랑을 강화하는 다른 상징들로 뒷받침된다. 하지만 상상 속의 연결을 만들어 낸 두 파트너 사이의 관계는 진정한 친밀함과 온화함, 애정이 거의 없다.

관계를 파괴하기 위해 자기비난적 내면의 음성과 환상결합은 어떻게 공조하는가

타인에 대한 불신뿐 아니라 자기비하의 감정은 환상결합을 보호하고 자기충족적인 우리의 감정, 즉 아무도 필요하지 않다는 우리의 믿음을 지지한다. 만약 다른 사람을 의심하거나 우리 자신에 관해 나쁘게 느낀다면, 우리는 타인과 접촉하는 것에 어려움을 느끼고 자신과 다양한 자기 위로적인 활동에 더욱 의존할 것이다. 예를 들어, 당신은 사교 모임에서 친구들과 함께 하는 친구들의 초대에 응하기보다 혼자 책을 읽거나 혹은 TV를 보는 데 시간을 보내면서 더 편안함을 느낄 수 있다. 혹은 당신은 새로운 누군가를 만날 수 있는 상황을 적극적으로 찾는 것이 아니라 당신의 사회적 접촉은 수년 동안 알고 지내 온 한 명 혹은 두 명 정도로 제한할 수 있다. 거절을 당하는 환상, 관계에 대한 부정적 기대, 그리고 타인에 대한 냉소적인 관점은 모두 자기비난적 내면의 음성과 파괴적인 관점에 의해 유지된다.

사람들이 자기비난적 내면의 음성—그들의 행동이 자신과 세상에 대한 적대적인 관점에 근거한—에 따라 행동할 때마다, 그들의 타인과의 상호작용은 화내고 제멋대로이거나 혹은 악의적인 경향이 있다. 자신과 타인 모두에 대한 부정적인 생각은 환상결합을 지지하고 관계에서의 소원함을 초래한다. 예를 들어, 당신이 스스로를 부족하거나 사랑스럽지 못하다고 본다거나 혹은 당신이 냉소적이고 타인을 믿지 못한다면, 당신은 사랑을 추구하거나 혹은 관계에서 만족감을 덜 추구할 것이다. 그 결과, 진정으로 우리를 인정해 주고 사랑해 주는 사람을 만났을 때, 불안감을 느끼게 된다. 우리 자신에 대한 긍정적인 관점이 우리의 부정적 이미지와 우리가 익숙한 방어와 모순되기 때문에 우리는 불편감, 정서적 고통 그리고 슬픔을 경험한다. 이때 우리가 사랑받을 가치가 없다고 말하는 자기비난적 내면의 음성이 더 강해지고 지속될 수 있거나, 혹은 자기비난적 내면의 음성은 우리를 사랑하는 사람의 단점이나 약점을 지적하고 과장할 것이다.

관계 내 환상결합의 징후

만약 당신이 관계에서 환상결합을 형성하기 시작한다면 어떻게 말할 수 있겠는가? 당신은 무엇을 주의해서 찾아봐야 하는가? 한 가지 초기 징후는 당신과 파트너 사이의 접촉이 덜 가깝고 덜 친밀하며 더 피상적이고 일상적이다. 당신들 사이에 서로를 바라보는 게 줄어든다. 당신의 의사소통 방식은 개인적이지 않은 잡담을 하거나 언쟁을 하거나 각자 얘기하거나 얘기를 방해하거나, 혹은 '우리'라는 관점에서 얘기하는—"이것이 '우리'가 무언가를 하는 방식, '우리'가 생각하는 것이다."—특징을 보인다. 당신들이 한때 대화를 하면서 몇 시간을 보냈던 그곳에서, 당신들은 말하고 듣는 것 모두에 흥미를 잃기 시작할 것이다. 자연스러움과 재미는 점차 사라진다.

당신의 성관계가 일상적인 것으로 변했는가? 그리고 당신의 파트너에 대한 매력과 성적 욕구가 떨어진 경험을 하고 있는가? 이러한 감소는 많은 사람이 흔히 가정하는 것처럼 익숙함의 결과가 아니다. 파트너 중 한 명 혹은 둘 모두 커플의 반쪽이 되기 위해 각자의 개성을 희생하기 시작할 때, 상대방에게 느끼는 기본적인 매력이 감소한다.

환상결합이 발달하고 진정한 사랑의 행동이 멈추게 되면서 파트너들은 관계의 실체를 대신 하는 형태로 지속적인 사랑에 대한 환상으로 이 고통스러운 현실을 가리려고 노력한다. 일상, 관습, 의식 및 역할이 결정된 (비자발적인) 행동들이 이미 감소하거나 사라진 진정한 친밀함과 애정을 대신한다. 사람들은 함께 하기를 바라는 진실된 욕망 대신에 의무감으로 행동하게 된다.

환상결합에서 진정한 개인적인 느낌이 적다는 사실에도 불구하고, 이런 가상의 연결에 대한 위협은 파트너 중 한 명 혹은 둘 모두에게 극적인 정서 반응을 유발할 수 있다. 예를 들어, 15년 동안 결혼을 유지해 온 데이브(Dave)와 에일린(Eileen)은 점차 사이가 멀어지고 있다. 데이브가 기억하는 한에는 에일린의 예산을 초과한 생활비로 인하여 둘 사이에 반감이 있었다. 둘 사이 성생활이 없어졌고, 두 사람은 서로 분리된 채 각자의 친구 집단을 만났다. 급증하는 빚 때문에 결국 집을 팔아야 했고, 에일린은 어머니의 집으로 이사하게 되었다. 새롭게 다시 시작하고 싶은 바람으로, 데이브는 에일린에게 법적 별거를 하자고 제안했다. 에일린은 이혼하고 싶다고 말했다.

후에, 데이브는 친구에게 자신의 반응을 얘기하였다. "에일린이 이혼이라는 단어를 말하는 순간 내 심장이 뛰기 시작했고, 나는 창백해졌어. 나는 너무 두려워서 거의 공황 상태가 되었어. 그녀가 없다면 내가 뭘 할 수 있겠어? 대화가 끝 날 무렵, 난 그녀에게 내 마음을 바꿨고 우리가 해 왔던 대로 계속해야 한다고 말했어. 내가 끝났다는 걸 알지만, 왜 그런지 이유를 모르겠어. 내가 왜 그렇게 흔들렸을까? 난 지금도 진짜 우울해. 머리로는 그것이 미친

짓이었다는 걸 알아. 왜냐하면 수년 동안 함께 한 것이 아무것도 없었으니까. 우리가 이혼한다 해도 잃을 것이 있을 것 같지 않았지만, 난 내 오른팔을 잃어버린 것 같은 느낌이 들기도 했어."

데이브의 과잉 정서 반응은 오래전부터 거리가 벌어져 왔던 진정한 사람, 즉 에일린을 잃었다는 것보다 그 관계의 형태를 잃어버렸다는 사실에 기반하고 있다. 커플의 사랑과 친밀함에 대한 환상이 깨졌을 때 나타나는 불안으로부터 야기된 이런 멜로드라마 같은 반응은 상대에 대한 진정한 사랑으로 종종 오인된다.

환상결합은 종종 파트너가 동거, 결혼 혹은 가정을 이루자는 약속을 한 후에 강화된다. 그들은 이런 약속을 지속된 사랑과 안전에 대한 보장, 즉 소속감에 대한 환상의 외적 표시로 사용한다. 빈약한 자아상을 가진 사람의 경우, 타인에게 '소속되는' 혹은 '영원히' 사랑받는다는 느낌은 저항하기 힘든 안심을 제공해 준다. 반면, 성숙한 사람의 경우, 한평생 동안 다른 쪽 파트너와 교제하고픈 각 파트너의 소망을 표현하는 상호 약속은 궁극적인 안전함을 추구하고자 하는 시도 대신에 깊은 감정을 암시할 수 있다.

부모 역할/자녀 역할

환상결합이 발달함에 따라, 처음에는 동등한 성인으로 관계했던 사람들이 의존적인 자녀와 같은, 혹은 권위적인 부모와 같은 역할을 맡을 수 있다. 예를 들어, 바바라(Barbara)는 커플의 집단 모임에서 결혼 후 그녀가 어떻게 점차 자신의 의견을 포기하고 남편의 지시만을 따르게 되었는지를 밝혔다.

렌(Len)과의 관계에서 가장 고통스러운 것은 내가 점차 내 의견을 포기했다는 것이에요. 우리가 처음 만났을 때 난 대학생이었는데, 난 진로를 계획하고 있었고 정치학에 꽤 흥미가 있었어요. 렌과 난 정치, 종교, 세상의 일 등 모든 것에 관한 긴 대화를 하곤 했어요. 그는 주장이 매우 강했고 나 또한 그랬는데, 난 정말 우리의 대화를 즐겼어요. 하지만 우리가 결혼한 후 혹은 어쩌면 그 전부터, 난 그가 내가 알고 있는 것보다 더 많은 것을 알고 있고, 나보다 더 똑똑하다고 생각하기 시작했고, 난 내 의견을 감추었고 급기야 이제 더 이상 내가 진짜로 생각하거나 믿고 있는 것이 무엇인지 거의 알 수 없게 되었어요.

어떤 경우, 여성은 좀 더 의존적이고 아이 같아지며 남성에게 보살핌을 받기를 기대한다. 다른 경우, 남성은 자신의 관점을 포기하고 의미와 방향에 대해 여성에 기댄다. 자녀 역할이나 부모 역할 모두 파트너의 실제 자기(real self)를 진정으로 반영하는 것은 아니다. 부모 역할을 하는 파트너는 공포감과 무력감을 끊고, 마찬가지로 자녀 역할을 하는 파트너는 힘과 역량의 느낌을 부정한다. 각 파트너는 상대방에 대해 어린애 같다거나 보스 같다고 불평을 하지만, 그들은 대개 실제로 변화하고 동등한 성인의 위치에서 다시 관계를 맺는 것을 항상 주저한다. 진정한 독립을 향한 한쪽 파트너의 움직임은 환상결합을 붕괴시킬 수도 있으며, 두 사람 모두에게 강력한 불안감을 일으킬 수 있다.

우리는 사랑에 대해 자신을 어떻게 방어하는가

인간에 대한 불행한 진실은 매우 흔히 사랑받는 사람이 사랑하는 상대를 처벌하려 한다는 것이다. 우리 자신을 보지 않는 방식으로 누군가가 우리를 본다면, 그것은 우리의 방어를 위협하고 우리가 어린 시절 형성했던 부정적 자아상을 건드리는 것이다. 대부분 우리는 이런 자기비난적인 태도를 고수하면서 긍정적으로 보여지는 것을 거부한다. 우리는 사랑받지 못하거나 사랑받을 가치가 없다는 자아상을 변화시키는 수준에 도달하게 해 주는 사랑받는 경험을 허용하는 것을 주저한다. 인정받고 우리를 있는 그대로의 모습으로 사랑받고 있다는 느낌 자체는 우리의 생애 초기에 놓쳤을 수 있는 것에 대한 깊은 슬픔과 비참함을 유발할 수 있다. 사랑받는다는 느낌은 또한 우리 인생이 얼마나 취약하면서 귀한 것인지를 상기시켜 주고, 우리는 미래 죽음을 통해 사랑하는 사람의 상실에 관한 일종의 예견된 슬픔을 경험할 수 있다.

우리는 취약하게 느끼는 것을 두려워하기 때문에, 대부분은 가까워지는 것으로부터 뒤로 물러나면서 점차 거의 알아챌 수 없을 만큼 관계의 가장 가치 있는 측면을 포기한다. 애정, 성적인 끌림, 우정과 같은 감정이 과거에 경험한 불행과 유기에 대비될 때 우리는 차이를 지우려고 무의식적으로 애쓴다.

세 가지 방어

의식 수준에서 우리는 사랑하는 관계를 추구하고 있다고 믿을 수 있다. 하지만 무의식 수준에서 우리 모두는 여전히 현재의 관계에서 우리의 원가족 내에서의 조건을 다시 만들어 내려는 경향이 있다. 우리는 이것을 다음의 세 가지 방식, 즉 선택(selection), 왜곡(distortion), 도발(挑發, provocation)로 한다.

선택

부모, 손위 형제 또는 다른 가족 구성원과 함께 있으면 편안함을 느끼기 때문에 우리는 그들과 유사한 파트너를 선택하는 경향이 있다. 우리가 선택한 파트너와 관계하는 방식과 방어가 우리의 방어와 양립될 때 우리는 편안해 진다.

예를 들어, 냉담하고 다가가기 어려운 남자인 아버지를 매우 존경했던 로라(Laura)는 파티에서 매트(Matt)를 만나 바로 그에게 호감을 느꼈다. 그녀는 그에 대해 다음과 같이 말했다. "그는 외롭고 약간 슬퍼 보였으며, 그의 눈에서 꿈꾸는 듯한 모습은 정말 거부할 수 없었어." 그녀는 발코니에 혼자 서 있는 그에게 다가가 대화를 시작했다. 그들은 금세 친해져서 곧 얼마 후에 꾸준히 데이트하였다. 처음에 이들의 호감과 서로에게 끌리는 감정은 강렬했다. 하지만 로라는 매트가 고립된 활동을 선호하고 일에 집착하게 되면서 거부되었다고 느끼기 시작하면서 이들의 성생활도 나빠졌다. 그녀를 배제하는 매트의 방식에 대한 그녀의 불평은 매트를 더 회피하게 하였고, 결국 그들은 헤어지게 되었다. 이들이 교제 중일 때, 로라는 매트의 소원한 행동과 사람을 피하는 아버지의 성격 스타일이 유사하다는 것을 완전히 인식하지 못했다. 사실 고독을 선호하는 매트의 성향을 로라에게 경고했던 행동적 단서는 그들이 처음 만났을 때 그녀가 매우 끌렸던 바로 그 특징이었다.

매트의 어린 시절 영향들은 무엇이었을까? 어린 시절 매트에게 가장 중요한 인물은 바로 어머니였다. 매우 참견을 많이 하는 여성인 어머니는 매트의 모든 생각과 감정을 알고자 했다. 그가 학교에서 집으로 돌아올 때면 일상적으로 문 앞에서 그를 맞이하고, 자기 옆에 매트를 앉혀서 그의 하루에 대해 모든 것을 말하도록 했다. 매트가 10대였을 때쯤, 그는 어머니를 피하는 방법을 찾았는데, '거리두기(spacing out)', 자기 방에서 끝없이 공부하기, 그리고 접촉과 가족과의 상호작용을 회피하는 그의 아버지 방식을 따라하는 것이었다.

파티에서 매트가 로라를 만났을 때, 매트는 로라의 친절함과 그에 대한 적극적인 관심에 강하게 끌렸다. 매트는 그의 생활에 대한 로라의 질문, 다양한 주제에 대해 그가 어떤 생각을 하고 어떻게 느끼는가를 그녀가 물었을 때 전혀 싫지 않았다. 오히려 그녀의 이런 특성은 특별히 그의 관심을 끌게 하였다. 하지만 매트는 로라의 끊임없는 질문에 점차 화가 났고, 그녀와의 대화를 피하기 시작했다. 매트의 무관심은 단지 그의 관심을 원하는 로라를 더욱 절망적이게 만들었다. 이 커플은 점점 더 극단으로 되었다. 이들은 각자

의 어린 시절에 존재했던 같은 상황을 무의식적으로 만들고 있으며, 사실 과
거를 재현하고 있다는 것에 대한 인식이 전혀 없었다.

당신이 과거에 선택했던 파트너에 대해서 객관적으로 돌아본다면, 어떤
개인적 특성이나 성향이 당신을 그들에게 끌리게 했을까? 그들의 특성이나
성향 중 어떤 부분이 당신의 부모 중 한 사람의 특성과 닮지 않았는가? 당신
의 현재 관계에서, 특히 당신에게 매력적이지만 지금은 당신을 괴롭게 하는
상대의 특정 행동이나 특성이 있는가?

왜곡

우리가 의미있는 방식으로 부모와 다른 파트너를 선택했을 때, 우리 자신
이 새롭고 낯선 영역에 있는 것을 발견한다. 하지만 이것이 파트너를 왜곡함
으로써, 즉 그 혹은 그녀를 우리의 과거 속 어떤 사람과 유사한 것으로 착각
함으로써 우리에게 일어난 긴장과 불안들을 줄일 수 있다. 예를 들어, 엘렌
(Ellen)의 아버지는 그녀에게 심하게 비판적이었고 그녀에 관해 냉소적이고
조롱하는 발언을 하였다. 엘렌은 다행히 파트너 선택을 잘했다. 그녀의 약혼
자인 브루스(Bruce)는 편안하고 유쾌하고 굉장한 유머감각을 지녔다. 그는
전혀 냉소적이거나 판단적이지 않았다. 브루스가 엘렌에게 결혼해 달라고
요청했을 때, 그녀는 감격했었다. 하지만 이내 브루스가 하는 말들을 비판적
인 말들과 반감을 표현하는 것으로 간주하면서, 엘렌은 그가 자신에게 한 말
들을 왜곡하기 시작했다. 마음속으로 그녀는 브루스가 자신들의 관계에 관
해 했던 수많은 좋고 유머러스한 말들—그녀의 실제 자기를 인정하는 언급
들—을 왜곡하고 그것들을 냉소적이고 인정하지 않고 비난하는 것으로 들
었다.

우리의 모든 왜곡이 부정적인 것은 아니다. 우리는 인생에서 새롭고 중요
한 사람들에게서 부모 혹은 형제 자매의 긍정적이고 부정적인 특성 모두를
찾는 경향이 있다. 종종 새로운 파트너의 긍정적인 특성을 과장하고 부모를

이상화했던 것과 같은 방식으로 파트너를 이상화할 수 있다. 게다가 우리는 보살핌을 원하기 때문에 파트너를 실제 그대로의 모습보다 더 강한 것으로 볼 수 있다. 우리가 이렇게 했을 때, 그 혹은 그녀가 보여 주는 인간적 나약함의 징후들에 분노할 수 있다.

도발

어린 시절의 가정환경을 재창출하는 세 번째 방식은 파트너로부터 익숙한 반응을 실제로 하게끔 하는 식으로 행동하는 것이다. 배우자를 조종함으로써 우리의 아동기 시절부터 익숙한 행동을 유발할 수 있다. 때때로 당신은 파트너가 당신 자신이 가지고 있는 것과 같은 비난적 내면의 음성(목소리)을 큰 소리로 말하게 할 정도까지 파트너를 도발할 수 있다. 이러한 도발은 종종 당신과 파트너 사이에 가장 사랑하고 부드러운 순간이 지난 후 뒤따르며, 그래서 당신의 관계가 소원해지게 만든다.

대부분 우리는 친밀함과 사랑으로부터 우리 스스로를 방어하기 위해 이 세 가지 책략들을 사용한다는 것을 잘 모른다. 하지만 우리는 방어들이 형성되었던 환경에 보다 더 밀접하게 일치하는 것으로 새로운 관계를 변화시키고 보다 더 익숙하고 덜 상처받는 방식으로 관계를 형성하는 것으로 물러서기 위해 이 세 가지 방법들을 사용할 수 있다.

예를 들어, 어린 시절 칼(Carl)은 무책임한 아동으로 간주되었고, 가족은 그를 게으름뱅이나 '괴짜'로 여겼다. 10대 때, 그는 고등학교에서 리더 역할을 맡았고 또래의 존경을 받았지만, 여전히 가족은 그를 괴짜 취급하였다. 성인이 되어 칼은 잘나가는 레스토랑을 개업했다. 후에 칼은 그의 성실함과 힘을 존경하는 한 여인을 만나 결혼했다. 하지만 수년이 지나자, 칼은 레스토랑 운영에 태만해지고 무책임해졌다. 아내는 칼의 수동적이고 자발성이 없는 면에 의해 자신이 자주 도발된다는 것을 알게 되었다. 이 당시에 그들의 논쟁은 그녀가 그를 '게으르고 쓸모없는 놈'으로 비하하며 끝나곤 했다.

사실상, 칼은 과거의 상황을 무의식적으로 다시 만들었고 부정적이지만 익숙한 그의 가족 내에서 형성된 정체성을 재확인하였다.

환상결합을 붕괴하기 위한 제안

만약 파트너와 환상결합을 형성하였다면 그것을 깨기 위해 당신이 취할 수 있는 몇 개의 단계가 있고, 그렇게 했을 때 당신의 관계에서 초기에 경험했던 우정과 사랑의 감정을 되찾을 수 있다. 당신은 다음과 같이 할 수 있다.

1. 관계의 측면에서 환상결합의 징후에 대하여 찾아본다. 몇 가지 암시들을 발견한다면, 그것들이 존재하고 당신이 소원해지고 있음을 인정하고 당신의 행동들이 더 이상 사랑하고 있는 것이 아니라는 인식에서 회피하는 것을 멈춘다.
2. 자신과 파트너를 향해 당신이 가지고 있는 비판적이고 적대적인 음성을 인정한다.
3. 당신의 관계에서 친밀감을 회복하기 위해 노력할 때 수반되는 정서적 고통과 슬픈 감정을 마주한다.
4. 거부, 유기, 당신 혹은 당신 파트너의 상실 혹은 죽음에 대한 두려움을 포함한 홀로 남겨지거나 헤어지는 것에 대한 두려움을 드러내 본다.
5. 독립을 향해 움직이고 서로의 목표와 우선 순위에 대한 존중을 보여 준다.
6. 지배와 복종의 패턴을 끊어서 관계의 동등성을 확립하기 위해 모든 노력을 해 본다.

연습 4-1 파이어스톤의 커플 음성 척도

<연습 4-1>은 관계에서 당신에게 영향을 줄 수 있는 특정 음성 공격을 확인하는 것을 도와줄 것이다. 당신이 경험한 음성을 확인하기 위해 이 척도를 사용할 수 있다.

 연습 4-2 관계에서의 나의 모습: 자기비난적 내면의 음성과 실제의 당신

<연습 4-2>의 왼쪽에 관계에서의 자신에 대해 가장 흔하게 경험한 자기비난적 내면의 음성을 기록한다. 오른쪽에는 당신 자신에 대한 좀 더 현실적인 관점을 기록한다.

 연습 4-3 관계에서 파트너: 자기비난적 내면의 음성과 실제의 당신

<연습 4-3>의 왼쪽에는 당신의 파트너에 대해 당신이 가장 싫어하는 특성과 행동에 관해 가장 많은 빈도로 당신에게 나타나는 부정적인 사고를 기록한다. 이러한 원치 않는 특성은 당신 내면의 음성에 의해 과장된다. 만약 이러한 비난을 큰 소리로 말한다면, 당신 음성의 어조는 아마도 빈정거리고 헐뜯는 것일 듯하다. 그런 다음, 오른쪽에 당신의 파트너에 대한 현실적이고 객관적인 관점을 기록한다. 보다 긍정적인 관점으로 이것들을 기록하면서, 당신의 파트너를 향한 이런 이질적인 관점의 냉소적이고 빈정대는 태도는 상당한 정도로 감소하는 것을 알게 될 것이다.

 연습 4-4 관계: 자기비난적 내면의 음성과 실제의 당신

<연습 4-4>의 왼쪽에는 자신의 관계, 일반적인 관계와 결혼 등에 대해 갖는 부정적인 관점을 기록한다. 이런 관점이 어디서부터 유래하는 것인가? 생애 초기 경험에서 유래하는 것인가? 부모가 서로 관계하는 방식으로부터인가? 미디어가 나타내는 관계의 방식으로부터인가? 결혼한 친구의 소통이나 관계 방식의 관찰 결과인가? 다음에는 당신의 관계나 일반적인 관계에 대한 자신의 현실적인 생각을 기록한다.

자기비난적 내면의 음성의 관점을 '드러내기'를 배우기

자신과 파트너, 자신의 관계에 대한 부정적인 생각을 기록하는 것에 익숙해진 후에는 이것을 파트너에게 드러내기(give away)를 희망할 수 있다. 분명히 타이밍이 중요하다. 당신의 파트너가 그 혹은 그녀에 관해 당신이 생각해 오고 있는 부정적인 방식을 터놓고 들을 필요가 있다. 당신은 파트너에게 이러한 음성이 당신의 실제 관점을 대변하는 것이 아니고, 대신에 생애 초기에 당신이 배운 적대적인 태도를 반영하는 것이라고 파트너에게 확인시켜 줄 필요가 있다. 당신의 파트너에 대한 헐뜯거나 빈정거리는 어조의 공격을 없애고 상대에 대해 세심함과 극적이지 않은 방식으로 이러한 음성의 내용을 밝히기 위해 모든 노력을 기울인다.

당신은 당신과 파트너가 차례로 다른 한쪽이 듣는 동안 서로에 대한 당신의 자기 공격과 적대적인 관점을 개방하는 대화하기를 원할 수 있다. 아마도 당신은 당신과 파트너가 당신의 자기 공격과 적대적인 관점을 드러내면서 상대는 경청하는 식으로 하는 대화를 원할 수도 있다. 상대를 비난하지 않는 방식으로 당신의 자기비난적 내면의 음성을 '드러내기'를 시도한다. 그리고 개인적인 비난으로 당신의 파트너에 대한 비난적 음성의 진술에 대해 개인적인 비난으로 반응하지 않도록 한다. 자기 공격과 냉소적인 관점 모두를 파트너와 서로 공유하는 과정에서 이해와 동정으로 서로 경청할 수 있는 능력을 발달시킬 수 있다.

대부분의 사람이 소리내어 얘기되는 파트너의 부정적인 진술을 듣는 것을 개인적으로 공격받는다고 느끼기보다 안도감을 느낀다. 이것들은 직접적으로 말했다기보다 행동해 왔던 것과 같은 음성이다. 다시 말해서, 파트너 중 한 명 혹은 둘 모두 이러한 공격으로부터 이미 고통을 받아 왔다. 하지만 파트너가 냉소적이고 신뢰적이지 못한 태도로 표현하는 것을 듣는 과정에서, 파트너는 혼란스럽기보다 관계에서 실제 계속되고 있는 것에 관해 명료해지게 된다. 이들은 파트너의 행동을 이끄는 생각이 대개 파트너와는 관계가 없고, 과거로부터의 투사에 기반한다는 것을 이해하기 시작한다.

친구와 대화하기

믿음이 가는 친구와 일주일에 두 번 이상 10~15분 동안 대화를 하고, 당신과 당신의 관계에 대해 가지고 있는 자기비난적 내면의 음성을 드러내 본다. 당신의 친구와 이런 생각을 얘기하는 것에 아직 편안함을 느끼지 않는다면 매우 가치 있을 것이다. 내면의 음성을 표면화하는 과정은, 말하자면, 한낮의 밝은 빛으로 이러한 파괴적인 생각에 대한 내용을 드러내고 그것을 현실 검증으로 이끄는 것이다. 결과적으로, 당신은 자신과 당신의 관계에 관해 생각해 왔던 부정적인 많은 것들이 정확하지 않다는 것을 발견하게 될 것이다. 당신의 일부 비난하는 내부의 음성은 터무니없거나 말이 되지 않는 것처럼 보인다.

하지만 자신에 대한 모든 공격이 반드시 잘못된 것은 아니다. 그러나 일부 진실이 있을 때조차, 그것은 통상적으로 이러한 자기비난을 동반한 자신을 향한 강한 적대감 혹은 악감정을 설명해 주지 않는다. 당신의 자기 공격 밑에 깔린 매우 적대적인 태도는 공격이 객관적인 현실을 반영한다고 해도 내용과는 별개로 분리되어야 한다. 예를 들어, 당신의 자기비난적 내면의 음성은 당신이 자신 안에서 발견한 부정적인 성질에 관한 무엇을 말하는가? 이제, 객관적인 관찰자는 그것에 관해 무엇을 말해야 하는가? 당신의 친구는 그것에 대하여 무엇을 말하는가?

자신 내부의 보류하기 행동을 확인하기

당신의 관계 과정 중에서 발달시켰을 수 있는 보류하기 패턴을 확인해 본다. 사랑하는 사람이 특히 즐거워하거나 소중하게 느끼는 긍정적인 개인적 특성과 행동을 무심결에 참는 보류하기는 외모, 준수한 차림새, 사소한 친절, 관대한 기분, 애정, 성생활 등등 그야말로 수백 가지의 예가 있다.

예를 들어, 한 남자가 아내에게 긴 머리 스타일이 아름답고 어깨까지 내려오는 것이 좋다고 말하였다. 다음 주에 아내는 충동적으로 미용실에 가서 머리를 아주 짧게 잘랐다. 그날 저녁 식사 자리에서 그녀의 남편을 만났을 때, 그녀는 그의 충격받은 모습과 그가 표현한 분노와 실망에 의해 혼란스러워졌다.

당신의 관계에서 이런 유형의 억제 행동은 파트너의 분노를 유발하기 때문에 행동화하지 않는 것이 중요하다. 다음은 패트리시아 러브와 써니 설킨(Patricia Love & Sunny Shulkin)의『완벽하게 좋은 관계를 망치는 방법(How to ruin a perfectly good relationship)』(1997)에서 발췌한 내용이다. 각각의 진술들은 많은 커플 관계에서 흔히 관찰되는 억제 행동의 유형을 잘 보여 준다. 여기서 목적은 이러한 행동들을 하라는 것이 아니고 반대로 행동하라는 것을 말할 필요도 없다.

약속에 늦는 연습을 하라. 칭찬과 감탄에 인색해진다. 정보를 주지 말라. 당신의 파트너가 중요한 사항들을 다른 이(어머니나 비서)에게서 듣도록 하라. 성생활을 억제하라. (이는 할수록 더한 점수를 받는다).

그에게 당신이 웃는 모습을 보이지 말라. 파트너가 당신을 위해 사준 선물을 교환하라. 모든 칭찬을 피한다. 결코 도움을 요청하지 말라. 문제를 해결하려는 파트너의 모든 시도를 거부하라.

모든 것, 모든 사람을 통제하라. "만약 당신이 나를 사랑한다면 내가 원하는 것을 알아야 해."라고 하는 신념을 굳게 지킨다. 파트너가 당신을 기쁘게 해 주려고 할 때 의도적으로 잘못된 점을 찾아라. 약속을 지키지 말라. 자신에 대한 당신의 진짜 생각과 감정을 유지하라.

파트너가 아프거나 다쳤을 때 무시하라. 파트너보다 TV 시청에 더 집중하라. 친절한 말이나 사랑의 태도 없이 여러 날이 지나가도록 하라. 억제하는 즐거움으로 재미 삼는다. 어휘 목록에서 '사랑해'를 삭제하라. 당신의 파트너가 얼마나 당신을 사랑하는지를 보여 주는 것을 거부하라.

파트너의 성적인 접근을 거부하라. 섹스를 포기하라. 나는 단지 성적이지 않다고 결심하라. 열정을 없애라. 섹스 후는 신경 쓰지 않겠다고 약속하라. 자신의 성적 욕구에는 침묵하고 파트너는 내가 무엇을 원하는지 알게 하라.

그리고 마지막으로, '관계를 망치는 짤막한 농담'

- 사실을 말하자면, 나는 터치를 좋아하지 않아.
- 당신을 사랑하지만, 사랑에 빠진 것은 아니야.
- 나는 휴일에 혼자 있을 필요가 있어.

항상 옳다는 욕구를 포기하는 방법을 배우기

점점 악화하는 논쟁을 진정시키기 위해 '일방적인 무장해제' 기법을 사용한다. 파트너 사이에서 교환되는 분노는 가벼운 불일치부터 노골적인 적대감과 언어폭력까지 상승하게 된다. 아직 많은 경우, 추후 후회할 말이나 행동을 하기 전에 비난과 역비난의 사이클을 중단하는 것은 비교적 간단하다. 의견 불일치가 의지의 싸움까지 악화되는 것으로 감지되는 순간, 이겼을 때 당신의 지분을 버리고 파트너에게 다가간다. 따뜻한 말을 하거나 공감하는 말을 하거나, 누가 옳은가는 중요하지 않다고 강조하거나, 신체적인 애정을 표현할 수도 있다.

일반적으로, 논쟁 중에 배려하는 긍정적인 표현은 전투 중인 파트너를 효과적으로 무장해제시킬 수 있고, 그는 평화를 원하는 상대방의 행동에 감동받을 수 있다. 그 결과, 적대감은 빠르게 소멸한다. (상대방이 전쟁터를 떠났는데 한쪽만으로 논쟁을 계속하기는 어렵다.) 일방적인 무장해제 기법은 당신의 관점을 포기하라거나 파트너의 의견에 반드시 따르라는 의미가 아니다. 이것은 당신의 점수를 더 올리게 하기보다는 단지 파트너에게 좀 더 다가가는 것에 가치를 둔다는 것을 의미한다.

관계의 목표를 설정하기

당신의 관계에서 당신 자신이 상당한 힘을 갖고 있다는 것을 명심한다. 비록 당신 파트너를 변화시킬 힘은 없지만, 당신 자신을 변화시킬 힘과 능력이 있다. 자기비난적 내면의 음성에 의해 동기화된 행동들을 바꾸는 것은 당신 관계의 역동과 상호작용을 변화시키는 효과가 있을 것이다.

예를 들어서, 자넷(Janet)은 남편과 더 가까워지고 싶다고 결심했다. 수 주 동안 그녀의 행동은 이 목표에 맞추어졌다. 그녀는 특히 남편이 스트레스받을 때 더 공감하고 이해하는 태도로 그를 대했다. 남편의 3일간의 출장 후, 자넷은 정오에 칼에게 전화해서 둘이 시내에서 근사한 저녁 시간을 보내자고 하였다. 칼은 출장에서 방금 돌아왔기 때문에 하루가 정신없이 지나가서 집에서 조용한 저녁을 보내는 편이 좋겠다는 답했다. 자넷은 실망하였고 화가 났으며, 칼이 자신의 제안을 거절한 거뿐 아니라 자신을 거절했다고 느끼기 시작했다. 자넷은 속으로 생각했다. "만약 그가 널 진정으로 좋아한다면, 그는 분명히 너와 로맨틱한 저녁을 보내고 싶었을 거야. 그는 너와 네가 그를 위해 한 모든 일에 감사해하지 않는 거야."

오후 내내, 자넷은 경험한 모든 부정적인 생각으로 인하여 남편에 대해 냉담하고 무관심해졌다. 그녀는 어떤 열정도 보여 주기 싫었고, 상처받기도 싫었으며, 남편에게 어떤 것도 원하지 않게 되었다. 마침내 그녀는 정신을 가다듬었다. 만약 그녀가 첫 충동대로 하고 자기비난적 내면의 음성을 들었다면, 남편에게 가까이하고자 하는 자신의 주된 목표에 반대되는 행동을 하고 있다는 것을 깨달았다. 짜증나고 냉담한 자신의 기분을 변화시키기 위해 의식적인 노력을 하기로 결심하고, 칼이 집에 왔을 때 마음을 열고 어떤 일이 일어날지를 보기로 하였다. 칼은 집에 들어서자마자 매우 다정하였다. 두 사람은 대화하며 로맨틱한 저녁을 보냈고, 이들의 사랑은 어느 때보다 달콤하였다. 자넷은 자기비난적 내면의 음성에 반대되는 행동을 선택하지 않았다면 그날 저녁이 얼마나 달랐을까 하는 깨달음에 깊이 감명받았다.

연습 4-5 관계에 대한 나의 목표

<연습 4-5> 윗부분에는 관계에서의 당신의 목표를 기록한다. 아래쪽에는 이 목표 달성을 위해 해야 할 행동을 기록한다. 달성을 향한 진전을 추적한다. 목표 달성을 하는 데 있어서 자신이 약해지더라도 낙담하지 않는다. 거의 모든 사람은 스트레스를 받으면 오래된 행동 패턴으로 되돌아간다.

깊은 수준에서 많은 남녀가 진정한 사랑과 친밀감을 두려워한다. 이로 인해 많은 사람이 불평하고 행복해하지 않고 관계에서 혼란스럽다. 이런 두려움의 원천은 우리가 어려서 만들어 낸 방어, 환상결합에 있다. 우리는 성인기까지 자신을 보호하기 위하여 이 방법으로 지내 왔으나, 이제는 더 이상 필요하지 않다. 비난하는 내면의 음성을 이해하고 지배하는 과정을 찾아내어 극복할 때 우리는 사랑하는 관계를 발달시키고 지속할 수 있다.

연습 4-1 파이어스톤의 커플 음성 척도

내가 경험하는 커플에 대한 비난적인 내면의 음성(목소리)에 동그라미하세요.
0=그렇지 않다, 1=별로 그렇지 않다, 2=약간그렇다, 3=그렇다, 4=매우 그렇다

남자는 여자를 돌봐야 해.	0	1	2	3	4
너는 너를 이해해 줄 사람을 절대 찾을 수 없을 거야.	0	1	2	3	4
남자들은 너무 무감각해. 그들은 독선적이야. 그들은 네가 어떤 것도 자신만의 견해를 가지기를 원하지 않아.	0	1	2	3	4
그(그녀)에게 너무 집착하지 마.	0	1	2	3	4
너는 그(그녀)가 원하는 것을 주는 게 좋을 거야.	0	1	2	3	4
그(그녀)에게 네가 생각하는 것을 알리지 마.	0	1	2	3	4
너는 항상 져 줘. 너는 기준이 없어.	0	1	2	3	4
왜 그렇게 흥분해? 그(그녀)가 뭐가 대단해?	0	1	2	3	4
너는 그가 정말 중요한 사람이라고 생각하게끔 만들어야 해.	0	1	2	3	4
여자는 연약하고 예민해. 그들에게 하는 말은 조심해야 해.	0	1	2	3	4
그(그녀)는 널 별로 신경쓰지 않아. 만약에 그(그녀)가 그랬다면 더 많은 것을 보여 줄 거야.	0	1	2	3	4
독립적이지 말고, 그(그녀)가 리드하게 해.	0	1	2	3	4
네가 느끼고 생각하는 것은 그(그녀)에게 중요하지 않아.	0	1	2	3	4
너는 아무것도 아니야! 누가 널 신경쓰겠어?	0	1	2	3	4
다른 사람처럼 이 관계를 망치지 마.	0	1	2	3	4
그(그녀)는 늘 그(그녀)의 친구들과 함께 있어.	0	1	2	3	4
그(그녀)는 너에게 너무 잘해. 그것은 계산된 것이 아닐 거야.	0	1	2	3	4
너는 그(그녀)가 계속 관심을 가지도록 해야 해.	0	1	2	3	4
왜 그(그녀)는 더 애정이 없니?	0	1	2	3	4
여자들은 너무 성가시게 해. 유치하고, 멜로드라마처럼 모든 것을 통제하려고 해.	0	1	2	3	4

새로운 사람을 만났을 때 너무 부끄러워해. 너는 남자(여자)와 이야기할 때 어색하고, 너무 의식해.	0	1	2	3	4
너는 정말 매력적인 여자(남자)가 되기 위해 노력하지 않는 게 좋겠어. 너는 잘생기지 않았어.	0	1	2	3	4
너는 혼자 사는 게 좋을 거야. 이런 헛소리는 참을 필요가 없거든!	0	1	2	3	4
영원히 한 여자와 함께하는 남자는 없어. 그들은 그렇지 않아!	0	1	2	3	4
다음번에 그(그녀)는 네가 진짜 어떤 사람인지 알게 될 거야.	0	1	2	3	4
넌 정말 쉽고 만만해.	0	1	2	3	4
너는 교육받고 좋은 직업을 얻어서 그(그녀)가 너를 떠났을 때 다시 의지할 수 있는 무언가를 갖는 게 좋겠어.	0	1	2	3	4
넌 사랑받을 자격이 없어.	0	1	2	3	4
물론 너는 꽤 잘생긴 남자이지만, 그녀는 너와 거리가 먼 사람이야.	0	1	2	3	4
너는 정말 이기적이야. 너는 그(그녀)에게 너무 많은 것을 원해.	0	1	2	3	4
그는 정말 얼간이일 수 있어!	0	1	2	3	4
그녀는 정말 나쁜 사람일 수 있어!	0	1	2	3	4
그(그녀)는 항상 질투심이 많아. 왜 그(그녀)는 성장하지 않지?	0	1	2	3	4
이런 대접을 받는 것은 다 너의 잘못이야. 너는 항상 너무 많은 것을 원하고 필요로 하고 너무 많이 물어봐.	0	1	2	3	4
그(그녀)가 너를 바람맞힌 것은 당연해. 그(그녀)에게 너는 두 번째야.	0	1	2	3	4
일단 그(그녀)가 너를 좋아하면, 그(그녀)는 네가 진짜 좋아하는 것을 알아낼 거야.	0	1	2	3	4
좋은 전술을 펴는 게 좋아. 최선을 다하지 않으면 그(그녀)는 관심이 없을 거야.	0	1	2	3	4
너는 너무 많은 걸 느껴. 너는 너무 약해. 그래서 다치게 될 거야.	0	1	2	3	4
여자들은 삶에서 실용적인 부분을 이해하지 못해.	0	1	2	3	4
남자들은 감정에 신경쓰지 않아. 그들은 여자나 자녀에 대해 돌보려고 하지 않아.	0	1	2	3	4
너를 만나기 전에 그(그녀)가 훨씬 나았어. 너는 그의 발목을 잡고 있어.	0	1	2	3	4
넌 통제해야만 해. 한 발만 잘못 디디면 너는 결국 혼자가 될 거야.	0	1	2	3	4

그(그녀)가 원하는 것을 알아내서 그것에 동조해. 그래야 일이 순조로울 거야.	0	1	2	3	4
너는 좋은 직장을 얻고 돈을 많이 벌어서 그(그녀)를 부양하는 것이 좋겠어.	0	1	2	3	4
그는 패배자야. 그는 미래가 없어. 그와 관계를 맺지 마.	0	1	2	3	4
감정을 드러내지마. 네가 그(그녀)를 신경쓰고 있다는 것을 알려 주지 말고 냉정하게 대처해.	0	1	2	3	4
아무도 너를 원하지 않을 거야. 넌 결국 늙어서 혼자 남게 될 거야.	0	1	2	3	4
그(그녀)는 너를 별로 좋아하지 않아.	0	1	2	3	4
그(그녀)가 신경 쓰는 것은 독립이야. 너는 어때? 언제 너는 그(그녀)의 생활은 어디에 맞니?	0	1	2	3	4
넌 사이좋게 지내지 못할 거야. 넌 절대 그렇게 못해.	0	1	2	3	4
여자들은 직관적이지 않아. 그들은 간단하지 않아. 그들은 항상 그들의 마음을 바꿔.	0	1	2	3	4
그(그녀)의 기분을 네가 책임져야 해. 그(그녀)가 화가 나면, 너의 잘못이야. 너는 비난받을 거야.	0	1	2	3	4
너를 통제할 만한 남자를 찾아. 왜냐하면 너는 너를 돌봐줄 남자기 필요해.	0	1	2	3	4
어쨌든 넌 별로 재미가 없어. 뭐에 대해 애기할 거야?	0	1	2	3	4
넌 어쨌든 사랑이 필요없어. 너는 강해.	0	1	2	3	4
그(그녀)를 중요한 사람으로 느끼게 하고, 필요로 한다고 느끼게 해.	0	1	2	3	4
왜 그(그녀)는 관계에 조금 더 신경쓰지 않는 거지?	0	1	2	3	4

연습 4-2 관계에서의 모습: 자기비난적 내면의 음성과 실제의 당신

관계에서의 나에 대해 자기비난적 내면의 음성이 하는 말	관계에서의 나에 대한 현실적인 생각은 무엇인가

연습 4-3 관계에서 파트너: 자기비난적 내면의 음성과 실제의 당신

파트너에 대한 자기비난적 내면의 음성	파트너에 대한 나의 현실적 관점

연습 4-4 관계: 자기비난적 내면의 음성과 실제의 당신

관계에 대한 자기비난적 내면의 음성	관계에 대한 나의 현실적 관점

연습 4-5 관계에 대한 나의 목표

관계에서의 나의 목표

목표를 달성하기 위한 나의 행동 계획

Chapter 05

자기비난적 내면의 음성이
어떻게 성적 관계를 방해하는가

> "
>
> 에로스가 문으로 들어서면, 매우 자주 사랑은 창 밖으로 달아난다. 침실은 세상에서 가장 위험한 곳이다.
>
> – 랭(R. D. Laing)
>
> "

섹스는 인간으로서의 경험에 활력이 되는 부분이고, 인생의 강력한 동기를 부여하는 힘이다. 강렬한 즐거움과 성취를 만들어 내며, 고통과 괴로움의 원인이 되기도 한다. 고통의 상당 부분이 우리가 특히 친밀한 개인적 관계에서 성적 만족을 얻고 지속하고자 할 때 생기는 어려움들과 성생활에 집중되어 있다.

신체에 대해 갖는 느낌, 남성이나 여성으로서의 성적 정체성의 수용, 성적 경험은 안녕감과 자존감의 기반이 된다. 만약 우리가 성에 대해 일반적으로 건강한 지향성을 갖는다면, 우리의 활력 정도와 전체적인 모습에 반영된다. 자연스러운 성생활의 장애는 심각한 결과를 초래하며, 성생활 이외의 활동과 취미를 포함한 우리 삶의 많은 부분에 영향을 줄 수 있다. 사랑스러운 성적 접촉과 친밀한 관계에서의 진실한 교제의 조합은 일반적으로 정신건강에 기여하고, 많은 사람이 추구하는 이상이다.

하지만 자기비난적 내면의 음성의 왜곡된 렌즈를 통해서 우리 자신을 보게 되면, 인생의 자연스럽고 즐거운 부분에 대해 죄책감을 느낄 수도 있다. 다양한 수준으로 우리 대부분은 아동기에 성에 대한 정확하지 못하고 건강하지 못한 관점을 배우게 된다. 성인이 되어서도 성에 대한 관점이 우리의 과거 경험과 이러한 파괴적인 생각과 태도에 여전히 영향을 받고 있다는 것을 알지 못한다.

예를 들어, 요즘 같은 개방된 시대에도, 왜 성에 대한 직접적인 대화가 많은 사람에게 있어서 부적절한 것으로 여전히 간주되고 있는지, 혹은 왜 많은 사람이 그 주제가 나올 때 신경질적으로 비웃는지, 왜 성적 농담은 불결한 것으로 간주되는지, 왜 우리의 성생활이 비밀스러운 것이 되어야 하는지, 당신은 궁금해한 적이 있는가? 1960년대 성적 혁명 이후 성인의 성생활에 관한 사회적 합의가 어느 정도 진전이 있어 왔을지라도, 그럼에도 불구하고 많은 사람은 타인과 상당 시간 관계를 맺을 때 그들이 불편감과 나쁜 감정을 느끼도록 하는 성에 대한 관점을 여전히 왜곡하고 있다.

섹스에 대한 두 가지 관점

섹스는 우리의 자기 의식과 성숙하고 오래 지속 가능한 개인적 관계를 즐길 수 있는 능력에 대해서 긍정적이거나 부정적인 영향을 미칠 수 있다. 그것이 미치는 효과는 대체로 우리가 섹스를 어떻게 바라보는지, 그리고 남자와 여자로서 우리 자신을 어떻게 보는가에 달려 있다. 우리 자신, 파트너, 우리의 관계 등에 대해 두 가지 상반된 관점을 가지고 있는 것처럼, 우리는 또한 우리의 신체와 파트너 혹은 상대방에게 사랑과 성적 만족감을 주고 그것들을 받는 능력에 관해서도 상반된 관점을 가진다.

'깨끗한' 관점에서, 건강한 섹스는 관계의 다른 부분과 분리된 활동이라기 보다 애정어린 감정의 자연스러운 확장이다. 섹스는 소통의 중요한 형태이 며 기쁨을 주고받는 하나의 방식이다. 우리가 이런 관점으로 섹스에 대해 생 각할 때, 우리의 성적인 만남은 즐겁고 재밌으며, 감각적이고 정서적이며, 애정어리지만 진지하고 걱정이 없거나 혹은 우리 기분에 따른 이들의 조합 이라 할 수 있다.

반대로, 건강하지 못한 또는 '불결한' 관점에서, 섹스는 숨기고 비밀스러운 활동이어야 한다. 인간의 몸은 부끄러운 것이고 성 기능과 관련 있는 신체의 부위는 불결한 의미를 내포하고 있다. 이런 관점에서, 섹스는 인생의 다른 부분으로부터 완전히 분리된 활동이다. 이 관점에서 섹스를 보게 되면, 사회 적 대화나 토론, 특히 아동과는 적합하지 않은 주제로 여겨진다.

지적인 수준에서, 성 기능은 인간으로서의 우리 몸 구조의 간단하고 자연 스러운 부분이라는 데에 우리 모두 일치된 의견을 갖는다. 하지만 정서적인 수준에서는 우리 사회의 거의 모든 남녀는 자신의 몸에 대해 부끄러운 느낌 을 갖고 있다. 이것은 다양한 성적 문제들과 성적 행동에 대한 두려움을 일 으킨다. 이런 성적 문제는 가벼운 정도에서 성적인 심각한 장애까지 다양한 연속성의 범위에서 존재하고 있다. 우리의 부모, 친척, 또래 및 사회 등으로 부터 배우거나 습득한 섹스에 대한 왜곡된 태도는 우리의 전반적인 관계에 대해 치명적인 결과를 갖게 한다. 자기비난적 내면의 음성을 형성하는 이러 한 태도들은 성적 경험 동안 어떤 시점에서 우리의 생각 속으로 파고들게 된 다. 이런 부정적인 생각은 우리 관계의 가장 친밀한 부분에서 만족감을 얻는 능력에 해로운 영향을 주게 된다.

섹스에 대한 태도는 부모 · 또래 · 사회로부터 어떻게 영향을 받는가

섹스에 대한 우리의 부정적인 태도는 대개 우리의 부모가 섹스에 대해, 상대방에 대해, 그리고 전반적인 남성과 여성에 대해 생각하고 느낀 것을 반영한다. 비록 부모가 섹스에 대해 인지적으로 개화되었다고 하더라도, 부정적이고 왜곡되었을 수 있는 그들의 정서적인 태도를 따르지 않을 수 없다. 우리의 부모를 관찰해 보면, 우리는 그들이 서로를 어떻게 대하는지, 그들의 상호작용에서 애정이 있고 따뜻한지 혹은 냉정하고 무관심한지 알 수 있다.

많은 가정에서, 부모는 성생활의 징후를 보여 주거나 그들이 적극적으로 성생활을 즐기고 있다는 것을 자녀에게 거의 보여 주지 않는다. 예를 들어, 많은 사람이 자기 부모가 서로 다른 침대나 각방에서 자고 있는 것을 기억한다. 어떤 부모는 자녀 앞에서 신체적 애정 표현을 꺼리기도 한다. 또 어떤 이들은 성에 대해 상스러운 농담을 하거나, 공공장소에서 친밀감을 표현하는 커플에게 조롱하기도 한다.

비록 많은 부모가 자녀가 섹스에 대해 건강한 태도를 '배워야 한다'고 말을 하지만 자녀와 섹스에 대해 터놓고 개인적으로 얘기하는 경우는 거의 없다. 어떤 부모는 자신의 10대 자녀가 잘못된 영향으로 섹스를 하지 않을까 하는 두려움 때문에 자녀가 성교육에 참여하도록 허락하는 것을 거부한다. 또 다른 이들은 성교육 수업이 금욕만을 가르쳐야 하며, 피임 지식이나 성병 예방에 대해 토론해서는 안 된다고 주장하기도 한다.

몸에 대한 우리의 태도

우리가 섹스에 대해 어떻게 느끼는지에 관한 지표는 우리가 우리 몸에 관해 어떻게 느끼는가다. 유아나 어린 아동은 벌거벗은 것에 대해 자유로운 느낌을 즐기며, 남의 시선을 거의 의식하지 않는다. 하지만 5~6세가 되면 대부분 아동은 옷을 입지 않는 것으로 보이는 것을 매우 쑥스러워한다. 많은 아동이 벌거벗은 몸과 신체에 관해 자의식을 강화시키는 나체와 몸에 관한 기본적인 태도를 부모로부터 받아들인다.

어떤 가정에서는 부모의 일반적인 관계 유형이 과도하게 성적이기도 하다. 이것은 과도하게 경직되고 억압적인 가정에서의 성만큼이나 해로울 수 있다. 캐시(Kathy)의 기억을 들어보자.

내가 매우 어렸을 때부터 내 기억에는 모든 것이 성적인 것이었다. 부모님은 성에 대해 내게 얘기할 때 아무 거리낌이 없었다. 내가 기억하기에 어렸을 때 내 책 중의 하나는 "내가 어디에서 왔는가?"에 대한 것이었고, 또다른 하나는 "네 것을 내게 보여 주면 내 것을 네게 보여 줄게"라는 식으로 부르는 것이었다.

우리 집에서는 모든 것이 성적이었다고 생각하는 것은—모든 것을 뜻한다—나 또한 그런 식으로 취급당했다고 생각한다. 내 기억에 부모님은 가족 모두와 함께 야외로 나가곤 했는데, 아버지는 야외에서 엄마의 벗은 몸을 사진 찍곤 하였다. 그 사진 중 하나를 거실에도 걸어놓았는데, 어깨 윗부분만 보여 주는 것이었는데, 나는 이 부분이 매우 우스꽝스러웠다. 사진의 나머지 부분에서 엄마가 벗고 있었다는 것은 마치 나에게 비밀스러운 것과 같았다.

나는 남자와 여자 사이의 모든 상호작용은 성적인 상호작용이라고 생각했다. 나는 그것이 우리 부모가 느끼는 방식이고 또한 내가 생각하는 방식이라는 것을 알고 있다. 나는 우정이나 친밀함, 애정에 관한 것조차 결코 생각하지 않았다. 섹스가 시작이자 끝이다. 그것은 인생의 유일한 것이고, 내가 세상을 바라보는 방식이었다.

자위와 성적 유희에 대한 태도

지난 50년 동안, 자위 행위에 대한 태도는 상당히 변화했지만, 아직도 많은 부모가 자녀의 자위행위를 보면 정서적인 수준에서 극적으로 반응한다. 자위에 대한 부모의 과잉반응은 자녀가 죄책감을 느끼게 만든다. 결과적으로 자녀는 자위에 대해 숨기는 것을 배우게 된다.

아동이 자신의 몸을 탐색하는 것을 좋아하듯이, 아동은 서로를 탐색하고 만지기를 좋아한다. 성에 따른 차이에 대한 자연스러운 호기심은 형제자매 사이나 소꿉친구 사이의 성적 유희를 시작하게 만든다. 종종 부모들은 자녀들이 '의사-간호사' 놀이 같은 성적 놀이를 하는 것을 발견하면 아이들을 꾸짖는다. 하지만 아동이 자신의 몸과 섹슈얼리티에 대해 갖는 관심은 정상적인 성장의 한 부분이다. 부모는 자녀에게 이런 방식으로 자신에게 호기심을 갖는 것은 자연스러운 것이라고 간단한 용어로 말해 줄 수 있다. 하지만 공공장소에서 그들이 호기심을 실행한다면 항상 남의 빈축을 살 것이라는 것 또한 얘기할 수 있다. 조용하고, 판단적이지 않은 부모의 태도는 자녀가 사랑과 우정의 감정을 포함해서 건강하게 성을 발달시키는 것을 지지할 것이다.

섹슈얼리티에 대한 사회의 태도

성격 형성기에 사람들이 학습한 섹슈얼리티에 대한 왜곡된 태도는 문화적 태도와 사회적 관습에 영향을 주게 된다. 사회 제도, 규칙, 제약 등은 부정적

인 사회적 압력의 형태로 사회 구성원에게 반영하게 된다. 이런 문화적 태도
와 규범은 일상생활의 모든 영역에 침범하며, 우리의 섹슈얼리티에 대해서
도 더 자주 파괴적인 효과를 갖는다.

섹슈얼리티에 대한 사회의 태도는 종종 아동의 또래 관계에 부정적인 사
회적 압력으로 작용한다. 섹스에 대한 사회의 태도를 주제로 한 세미나에서,
린다(Linda)는 반 친구들과의 우정에 대해 음탕한 음해를 했던 그녀의 친구
들에 의해 그녀의 행동들이 오해를 받고 조롱받는 사건에 대해 다음과 같이
묘사했다.

내가 4학년이었을 때 내가 진짜 좋아했던 소년이 있었는데, 우리는 진짜
좋은 친구였어요. 우리는 모든 것을 함께 했어요. 가장 친한 친구였어요. 언
젠가 우리가 서로 키스할 거라 결심했어요. 하지만 이것은 정말 좋아하거나
그와 유사한 어떤 것일 정도로 큰 일이었어요.

그날, 우리는 그 애의 자전거를 타고 숲으로 내려가서 커다란 자갈 채취
장까지 갔어요. 그리고 우리는 자갈 채취장 옆에 앉았죠. 우리는 몹시 수
줍어서, 그것을 할지 말지 키스에 관한 말만 했었어요. 그런데 숲속에는 학
교에서 온 몇 명의 남자애들이 있었어요. 그래서 그 아이들이 숲에서 나와
우리를 놀리기 시작했고, 우리가 섹스하려고 했다고 말했어요. 그리고 난
우리 둘 모두는 그것 때문에 상처를 입었던 것이 기억이 나요. 그래서 우리
는 그 아이 자전거를 탔고 그 애가 나를 집까지 태워 주었으며, 그 아이는
울었던 것으로 기억해요. 나도 기분이 매우 나빴어요.

다음 날, 그 남자애들은 학교에서 우리 일에 대해서 떠벌리기 시작했어
요. 나는 모욕감에 죽을 지경이었고, 그 아이도 그랬어요. 하지만 가장 최악
은 그때부터 우리가 서로 전혀 말하지 않았다는 것이에요. 우리는 학년 내
내 괴로워했고, 항상 서로 만나야 했기 때문에 너무 고통스러웠어요. 이후
로 우리는 함께 계속 학교를 다녔고 서로를 항상 보고 있었기 때문이에요.
나는 졸업파티에서도 그 애를 보았어요. 우리는 파티에서 서로 얼굴을 직접

마주쳤는데, 서로 어떤 말도 할 수 없었어요.

　나는 집에 가던 중 그 아이가 울던 모습을 지금까지도 잊을 수 없는데, 왜냐하면 그의 마음을 다치게 했기 때문이에요. 매우 작은 사건인 것 같았는데, 그 이후 서로 말도 못하고 심지어 서로 바라보지도 못했던 끔찍한 이야기이자 사실이에요.

　가족의 주요 기능은 아동을 사회화하는 것으로, 즉 그들이 살고 있는 문화의 규범과 관습을 그들에게 가르치는 것이다. 하지만 자녀에게 좋은 가치관을 전해 주려고 노력하는 많은 부모가 아동의 성에 대한 감각이 출현하는 것을 이해하지 못하며, 자녀에게 섹슈얼리티에 관한 그들의 언급에 둔감한 경우가 종종 있다. 같은 세미나에서, 로날드(Ronald)는 어머니의 말이 어떻게 자신을 남을 의식하는 사람으로 만들었는지, 그리고 성인관계에서 어떻게 그에게 영향을 미쳤는지를 다음과 같이 얘기했다.

　나는 항상 정말 고통스러울 정도로 수줍어 해서 중고등학교 때까지 데이트를 많이 하지 않았어요. 여학생들에게 데이트를 청해서 몇 번 데이트를 했었는데, 내가 집을 막 나서려고 할 때 항상 어머니는 이렇게 얘기했어요! "9개월 패키지를 나에게 가져오는 어떤 것도 해서는 안 된다." 그것은 "여자아이를 임신시키면 안 된다."는 것을 넌지시 암시하는 것이었어요. 그래서 지금 난 거의 데이트를 신청할 수가 없게 되었어요. 첫 번째 데이트에서 여자아이에게 키스하게 될 것 같다는 생각이 들었고, 20대 여자아이를 임신하게 하는 어떤 일도 해서는 안 된다는 말이 들리곤 했어요. 난 어머니의 조롱 섞인 말을 의식적으로 기억했어요.

　하지만 나는 그것이 나에게 영향을 미쳤다고 생각해요. 왜냐하면 대학에 다닐 때, 한 여성과 섹스를 처음 할 때 마다 사정할 수 있을까에 관한 것이 나를 힘들게 했기 때문이에요. 발기도 되지 않았고, 성 행위도 끝내지 못하였어요. 그리고 난 정말 난 정상이야, 나쁘지 않게 여성을 향해 성적 감정을 느낄 수 있어라는 성에 관한 나의 평범한 감정을 억제했다고 생각했어요. 그리고 이것은 재미를 의미하는 즉석에서 무심코 한 말이에요. 난 그 생각이 나에게 했던 것을 지금까지 정확하게 깨달았다고 생각하지 않아요.

아동기와 청소년기에 경험한 많은 사건들이 우리의 몸과 섹슈얼리티에 대해서 왜곡된 방식으로 생각하게끔 하는 것이 분명하다. 이런 건강하지 못한 태도는 성을 불안과 고통스러운 것으로 만들어 버린다. 섹슈얼리티에 대해서 사람들이 좀 더 솔직하게 이야기하는 등 최근에 어느 정도 발전이 있었지만, 상당한 손상은 여전히 남아 있다.

섹스 중의 음성

자기비난적 내면의 음성은 섹스에 대해 건강하지 못한 관점에 관한 대변인으로 여겨질 수 있다. 그 음성은 사람이 자신의 즐거움을 부정하는 데 영향을 미치고, 자연스러운 욕망과 소망을 포기하고 어린 시절 일찍이 학습된 금지 규정을 따르도록 유발한다. 섹슈얼리티와 관련된 음성의 공격은 우리 자신뿐 아니라 우리의 파트너를 겨냥한다. 예를 들어, 한 여인이 자신에 관한 이야기를 보고했다. "그(그녀의 남편)가 왜 여전히 너에게 매력을 느껴야 하니? 넌 살도 찌고, 예전만큼 젊지도 않잖아." 그녀는 또한 남편에 관해 부정적인 생각을 가지고 있다. "그는 이제 더 이상 섹스에 관심이 없어. 그 사람은 밤에 잠만 자잖아. 그 사람은 섹스를 하더라도 숙제하듯이 해." (자신과 파트너에 대한) 두 유형의 부정적인 관점은 성적인 감정을 감소시키고 우리의 애정어리고 성적인 반응을 억제하게 한다.

섹스 중 남자와 여자는 그들의 몸, 성적 행동, 움직이는 방법, 그리고 자신과 파트너의 흥분 수준에 대해 비난하는 등 많은 다양한 유형의 음성을 경험한다. 이러한 자기 패배적인 생각은 우리를 애정과 매력에 대한 단순한 확장인 대신에 평가받아야 하는 행위로 섹스를 생각하게 할 수 있다.

 연습 5-1 파이어스톤의 섹스에 대한 음성 척도

> 성관계 속으로 침투할 수 있는 부정적인 생각에 익숙해지기 위해 <연습 5-1>을 활용할 수 있다. 만약 당신이 괜찮다면, 질문지를 복사해서 당신의 파트너가 그것을 채우도록 요청해 보라.

성관계를 하기 전 알 수 있는 음성

사람들이 보고하는 가장 흔한 음성의 하나는 성적인 관계 및 정서적인 관계로 타인과 연결되는 것에 대항하는 자기 보호적인 경고다. 종종 관계에 더욱더 헌신하는 것처럼 느낄 때, 그들에게 경고하는 비난적 내면의 음성(목소리)을 경험한다. "조심해! 그(그녀)에게 낚이지 마. 성관계 후에 그(그녀)가 끝내면 어떡해? 그러면 넌 진짜 기분이 끔찍할 거야."

당신은 성관계를 하기 바로 전에도 어떤 음성의 공격을 인식할 수 있다. 예를 들어, AIDS가 심각한 걱정거리가 되었기 때문에, 만약 당신이 새로운 성관계를 시작하려고 할 때 자신에게 말할 수도 있다. "만약 그(그녀)가 AIDS 검사에 대해 사실을 말하지 않았으면 어쩌지? 만약 그(그녀)가 안전한 성관계에 대해 나보다 기준이 더 낮으면 어떡하지? 어떻게 넌 이 사람을 믿을 수 있는지 알 수 있니?"

남자들은 종종 파트너가 임신하는 것에 관해 걱정하며 자신에게 다음과 같은 생각을 한다. "그녀가 말한 것처럼 피임을 진짜 했는지 넌 어떻게 아니? 만약 그녀가 임신하려고 애쓰면 어떻게 할 건데? 무엇이 너로 하여금 그녀를 믿을 만하다고 생각하게 만든 거니?"

만약 파트너가 주저하거나 그다지 좋아하지 않는 것처럼 보이면 당신은 부정적인 방식으로 반응하거나 성관계를 피하는 것처럼 느낄 수 있다. 예를 들어, 짐(Jim)은 다음 같은 말을 하고서 새 여자친구에게 몹시 어색함을 느꼈다. "우리 언제 거실에서 침실로 갈까?" 짐은 선수 친 것에 대해 조용히 자신을 비난하는 모습을 발견했다. "그녀가 너와 함께 있는 것에 관심이 있을 거라고 생각하게 만든 건 뭐니? 너무 빠르게 밀어붙이는 거 아냐. 넌 너무 둔감해!" 이 음성을 얘기한 후, 짐은 계속하였다. "때때로, 이런 자기 공격은 내가 만약 여자친구가 조금 주저한다고 생각되면 이런 자기 공격이 촉발돼요. 그것이 어떤 건지 정말 말할 수 없어요. 나는 이미 어색해서 그녀를 똑바로 볼 수 없고, 그녀도 의식할 수 있을지 몰라요. 하지만 어느 경우든지, 비록 내가 성적으로 원한 것이라 해도, 그 시점에 나는 기분이 불편해지기 시작해요."

사람이 나이 들어감에 따라 성관계 빈도에 한계짓는 것에 대한 변명으로 그들의 나이를 핑계대는 경향이 있다. 예를 들어, 이들은 다음처럼 자신에게 말할 수 있다. "네 나이의 사람은 섹스를 많이 원하지 않아. 좀 진정하고 다른 것을 즐겨 봐. 결국, 지금 네 인생에서 섹스가 가장 중요한 게 아니잖아. 넌 일과 친구들 때문에 많이 바쁘잖아. 섹스는 젊은이를 위한 거지, 너를 위한 게 아니야."

나이 든 많은 남자들이 다음과 같은 음성을 보고한다. 만약 여성에게 로맨틱하거나 성적인 관심을 내비치려 한다면, "늙은 바보만큼 어리석은 바보는 없어." 때로는 나이 든 여성이 자신에게 말한다. "넌 너무 늙고 몸매도 망가지고 쭈글쭈글해. 그가 너를 아직도 섹시하게 볼 거 같아?"

이런 음성은 다른 사람들이 생각 없이 반복하는 상투적인 말들처럼 이런 음성을 지지하고 사회적 태도에 의해 뒷받침된다. 어느 50세 여성이 정기적인 부인과 검진 중에 다음과 같은 질문을 받았다. "얼마나 자주 성관계를 하세요?" 그 후 몇 주 동안, 그녀는 자신과 남편이 성관계 하는 빈도를 공격하는 부정적인 생각을 하게 되었다. "네가 생각하기에 얼마나 더 오래 이것을 계속할 수 있을거 같니? 네 나이에 그렇게 성적으로 활발한 것은 아마 좋지 않을 거야. 그건 이상하고 비정상적이야. 그렇게 생각하지 않아?"

성관계 중에 당신이 경험하는 자기비난적 내면의 음성

성관계 도중, 많은 사람이 흥분감과 성적인 반응 모두에 부정적 영향을 줄 수 있는 부정적인 생각을 경험한다. 때로는, 이런 생각의 침투는 성행위를 실제로 중단하게 할 수 있다.

당신의 몸에 대해

외모와 신체에 대한 자기 폄하적인 생각은 성관계를 하는 동안 느낌의 흐름을 종종 방해한다. 예를 들어, 많은 여성이 가슴에 대해 다음과 같은 자기의식적인 생각을 한다. "네 가슴은 너무 작아." "네 가슴은 너무 크고 예쁘지 않아." "가슴이 너무 이상하고 비정상이라서 수영복조차 입을 수 없어. 그가 네 가슴을 만지고 싶겠니?" 또는 성기 부위에 대해 생각을 한다. "네 질은 너무 커." 또는 "불쾌한 냄새가 나. 그가 거기를 만지지 못하게 해. 청결하지 못해. 구강 성교를 하지 마. 그가 구역질할 거야."

마찬가지로, 많은 남성이 성기의 크기에 대해 부적절하게 느끼고, 자신에게 말한다. "네 성기는 너무 작아. 그녀를 만족시킬 수 없을 거야. 끝까지 갈 수도 없을 거야. 다른 남자처럼 남자답지도 못해." 흥미롭게도, 자기비난적 내면의 음성이 가장 비난하는 신체 부위는 그들의 파트너가 터치하지 않거나 관심을 두지 않는 바로 그 부위다. 알지 못하는 사이에, 성적인 파트너는 서로의 자기비난적 내면의 음성을 입력한다.

성기능에 대해

성관계 도중, 당신은 성관계의 다른 측면, 즉 흥분의 수준에 관한 부정적인 생각을 경험하기 시작할 수 있다: "너는 발기가 충분하지 않아. 너는 오르가슴을 느낄 수 없어." 또는 행위 중에 당신의 움직임, 또는 파트너를 즐겁게 해 주는 당신의 능력에 대해 공격할 수 있다. "너는 너무 많이 움직여. 그가 너를 난잡한 여자라고 생각할 거야." "너는 그녀를 상처 줄 거야. 너무 빨리 삽입했어. 그녀는 준비되지 않았어." "너는 그(그녀)를 제대로 터치하지 못해. 그(그녀)가 좋아하는 거에 둔감해." 때로 다음 같은 생각을 한다. "너는 이것을 그냥 적당히 넘겨야 해." 그리고 이것은 수행에 초점을 맞추고 성행위를 기계적이거나 무감정한 것으로 느끼게 한다.

성관계 후에 당신이 경험할 수 있는 음성

다른 많은 사람처럼, 당신도 자신의 성 경험에 대해 되짚어 생각할 수 있다. 이때, 어떤 사람은 실제 성관계 중 좋은 느낌을 가졌을 때조차도 음성 공세에 시달린다. 역설적으로, 특히 만족스럽고 정서적으로 의미 있는 성 경험을 가진 사람이 미래의 부정적 경험을 예측하는 음성 공격을 받는다. 이런 생각은 두 파트너 모두를 깎아내리고 성적 경험의 가치를 낮춰 버린다. 만족스러운 성 경험을 한 뒤 여성이 전형적으로 가지게 되는 몇몇 음성들은 다음과 같다.

"그래서 진짜 좋았어? 그래서 뭐? 항상 이렇게 느낄 거라 생각해? 잊어버려! 다음 번에 넌 예민하고 긴장할 거야."

"진짜 좋았어? 그래서 뭐! 그가 끝난 후에 좋아 보이지 않아. 아마 그에게 최악의 경험이었을 거야. 네가 너무 열광해서 그를 겁먹게 했을 거야."

반면, 많은 남성이 자신에게 다음 같은 말을 한다.

"그녀가 끝나고 별로 행복해 보이지 않았어. 그녀가 오르가슴을 느낀 걸 어떻게 아니? 그녀가 거짓으로 느낀 척했을지 몰라."

"너 이번엔 운이 좋았어. 그렇다할지라도, 네가 진정 성적으로 어떤지를 그녀가 알게 될 다음 번까지 그냥 기다려."

성 경험을 방해하는 자기비난적 내면의 음성을 확인하기

우리의 자기비난적 내면의 음성이 성행위를 침해할 때, 성행위 중에 비난하는 내면의 음성이 침투하면, 우리는 흔히 이것을 무시하려고 애쓰면서 단순히 성행위를 마치는 데 몰두하게 된다. 하지만 이런 해결책은 파트너와 정서적으로 더 멀게 느껴지게 만든다. 대신에, 이런 생각들을 멈추고 이야기하는 것이 중요하다. 즉, 제4장에서 설명하였듯이, 비난하지 말고 당신의 파트너에게 이런 생각을 드러내야 한다. 이런 상황에서, 당신의 자기비난적 내면의 음성을 밝히는 중에 신체 접촉을 유지하는 것은 중요하다. 다시 말해서, 음성 공격이 육체적 포옹과 신체 접촉을 방해하지 않도록 노력한다. 결과적으로, 흥분, 매력 그리고 성적 욕망에 대한 원래 느낌이 회복되어 당신은 성행위를 계속 할 수 있을 것이다. 어느 경우든지, 당신은 애정의 느낌이 되살아나는 것을 경험할 것이고, 소원함을 느끼는 대신에 파트너와 정서적으로 한층 더 친밀해질 것이다.

예를 들어, 엘렌(Ellen)과 조지(George)는 결혼 1년 후에 성관계에서 어려움을 경험하기 시작했다. 이전에, 이 커플은 워크숍에서 서로 대화를 통해 자신들의 자기비난적 내면의 음성을 드러내는 기술을 배웠다. 어느 저녁, 엘렌이 성행위를 시작할 때 자신의 흥분감이 차단되는 느낌이 시작되었다고 알렸다. 그녀는 워크숍에서 배운 것을 적용하기로 결정했으며, 자신이 어떻게 느끼는지를 조지에게 밝혔다. 다음은 그녀의 말이다.

당신도 알다시피. 나는 당신과 진짜 흥분이 잘되고 성적으로 좋았어. 그런데 점점 두려워지기 시작했어. 그래서 잠시 중단하고 내가 가지고 있는 생각을 당신에게 말하고 싶어. 나는 생각하기 시작했어. "너는 매우 잘 느끼지 못했는데, 무슨 문제가 있어?" 그리고 나서 난 당신에 관한 것들을 생각하기 시작했어. 이게 정신 나간 것처럼 들린다는 것을 난 아는데, 당신이 진정으로 나와 함께 있고 싶어 하는지 아닌지 궁금했었어. 내가 들었던 몇몇

비난적 음성은, "그는 너와 함께 하고 싶어 하지 않아. 너는 그가 함께 하고 픈 사람이 아니야. 넌 그에게 잘하지도 않아. 그는 당신에게 어떤 것도 느끼지 않아."였어. 가장 최근의 생각이 내가 믿기에 그것을 말하는 것조차 고통스럽다는 것을 당신이 실제 어떻게 느끼는지와 반대라서. 그것을 말하는 게 정말 편치않게 느꼈어.

조지는 자신도 느낌이 차단되기 시작했기 때문에 엘렌이 대화를 제안한 것이 기뻤다고 말하였다. 조지가 말했다.

나는 자신에 대해 많이 느끼지 않았어. 나는 생각하기 시작했어. "무슨 일이지? 그녀는 좋아. 그녀는 흥분한 거로 보여. 분명히 너야. 그것을 다시 좋게 만들어 놓는 게 좋을 거야. 넌 그것을 바로잡아 놓는 게 좋을 거야. 좀 더 빨리 움직여. 빨리 끝마치려고 애를 써. 하지만 너에게 문제 있다는 걸 그녀가 알도록 하지 말고, 무언가 그녀에게 문제가 있다는 생각을 하도록 만들지 마."

엘렌과 조지가 자신들의 자기비난적 내면의 음성을 밝힌 후에 느낌을 공유하였고, 서로 가까운 친밀감을 느끼고 성관계를 다시 시작하였다.

연습 5-2 자기비난적 내면의 음성이 성관계에 대해 당신에게 말하는 것

<연습 5-2>의 왼쪽에 당신이 경험한 성관계에 대해 비난하는 내면의 음성을 기록한다. 오른쪽에는 이런 음성에 대해 당신이 실제로 무엇을 생각하는지 기록한다.

당신은 성적으로 어떻게 관계를 맺는가-두 가지의 성관계

정서적인 친밀함에 의해 파트너와 성적으로 관계하는 방식은 한 경험에서 다음 경험으로 상당히 다양할 수 있다. 성관계를 보는 두 가지 분명한 관점이 있는 것과 마찬가지로, 성적으로 관계를 맺는 두 가지 다른 방식이 있다. 이들은 양극단의 연속체로 개념화될 수 있다. 순수한 정서적 접촉을 포함한 관계맺기의 건강한 방식과 사람 사이의 지속적인 애정, 다정함과 동료애가 한쪽 극단에 있다. 다른 쪽 극단에는 파트너들이 긴장을 누그러뜨리고 감정을 차단하기 위해 단순히 성관계를 사용하고 있는 성적 관계맺기의 방식이 위치한다. 이런 유형의 성적 경험은 두 사람 사이의 진정한 친밀감과 정서적 교환에서 벗어나게 될 수 있고, 진정한 관계맺기를 제한하는 내적으로 향하게 하는 방식으로 자신을 기쁘게 하기 위한 기제로서의 성관계에 의존하는 방향으로 향하게 할 수 있다.

성적 경험이 애정적 느낌의 부산물일 때 가장 성취감을 주는 것처럼 보인다. 성행위하는 도중, 가까운 정서적 접촉에서 더욱더 자기 만족 방식의 관계맺기로 전환이 있을 때마다, 이 변형은 두 사람의 안녕감에 상처가 된다. 많은 사람이 덜 개인적인 방식으로 관계맺기가 지배적인 경우 성적 경험 후에 공허감과 불만족, 예민한 느낌을 보고한다.

성적 관계맺기의 두 가지 방식 사이의 구분은 관계의 안정성, 수명 또는 깊이를 필수적으로 반영하지 않는다. 대신에, 각자의 파트너는 자신의 만족을 위한 도구 대신에 분리된 개인으로 상대방을 인식한다는 것이 중요하다. 통제, 힘의 사용, 조작, 안심, 자기 달래기를 위해 섹스가 이용될 때, 이것은 파트너 모두에게 해롭게 된다.

우리의 파트너로부터 친밀한 느낌에서 차단당하고 좀 더 비인간적인 방식의 성적 관계맺기 방식으로 향하는 시기를 우리에게 경고해 주는 몇 가지 징후가 있다. (1) 우리의 성적인 반응을 참기, (2) 성행위와 파트너를 조종하려고 시도하기, (3) 흥분을 키우기 위해 환상에 과도하게 의존하기, 그리고 (4) 성관계 전이나 도중에 부정적인 생각의 존재 등이다.

성적인 금욕

때때로 우리는 자연스러운 성적 욕망이나 많은 성적 표현, 예를 들어 스킨십 같은 것을 금욕하거나 억제하는 자신을 발견한다. 제3장에서 언급하였듯이, 금욕의 많은 형태는 의식적이지 않다. 성적 반응을 금욕하는 것이 반복되거나 장기간 지속되면, 우리가 자연스럽게 경험하는 흥분감과 매력에 치명적인 결과를 만든다.

통제

성적으로 금욕 중인 사람은 즉흥적인 성적 상호작용과 성적 친밀감으로 종종 위협감을 느낀다. 결과적으로, 그들은 다양한 측면의 성행동을 조절하거나 지휘하려고 할 수 있다. 다시 말해서, 그들은 성관계의 빈도, 시간, 장소, 조건, 움직임, 자세, 애정표현 방식을 명령한다. 성행위의 이런 측면을 통제하는 것은 그들이 느끼는 두려움을 줄여 주고 그들에게 더욱 안전하게 느끼도록 한다. 대부분 사람은 의식적인 인식 아래 수준에서 이런 공포반응을 경험한다. 이들은 불안이나 공포를 인식하기 이전에 물러난다.

스테파니(Stephanie)의 결혼생활은 성적 금욕과 통제의 결과를 보여 주는 전형적인 불행한 모습이다. 그녀의 공포와 불안정 때문에, 스테파니는 결혼 후 곧바로 자신의 애정과 여러 긍정적인 반응을 금욕하기 시작했다. 동시에 결혼생활의 많은 측면을 통제하려고 애썼다. 통제하려는 그녀의 노력은 성적 관계에서 특히 명백하게 나타났다.

그녀의 남편인 랠프(Ralph)는 여성에게서 의미를 찾는 성향인데, 그녀의 통제적인 조종에 점차 굴복하게 되었고 자신의 관점을 포기하였다. 금욕을 당한 결과, 그는 정서적으로 굶주리게 되었고 스테파니의 사랑과 애정을 갈구하게 되었다. 시간이 지남에 따라, 랠프는 점점 수동적·절망적으로 되었고 매력을 잃게 되었다. 스테파니를 기쁘게 하고 두 사람의 관계를 유지하기 위하여, 랠프는 자신의 욕구를 포기하였다. 이 커플은 결국 헤어졌고, 후에 치료 중에 스테파니는 결혼이 파경에 이르게 된 요인을 이해하려고 노력했다.

우리가 처음에 결혼했을 때, 그 공격들은 나의 성적 취향을 향해 시작되었어요. "너무 흥분하지 마. 적극적으로 하지 마. 너무 많이 움직이지 마." 그러나 이후 공격은 랠프를 대상으로 끝이 났어요. 그가 자신에 대해 부정적인 방식으로 느끼는 것을 내가 지원하고 있었던 것을 알았기 때문에 그것은 나에게 많은 고통을 주었어요. 결국 나는 그가 만지는 것을 혐오하기 시작했어요. 나는 이런 생각을 했어요. "그가 만지는 것이 좋지 않아. 너무 약해. 그는 강한 남자가 아냐. 그는 약하고. 그래서 그와 어떻게 흥분할 수 있겠어? 봐. 만약 오늘 밤 잠자리를 하면. 그러면 내일은 그와 섹스하지 못할 거야. 그는 점점 익숙해지고 있어. 너는 예상했던 거를 한 거고. 이제 너는 편안할 수 있어. 그러니 이제 끝내. 그가 끝내게끔 느끼도록 해 줘. 그냥 누워서 움직이지 말고 그가 모든 것을 하게 해. 그가 이것을 원해. 기분 좋게 느끼기 위해 그에게 이것이 필요해. 그에게 맡기고 어느 것도 느끼지 마!"

내가 그를 얼마나 약한 사람으로 보았는지 나는 이제 깨달았어요. 내가 그를 그렇게 느끼도록 만들었고, 그때부터 그가 매력적이지 않았다는 것을 나는 이제야 알았어요. 나는 심하게 자책을 하였는데, 왜냐하면 내가 그를 사랑할 수 없는 사람으로 만들었다는 것을 어느 정도는 알았기 때문이에요. 비록 항상 내가 했던 것일지라도, 난 내가 그를 통제하도록 했던 랠프를 미워한 것을 기억해요.

치료자가 당신은 왜 그렇게 불안정하냐고 물었더니 스테파니가 다음과 같이 말하였다.

음. 만약 내가 그를 통제하지 않으면, 그가 거기에 있을 것 같지 않았어요. 난 내가 선택받을 정도로 충분히 호감이 가는 사람은 아니라고 느꼈어요. 난 그가 항상 거기에 있을 것이라는 걸 확인해야 했어요. 이것이 좀 비합리적으로 들리겠지만, 만약 그가 우리가 무슨 영화를 보러 갈지를 결정할 정도로 자유롭다면, 난 그를 잃게 될 것 같았어요. 만약 그가 그러한 더 많은 자유가 있었다면, 그는 나를 결코 선택하지 않았을 거예요.

알다시피, 그것은 정확하게 내 어머니가 그랬고, 부모님 사이의 관계가 그랬어요. 나는 다르게 사는 길이 있다는 것을 몰랐어요. 나는 내 자신을 너무나 미워했고 항상 사랑받을 수 없을 거라 느껴서 그가 첫번째로 나를 선택했을 때마저도 나는 놀랐어요. 그래서 난 그를 잡고 있어야만 했어요.

성적인 금욕, 통제, 성폭력

많은 경우에서, 성적인 상황을 두려워하거나 통제하기를 요구한 사람, 또는 성적 반응을 참는 사람들은 어렸을 때 성폭력을 경험한 경우가 많다. 성인이 된 이들은 종종 누군가에게 애착 없이 난잡한 성 행동을 하게 된다. 특히 정서적인 친밀감과 성행위가 결합된, 즉 좀 더 책임 있는 관계에 참여하게 되면, 그들은 두려움을 경험하고 성적 반응을 억제하거나 혹은 다양한 측면의 성적 행위를 통제하기 위한 시도로 대응한다. 그들은 스스로를 방어하기 시작하기 전에 자신이 두려워한다는 것을 의식적으로 인식하지 못할 수 있다. 가깝고 친밀한 성적인 관계의 도전적인 상황에서 아동기 성적 학대에 관한 기억이 종종 표면에 떠오르게 된다.

예를 들어, 스테파니가 자신의 결혼이 실패하게 된 이유를 이해하기 위한 치료를 받을 때, 그녀는 아버지 쪽의 부적절한 성적 행동에 관한 사건을 회상했고, 또한 부모와 자신, 여동생이 함께했던 성적인 게임을 기억하였다. 그녀는 자신의 두려움이 친밀한 상황에서 자신을 불편하게 만들었고 누적된 영향을 주었던 많은 성적 학대에서 기인했다는 것을 인식했다. 무의식적으로, 자신의 두려움에 대처하기 위하여 통제와 금욕의 방어를 사용해 왔다.

나는 단지 내가 자랄 때의 모든 감정에 대해 생각했어요. 가족 내에서 내가 어떻게 다루어졌는지, 특히 아버지가 나에게 어떻게 행동했는지를 생각했어요. 그리고 아버지는 나에게 결코 다정하지 않았어요. 그는 다정한 방식으로 나에게 어떤 애정도 보여 주지 않았어요. "너는 귀한 아이야. 귀한 딸이야."라고 한 적이 결코 없었어요. 그건 항상 내 외모나 내 외모로 인해 내가 얻을 수 있는 것들에 관한 것이었어요. 그리고 그것은 내가 결코 얻어 보지 못했기 때문에, 랠프가 나 자체로서 나를 좋아한다는 것을 결코 믿을 수가 없었던 이유예요.

스테파니의 기억은, 같은 경험을 가진 언니에 의해 입증되었다. 그녀의 언니들조차도 스테파티와 여동생이 그들과 함께 성적 게임에 참여하도록 유인했다고 보고했다. 이런 기억들은 스테파니가 마주하기에 고통스러운 것들이었지만, 그녀에게 일어났던 일들을 깨닫는 것이 자신을 위한 동정심을 키우고 성인으로서 성적인 느낌에 대해 덜 두려워하도록 도왔다.

환상이 어떻게 친밀함을 방해하는가

많은 사람이 환상을 가짐으로써 성관계 도중 자신과 파트너 사이에 거리를 둔다. 우리가 흥분을 늘리는 방식으로서 환상을 사용할 때, 어떤 의미에서 우리는 파트너에 대한 우리의 욕구를 부정하는 것이며 정서적으로 가까워지는 것에서 후퇴하고 있는 것이다. 이런 과정에 비밀스러운 요소가 있으면 우리는 죄책감을 느끼는데, 특히 우리의 성적 환상이 파트너가 아닌 다른 이에 관한 것일 때 그렇다.

제리(Jerry)는 50세인데, 아내와의 10년간의 성적 관계에 대해 다음과 같이 말했다.

나는 결혼생활에서 성적인 흥분을 잃어서 요즘 너무 괴로워요. 난 실제 섹스하기 전에 흥분하고, 그것은 성행위에 대해 기대하도록 해요. 하지만 어쨌든간 난 그 흥분을 그만두었어요. 아이러니한거죠. 흥분과 관계는 나에게 유용했는데, 하지만 그것을 느끼는 대신에 난 다른 누군가와의 성적 관계를 갖는 것에 대한 환상으로 대체했어요.

나의 결혼을 돌아보고, 내가 결혼하기 전에조차 이런 패턴이 오랫동안 작용해 왔음을 알 수 있었어요. 내가 데이트를 할 때, 내가 그녀와 친해질 때까지 난 그녀와의 전율과 흥분을 느끼곤 했어요. 그 후 이런 느낌이 사라지고 나는 새로운 누군가를 환상하곤 했어요. 실제로 존재하고 나와 가까워지기를 원하는 내 아내와 친밀해지는 것 대신에 누군가에 관한 환상을 만들어서 내 인생의 의미 있는 부분을 잃어버리고 있다는 것을 알게 되면서 난 슬퍼졌어요.

내가 10대였을 때 아버지는 "세상에는 네가 섹스한 여자가 있고, 섹스하지 않은 여자가 있다."고 말했어요. 비록 그것이 아버지로서의 유머 있는 성교육에 대한 시도였을지라도, 나는 이 문제를 비판했다는 것을 알아요. 나는 성적인 것에 관해 누군가와 긍정적이거나 혹은 민감한 얘기를 나눈 기억을 전혀 할 수 없어요. 그것은 항상 "하지마." 혹은 "조심해." 혹은 "네가 그것을 함께 할 사람과 하지 말아야 할 사람이 있어."였어요. 하지만 섹스의 좋은 부분이 있고 그것은 상호 간의 상황이라는 것이라고 나타내 주는 것이 전혀 없었어요.

✎ 연습 5-3 성 정체성에 대한 가상의 대화

당신의 성적인 것에 대해 당신이 가장 동일시하는 부모와의 대화를 글로 적어 보는 연습은 당신의 자기비난적 내면의 음성의 모든 영역을 이해하고 부모로부터 배웠던 부정적인 태도와 친숙해지기 위한 가장 강력한 전략일 수 있다. <연습 5-3>에 당신이 가장 동일시하는 부모가 당신의 성생활, 당신의 파트너, 당신의 성적인 관계에 대해 말하는 것을 먼저 기록한다. 그런 다음, 이런 주제에 대해 당신이 부모에게 대꾸하고 싶은 것을 기록한다. 이런 가상의 대화에서 두 가지 관점을 작성하는 것은 당신 자신의 관점을 부모의 관점으로부터 분리하는 것을 도와준다.

〈연습 5-3〉의 사례

다음은 한 여성의 '성 정체성에 대한 가상의 대화' 연습에서 발췌한 것이다.

섹스와 남자에 대해 어머니가 말하는 것: 너는 섹스를 좋아하지 않아. 섹스 중에 가까워지는 것이 뭐라고? 그런 헛소리를 할 때가 아니야! 섹스는 남자를 위한 것이고 남자들이 얻는 게 다야. 여자의 가슴과 엉덩이에 대해 남자들이 집착하는 것을 몰라? 너도 알다시피 너무 역겨워. 모두 남자들을 위한 거야. 모든 것이 그들에게는 너무 매혹적이야. '너는' '그들의' 욕망의 대상이야. 그들 몸에는 매력적인 것이 없어. 그러니 너를 위한 게 뭐야? 제대로 봐! 친밀함과 섹스는 함께 할 수 없어. "싫어."라고 말해! 너는 아니니까 네 관심을 보여 주지 마. 진정하고 있어!

나의 대답: 엄마는 모든 것에 대해 틀렸어. 남편의 몸에 가까이 한다는 생각만으로도 나는 흥분해. 남자는 사랑으로 여성을 기쁘게 해. 서로 주고받는 상황이야. 침대에서 그보다 달콤한 건 없어. 사랑하는 이를 만지고 키스하고 애무하는 것은 너무 행복해. 섹스는 친밀해지고 가까워지고 부드러워지는 시간이고, 너 자신의 감각과 몸과 마음에 접촉하는 시간이야. 섹스는 수행에 대한 것이 아니야.

관계에서 성적 친밀함을 높이는 방향으로 지향하기

정서적인 가까움을 유지하면서 친밀함, 즉 신체적 애정을 주고받는 것을 더 잘 수용할 수 있게 파트너의 내성을 증가시키는 데 도움이 되는 연습은 서로에게 해 주고 싶은 모든 것을 각 파트너에게 차례대로 해 보도록 하는 것을 포함한다. 이 연습을 시작하기 위해서, 자신의 애정을 표현하는 것 또는 파트너로부터의 애정을 수용하는 것과 관련하여 당신에게 있을 수 있는 모든 억제나 자기 의식을 파트너에게 이야기한다. 그런 다음 서로 돌아가며 터치하고, 두드리고, 마사지하고, 서로를 애무한다. 당신이 이 활동을 할 때, 당신이 경험한 느낌과 생각을 소통하는 것이 권유된다. 대화는 서로가 애정을 주고받는 과정에서 인식하게 되는 긍정적인 느낌뿐만 아니라 모든 부정적인 음성을 포함할 수 있다. 만약 당신이 슬프더라도 놀라지 말라. 슬픔에서 우리를 보호하기 위해 세운 방어벽은 친밀감과 사랑으로 무너뜨릴 방어벽과 동일한 것이다.

성적 행위의 모든 단계에 영향을 주는 왜곡된 태도와 사고는 광범위하게 있다. 음성 치료에서 유래된 기법과 연습을 사용해서 이 내적인 부모의 처방을 외부화하는 것은 좀 더 동정적인 관점—실제의 나—으로부터 자신의 공격 부분—자기비난적 내면의 음성—인 분노를 당신이 분리하는 데 도움이 될 것이다. 이러한 생각, 그리고 어디에서 이 생각이 오는지를 더 잘 인식하게 되면, 당신은 자기 패배적이고 제한적인 행동의 자신으로부터 더 자유롭고 당신의 성적 관계는 유의하게 좋아진다.

관계를 시작할 때 느꼈던 열정과 성적 흥분이 친숙함 때문에 자연스럽게 사라진다고 많은 사람이 믿고 있지만, 이것은 일어나지 않는다. 당신은 관계에서 초기 단계를 뛰어넘어 성적 사랑과 열정을 계속 경험할 수 있다. 당신의 성적 관계에 침투하는 비난하는 내면의 음성을 이겨 냄으로써, 당신과 파트너 모두 발전하고 독특하게 만족을 주는 애정과 친밀감, 성 정체성을 경험하게 될 것이다.

연습 5-1 파이어스톤의 섹스에 대한 음성 척도

내가 경험하는 자기비난적 내면의 음성(목소리)에 동그라미하세요.

0=그렇지 않다, 1=별로 그렇지 않다, 2=약간 그렇다, 3=그렇다, 4=매우 그렇다

성관계는 항상 문제였다. 왜 날 괴롭힐까? 삶에는 그보다 중요한 게 많아.	0	1	2	3	4
그(그녀)는 항상 사랑을 나누고 싶지 않다는 핑계를 댄다.	0	1	2	3	4
너는 그(그녀)를 감시하는 게 좋겠어. 그(그녀)는 바람 피울지도 몰라.	0	1	2	3	4
다음번에 그(그녀)는 네가 정말 좋아하는 것을 이해할 거야.	0	1	2	3	4
너의 가슴은 너무 작아/커.	0	1	2	3	4
너의 성기는 너무 작아.	0	1	2	3	4
성관계는 젊은이들을 위한 거야. 너는 성관계를 하기에 너무 늙었어.	0	1	2	3	4
너는 임신했을지도 몰라(그녀를 임신시켰을지도 몰라).	0	1	2	3	4
그(그녀)가 AIDS 검사를 받은 것에 대해 진실을 말하고 있는지 어떻게 알아?	0	1	2	3	4
너는 항상 포기해. 넌 기준이 없어.	0	1	2	3	4
그(그녀)는 너무 냉정하고 반응이 없어.	0	1	2	3	4
그(그녀)는 아마 지금도 너를 속이고 있을 거야!	0	1	2	3	4
그(그녀)는 아마도 데이트한 모든 남자(여자)에게 그렇게 말했을 거야.	0	1	2	3	4
그(그녀)는 너를 어떻게 다룰지 몰라.	0	1	2	3	4
그녀가 오르가슴을 느꼈다는걸 어떻게 알지? 그건 아마도 그녀에게 나쁜 경험이었을 거야.	0	1	2	3	4
모든 남자들은 성관계에 흥미가 있어. 그들은 감성적인 약속을 좋아하지 않아.	0	1	2	3	4
너는 충분히 발기하지 않아. 너는 그녀를 만족시킬 수 없어.	0	1	2	3	4
그(그녀)는 다시는 너에게 전화하지 않을 거야. 그(그녀)에게 끔찍한 경험이었을 거야.	0	1	2	3	4
그(그녀)는 너의 성적 필요를 신경쓰지 않아.	0	1	2	3	4
여자는 성관계로 속이려는 거야. 그들은 단지 널 결혼에 가두려는 거야.	0	1	2	3	4

연습 5-2 자기비난적 내면의 음성이 성관계에 대해 당신에게 말하는 것

자기비난적 내면의 음성	현실적 관점
성관계 전	성관계 전
성관계 중	성관계 중
성관계 후	성관계 후

연습 5-3 성 정체성에 대한 가상의 대화

• 어머니/아버지가 내 성생활, 파트너, 성적인 관계에 대해 안다면 뭐라고 할까?

어머니/아버지가 말하는 것

나의 대답

Chapter 06

자기비난적 내면의 음성이 어떻게
중독 행동을 일으키는가

> 66
>
> 이 음성들은…… 매우 사실적이다……. 이 음성은 피해자의 마음을 지배하기 위해 존재한다. 모든 행동과 생각은 이 위엄있는 존재에 의해 주어진 방향에 따른다.
>
> – 마르샤 D.(Marcia D.)의 '버려진 신념들: 신경성 식욕부진의 음성들'(웹사이트에서)
>
> 99

이 장에서는 인생의 목표를 추구하고자 하는 사람들의 능력을 제한할 뿐 아니라 그들의 신체적 건강과 정서적 안녕감에 해가 될 수 있는 행동을 설명한다. 이러한 중독 양상들은 삶에 즉각적으로 위협을 주지 않을 수 있다. 하지만 그것들은 우리 삶의 질을 떨어뜨리며, 우리 사회에 매우 만연해져서 종종 정상적인 것으로 간주된다. 이러한 행동들에 공통된 것은 그것들이 우리에게 고통스러운 감정을 차단할 수 있도록 해 주고, 그것들은 자기비난적 내면의 음성에 의해 영향을 받는다는 것이다. 따라서 이런 행동을 지배하는 파괴적인 생각을 확인하고 일상생활에서 언제든지 일어나는 고통스러운 상황과 스트레스에 대처할 수 있는 더 좋은 방법을 찾음으로써 그것들에 도전하는 것은 중요하다.

중독 행동은 당신에게 어떻게 영향을 미치는가

정서적인 고통과 불안을 피하기 위해 우리가 감정을 억제하는 전략을 사용한다면, 우리는 결국 고통을 차단할 뿐 아니라 기쁨과 흥분의 감정까지도 제한하게 된다. 많은 사람은 어릴 때 고통을 줄이기 위해 사용한 방어 혹은 방법에 중독되는데, 그 이유는 그 방어 혹은 방법이 약물처럼 일시적으로 우리의 기분을 더 좋게 만들어 주기 때문이다. 하지만 약물 중독에서처럼, 우리는 점점 생활에 대처할 수 없게 되고, 감정을 차단하는 영향으로 인해 점점 더 많은 제약을 받는다. 우리가 감정을 억압할 경우, 우리는 자신으로부터 분리되어 결과적으로 진정한 정체성을 발달시키는 데 어려움이 생긴다.

이런 억압된 감정이 의식적 자각에 나타나려고 위협할 때마다 우리는 불안을 느끼기 시작한다. 이것은 결국 파괴적인 순환 고리를 만들게 되는데, 왜냐하면 우리는 불안을 차단하기 위해 더 많은 무언가를 해야 한다고 느끼기 때문이다. 우리는 항상 익숙하지만 자기 패배적인 또 다른 대처 방법에 의지한다. 방어적인 삶을 사는 것은 심각한 중독과 유사한데, 이것이 우리의 에너지와 자원을 소모시키기 때문이다. 반면, 우리가 상처받기 쉽고 개방된 삶을 선택한다면, 우리는 삶의 즐거움과 고통을 모두 느끼게 되고, 많은 양의 자연스러운 에너지가 방출된다.

생애 초기에 상당한 고통을 경험한 사람들이 대처 기제로 채택했던 부정적 관점, 행동 및 활동을 포기하는 것은 어려울 수 있다. 그럼에도 불구하고, 냉소적인 태도, 중독적인 습관 패턴, 그리고 자기 패배적인 행동은 기회를 주기보다 결국 더 해롭고 심지어 다시 상처를 준다.

감정을 차단하는 생활방식은 자기 양육적인 습관이고 의례적인 일이며 일상에 대한 지나친 의존의 특징을 가진다. 그것은 한 사람이 자기 충족적이라는 착각에 기초한다. 이런 가짜 독립—환상결합—은 실제 독립적인 삶과 대비되는데, 그것은 반드시 실제 세계에서 실제 사람들과의 실제적인 교류를 반드시 포함한다.

이 장에서는 중독적으로 되는 행동뿐 아니라 활동을 설명하고, 그것들을 지원하는 자기비난적 내면의 음성에 도전할 방법들에 초점을 맞추면서 삶에서 고통스러운 감정에 대처하기 위한 더 나은 방법들을 제시한다. 먼저 어린 시절 사건들에 주의를 기울이고, 우리가 스스로를 달래는 이러한 방식들을 어떻게 학습했는지를 살펴본다.

우리는 어떻게 중독되어 가는가

어떤 물질, 대상 또는 행위에 어떻게 중독이 되는가? 중독 과정은 어디에서 시작되는 것인가? 우선, 환상과 중독은 서로 밀접히 연관되어 있다는 것을 이해하는 것이 중요하다. 인간은 상당한 상상력을 갖고 있지만, 이 능력이 장점일 수 있고 단점일 수도 있다.

만약 어렸을 때 우리가 신체적·정서적으로 결핍되었다면, 공허감을 채우고 우리의 기본적인 욕구를 부분적으로나마 충족시키고 고통을 줄이기 위해 우리는 환상을 이용하는 것을 배우게 된다. 우리는 부모와 자녀 모두에게 폐쇄된 체계로 간주될 수 있는 자기 양육적이거나 스스로를 돌보는 양식인 환상결합을 발달시켰다.

자기 양육적인 체계에서 부모 역할은 두 가지 기능이 있다. 그것은 자녀를 달래 주고 키워 주는 것뿐 아니라 벌주고 비하하는 것이다. 아주 어린 시절, 우리는 좌절감과 정서적 고통을 달래기 위해 손가락을 빨거나 담요를 문지르는 것과 같은 자기 위안적인 행동을 사용하기 시작한다. 이런 행동은 부분적으로 기능함으로써, 우리가 스스로를 돌볼 수 있고, 바깥세계로부터 아무것도 요구하지 않는 우리의 환상을 지원한다. 이후에 우리는 손톱 물어뜯기, 자위행위, TV 보기, 스스로를 마비시키는 독서와 같은 더욱더 정교한 자기 위안적인 행동을 발달시킨다. 이러한 습관은 우리가 불안이나 고통을 다스리는 것에 도움이 되기 때문에 결과적으로 중독이 된다.

성인인 우리는 음식, 알코올, 다양한 약물로 보다 더 직접적으로 스스로를 마비시키거나 혹은 긴장을 줄여 주는 습관적인 일상, 의식적 행위, 활동들에 심하게 빠져들기도 한다. 우리가 어렸을 때 정서적으로 더 많이 박탈되고 좌절되었을수록, 우리를 무력하게 만들지만 자기 충족적 환상을 주는 중독적 방어에 더욱 의존하려 할 것이다.

예를 들어, 에드워드(Edward)는 유아 때 매우 불안해했으며, 부모는 '아주 예민하고 신경질적인' 아이라고 명명했다. 아동에 관해 많이 앎에도 불구하고(어머니는 교사였고, 아버지는 심리학자였음), 그의 부모들은 즉시 달래기 위한 모든 것을 제공함으로써 그의 증상을 달래려고 하였다. 그의 어머니는 "바로 그 첫날부터 에드워드는 내가 그의 입에 고무젖꼭지를 입에 넣어 줄 때까지 매우 긴장되고 산만했고 예민해 있었어요. 그러고 나면 아이는 완전히 진정되어 실제로도 깊은 안도의 한숨을 내쉬곤 했어요."

에드워드는 터울이 짧은 3형제의 막내였다. 그가 태어났을 때, 그의 어머니는 자신의 경력을 쌓는 데 몰입하느라 남편과 떨어져 있었다. 어머니는 에드워드가 우는 것이 싫었고, 에드워드가 그녀의 스케줄이나 일상을 방해하는 것을 원치 않았다. 에드워드의 아버지는 어느 정도 자신의 감정을 배제하고 자녀들에게 몰입함으로써 세 아이에 대한 아내의 무관심을 보상하려고 애썼다.

에드워드가 커 갈수록, 부모는 계속해서 방에 TV, 스테레오, 비디오 게임을 포함한 그의 고통을 달래 주는 보다 더 정교한 방법들을 제공하였다. 그가 아홉 살이 되었을 때는 에드워드만의 컴퓨터를 사 주었다. 에드워드는 방에서 스스로 고립시키는 패턴을 발달시켰다. 에드워드가 자신들을 괴롭히지 않는 한 그의 부모들도 행복해 보였다. 에드워드는 또래와 거의 어울리지 않았으며, 학교 활동도 거의 하지 않았다. 유일한 취미는 음악과 컴퓨터 프로그램을 설계하는 것이었다. 12세가 되어 에드워드는 약물을 시작했으며, 마리화나로 시작해서 크랙(crack: 코카인의 일종)까지 하게 되었는데, 사소한 도둑질로 자기 습관을 유지하였다. 성인이 되어 에드워드는 23세가 될 때까지 집 뒤의 작은 게스트하우스에서 살았다. 부모는 그의 약물 습관을 의식하지 못한 듯 보였다. 추후에 에드워드는 과도한 약물 사용에 따른 업무 무능 때문에 첫 직장에서 해고되었다. 에드워드가 마침내 재활 프로그램에 들어가게 되었을 때, 그의 어머니는 상담자에게 "에드워드는 태어날 때부터 중독되었어요."라고 말했다.

　에드워드의 초기 환경이 중독자 인생을 만든 것은 분명하다. 첫째, 에드워드의 짜증과 잦은 울음은 부모에 의해서 그의 고유의 기질 탓으로 잘못 받아들여졌다. 결과적으로, 에드워드의 초기 고통을 일으키는 근본적인 요인들을 다루는 데 실패했다. 대신에 부모는 그들의 삶을 방해하고 있는 에드워드의 울음을 조용하게 하는 데 집중했다. 둘째, 그의 진정한 요구에 대한 부모의 지나친 방임과 무관심과 함께, 그가 고통받고 있는 계속 진행 중인 정서적 결핍은 중독 행동을 통해 자신의 고통을 차단한 에드워드의 성향을 확고히 했다. 어떤 의미에서, 그들은 무심코 에드워드가 중독자가 되도록 훈련시킨 것이다.

자기비난적 내면의 음성은 어떻게 중독 행동을 부추기는가

　섭식장애를 가진 사람, 약물에 탐닉하거나 알코올을 남용하는 사람, 또는 일 중독자는 모두 비난하는 내면의 음성에 의해 촉진되는 자기 파괴적인 경향을 행동화하는 것이다. 이런 습관 양상은 신체 건강과 정서적 안녕에 대한 직접적인 공격이고, 종종 인생에서 효과적으로 기능하는 우리의 능력을 점차 망가뜨린다.

　중독 행동을 통제하는 자기비난적 내면의 음성은 다음과 같은 두 가지 모순된 형태가 있다. 첫째, 그것은 우리를 행동에 참여하게끔 조장한다. "다이어트 많이 했어. 케이크 한 조각 먹는 거야 뭐가 문제겠어?" "힘든 한 주였어. 넌 한 잔 할 만 해." "조니는 다른 리틀야구 리그 경기에 갈 예정이야. 늦게까지 일해도 아무 문제 없어." 우리는 음성의 지시에 따라 행동하고 과식·과음하거나, 혹은 일을 너무 많이 한다.

이 시점에서 파괴적인 생각은 어조를 바꾸어서 극단적으로 처벌적인 것으로 바뀌면서, 음성이 이제는 더 이상 양심적이거나 도덕적인 기준이 아닌 것이 분명해진다. 동전의 양면과도 같은 역할을 한다. 그 음성은 그것이 조장했던 바로 그 행동을 한 것에 대해 잔인하게 우리를 비난한다. "의지가 약한 얼간이 같으니! 다이어트 계속 유지할 거라 했잖아. 넌 아무것도 지키지 못할 거야." "너 이 자식, 다시는 술 마시지 않겠다고 했잖아. 됐고, 너 다시 술 마시고 있잖아." "너는 진짜 태만한 아빠야! 조니에게 경기를 보러 갈 거라고 했잖아!"

자기 공격 세례를 받은 후, 우리는 기분이 더 나빠지고 상당한 정서적 고통과 혼란, 괴로움을 겪게 된다. 이런 상태에서 비난적 음성은 우리의 고통을 마비시키거나 불안을 감소시키거나 혹은 감정을 제거해 주는 중독 행동에 다시 빠져들도록 하는 데 더 영향을 줄 것 같고, 그리고 그것은 순환 고리를 끝내게 된다. "넌 이미 다이어트에 시들해졌어. 만약 네가 남은 케이크를 먹는다고 뭐가 달라지겠어?" "어서, 한 잔 더 마셔."

이런 유형의 처벌적인 음성을 듣는 것은 기분을 더 나빠지게 만든다. 그것이 우리를 긍정적인 방향으로 행동을 변화시키도록 격려하지 않을 것이라는 점은 분명하다. 우리는 심지어 스스로에 대해 좋은 것을 가지고 있기 때문에 자기 공격이 마치 당연한 듯한 기분을 느낀다. 하지만 이 과정은 단순히 파괴적인 순환의 일부분일 뿐이다.

이런 자기비난적 내면의 음성은 우리 부모가 스스로를 방어하거나 무디게 했던 방식을 모방하는 것처럼 보인다. 다시 말해서, 만약 당신 아버지가 스트레스 받았을 때 술을 마셨다면, 당신은 이 행동을 받아들일 가능성이 더 있다. 혹은 만약 당신 어머니가 불안을 없애기 위해 과식을 했다면, 당신은 그것에 대해 아무 생각조차 없이 이 패턴을 받아들일 가능성이 있다.

섭식 장애, 약물 남용, 알코올 중독

자기비난적 내면의 음성은 섭식 장애와 약물 남용, 알코올 중독 등에서 주된 역할을 하는데, 처음에는 사람을 유혹하고, 다음에는 여기에 빠져든 사람을 벌주는 식으로 작용한다. 이런 행동 양상을 끊는 것은 어려운데, 왜냐하면 이런 물질의 사용으로 완화된 불안이 금단 기간 동안에 다시 나타나기 때문이다. 과도한 약물 사용이나 음주를 중단하려고 시도할 때에 강력한 슬픔이나 분노가 흔히 출현한다.

25세의 카이(Kay)는 10대 초반부터 약물에 중독되었다. 그녀는 12세 무렵에 또래들과 다르다고 느끼면서 그들과 소원해지기 시작했다.

> 난 몹시 화가 나서 학교에서 종종 반항적으로 행동했어요. 때로 난 심지어 이유없이 짜증을 부리기도 했어요. 그때 친구들이 마리화나를 나에게 알려 주었어요. 그건 완벽한 것이었어요. 마리화나는 고통이나 분노 등 모든 감정을 누그러뜨려 주었어요. 기분이 뜨고 부드러워질 때 난 좀 더 사회적이었어요. 내 감정을 제거해 주는 이 '완벽한' 방법에 난 거의 완전히 중독되어 갔어요. 부모님이 내가 약물을 끊도록 하려는 모든 시도는 실패했어요. 왜냐하면 난 바로 다시 시작했기 때문이에요.

> 난 실제로 그러한 감정을 억누르는 방법들을 배웠어요. 한 때 내가 사용했던 많은 효과가 있었던 약물을 멈추자마자, 난 다른 것으로 옮겨 갔어요. 난 15년을 항상 약물에 의지하며 보냈어요. 약물이 나에게 작용하지 않을 때면, 난 점점 더 강한 약물로 바꾸었어요. 난 결코 가까운 관계를 형성하거나 안정된 근무 환경을 만들지 못했어요. 나에겐 항상 약물이 먼저였어요. 실패자라고 느끼거나 부모님의 기대에 따라 살지 못했다는 느낌이 들 때마다 떠올랐고. 난 더 많은 약물로 고통을 멈추곤 했어요.

> 내가 약을 끊으려고 할 때도 있었지만, 그때 나에게 다시 약물을 하라고

재촉하는 음성이 있곤 했어요. "넌 진짜 줄여야 할 필요가 있어." "이 일은 진짜 따분해. 몸도 엄청 힘들어. 이 고통을 없애줄 무언가가 네겐 필요해." 그후 내가 맘껏 하고 나면, 난 이렇게 생각해요. "넌 완전 실패자야!" "넌 네가 결심한 것 하나도 지켜내지 못할 거야." "너는 어느 것도 이루지 못할 거야." 그리고 난 기분이 더 나빠지고 나빠져서 고통을 줄이기 위해 약물에 다시 의지하곤 했어요. 나는 교통사고를 당했는데, 결국 그건 마약성 진통제인 비스코딘(viscodin)을 합법적으로 맞게 되었어요. 의사가 비스코딘 처방을 중단했을 때, 내게 심각한 문제가 있다는 것을 깨달았어요.

이 시점에서 카이는 정신치료를 받았고, 그녀가 약물을 사용하는 데 영향을 준 자기비난적 내면의 음성을 확인하는 법을 배웠다. 카이의 치료자는 그녀에게 어린 시절 중요한 사건들, 현재 관계, 개인적·직업적 걱정, 인생에서의 꿈과 목표를 포함한 개인적 히스토리를 작성해 보도록 했다. 이 개인적 히스토리를 다루는 것은 카이가 현재 그녀의 상황과 약물로 자신을 다스리고 싶은 그녀의 욕구에 기여했을 수 있었던 어린 시절 그녀의 환경들에 관한 전반적인 그림을 그려 보도록 도왔다.

다음으로, 카이와 치료자는 약물 사용의 빈도를 점차적으로 줄여 가면서 그녀의 파괴적인 생각들을 논박할 계획을 만들었다. 그녀는 약물의 유혹에 굴복하지 않음으로써 그 음성의 처방에 대항해 나가고 있다. 카이는 약물 중단에 따른 부작용에 관해 의사와 상의한 후 이 요법이 적용되었다.

치료자는 카이가 약물을 하게끔 만드는 생각을 경험하는 특정한 시간을 알아차리도록 그녀에게 제안했다. 그녀는 고통스러운 기분 변화를 유발하거나 그녀를 화나게 하는 사건들뿐 아니라 위로를 갈망하도록 촉발한 상황과 경험을 일기에 쓰도록 했다. 치료자는 그녀가 그것들이 발생할 때의 자기비난적 내면의 음성을 깨닫는 것이 중요하다고 얘기했다. 하지만 그녀가 자기비난적 내면의 음성에 동의하느냐 혹은 동의하지 않느냐는 필수적이지 않다. 단지 그녀가 스스로를 공격하기 시작했다는 것을 인식할 필요가 있었다.

카이는 자신에 관한 정확한 평가로 굴복할 때까지 그녀를 들볶거나 자기
비하적인 진술을 수용하기보다는 파괴적인 생각의 유혹적인 성질에 특히 집
중하도록 격려받았다. 카이는 자기 공격의 과정에 자신이 참여하고 있다는
것을 인식하는 것만으로도 문제를 유발한 생각을 배경으로 물러나도록 하는
데 효과적이라는 것을 발견했다. 게다가 그녀가 스스로를 공격하고 있다는
것을 인식하는 것은 자기비난적 내면의 음성이 그녀의 전반적인 기분에 관
여해 왔던 영향력을 줄이는 데 효과가 있었다.

자신의 실제 자기를 강화하기 위해, 카이는 개인적 목표와 직업적 목표에
일치하는 행동을 시도하기 시작했다. 카이는 직장에서 점차 더 적극적으로
주도하기 시작했으며, 약물에 의존하지 않았을 때 관심을 가졌던 활동에 참
여하기 시작했다. 치료자와 협력해서, 카이는 치료 시작 시점에서 기록했던
개인사를 검토했고, 바람, 소망, 그녀가 거기에서 기록했던 개인적·직업적
목표에 집중했다.

일기 쓰기를 계속하는 동안, 카이는 약물 사용을 줄일 때 나타나는 불안과
정서적 고통이 때때로 그녀의 기분을 나쁘게 하거나 혹은 가라앉게 한다는
것을 알아차렸다. 하지만 그녀는 마치 기분이 그녀가 경험한 만큼 고통스럽
지 않은 '것처럼' 행동하기로 의식적으로 결정했다. 그녀는 직장에서 무능하
고 의지가 약한 대신에 유능하고 능력 있는 '것처럼' 계속 기능하도록 결정했
다. 그녀는 이 전략이 작동했다는 것을 알았는데, 왜냐하면 기분이 점차 그
녀가 행동하고 있는 식으로 따라주었기 때문이다. 다시말해서, 그녀는 근무
시간 동안 자신이 괜찮은 것처럼 행동하기 위해 노력을 집중한 '후에' 더욱
자신감 있고 편안함을 느끼기 시작했다. 추후 카이는 삶의 다른 영역에도 이
전략을 일반화시켜서 동일한 긍정적 결과를 얻었다.

카이가 오랜 기간의 약물 중독을 끊는 과정에는 몇 가지 단계가 있었다.
첫째, 카이는 최근 상처 때문에 약을 먹어야 할 필요가 있다고 믿음으로써 자
신의 약물 처방을 합리화했다는 것을 인정했다. 이런 통찰은 그녀가 치료를
찾게끔 확실히 도와주었으며, 거기서 그녀는 자신의 자기비난적 내면의 음

성을 극복하는 방법을 배우게 되었다. 둘째, 카이는 약물 의존 습관에서 결정적인 역할을 했던 자기비난적 내면의 음성을 밝혀내기 시작했다. 셋째, 그녀는 자신의 감각을 강화시켜 주는 다양한 전략들을 채택해서 다시 한번 인생에서 자신의 목표를 추구하는 방향으로 움직였다. 동시에 인생의 고통스러운 부분에 좀 더 건설적인 방법으로 대처하는 것을 찾으면서, 자신의 개인사에 기록했던 인생의 욕구와 목표를 추구하기로 한 약속을 재차 확인하였다.

강박적 행동이 어떻게 중독이 되는가

사람들이 고통과 괴로움을 없애기 위해 사용하는 의례적 행위와 활동은 수없이 많다. 일시적으로 불안을 줄여 주는 일상적이고 의식적인 일들은 습관적 혹은 중독이 될 가능성이 있다. 만약 처음에는 건강하거나 중성적이었던 많은 활동들이 강박적으로 행해지고 감정을 피하거나 긴장감이나 불안을 줄여 준다면 그것들은 결국 중독적으로 기능하게 된다는 것을 강조하는 것은 중요하다. 일상적인 것들을 반복해서 수행할 때 우리는 종종 고통스러운 감정에 둔감해지게 되는데, 왜냐하면 활동의 반복은 불확실성과 덧없음으로 가득한 인생에서 확실성과 영속성의 느낌을 주기 때문이다.

어떤 활동이 극단적으로 수행될 때 누구나 그 활동에 관해 중독되거나 혹은 강박적으로 될 수 있다. 이런 많은 활동들은 열심히 일하기, 운동하기, 인터넷 검색, 쇼핑과 같이 수용할 만하거나 혹은 심지어 바람직한 것으로 간주되기도 한다. 이런 유형의 활동들은 대개 고립된 상태에서 행해지고, 그것들은 당신을 둔감하거나 무디게 해서 당신의 감정을 차단하기 위해 작용하기 때문에 잠재적으로 중독될 수 있다.

행동이나 의식적인 행위가 강박성으로 될 때, 우리는 억눌러 왔던 감정이 다시 나오지 않도록 계속해서 그 행동을 반복하도록 요구한다. 예를 들면, 많은 성인과 아동이 인생에서 중요한 활동을 해치거나, 친구 및 가족과 개인적인 접촉을 하지 않은 채 매일 매일 TV에 열중하며 앉아 있고, 반면 다른 사람들은 비디오 게임을 하며 시간을 보낸다.

다음의 내용은, 성인이 된 아들과 딸이 자기 아버지의 강박적인 일 중독 스타일과 자신들이 받은 영향에 대해 적은 일기를 발췌한 것이다.

아들의 일기

아버지가 진짜 젊었을 때는, 아버지는 진짜 성취의 만족감을 빼앗긴 것처럼 보였다. 마치 나의 할아버지가 여전히 그의 일을 비판적으로 감독하고 있는 것처럼 아버지는 계속해서 일했다. 집안일이 한 가지씩 완벽하게 완수될 때면, 아버지는 최종 결과를 보거나 어떤 느낌을 가져 볼 여유도 없이 다른 일을 시작했다.

아버지는 오후 7시에 퇴근해서 귀가하면 옷도 갈아입지 않고 뒷마당으로 갔는데, 결국 아버지 양복은 무릎이 튀어나오고 페인트로 뒤범벅될 정도였다. 이웃 주민이 전화해서 잔디 깎는 것을 멈춰 달라거나 혹은 아이들이 잠잘 수 있도록 작업 조명을 꺼 달라고 부탁할 때까지 아버지는 늦은 밤에도 끊임없이 일했다. 아버지는 폭풍우나 땡볕에서도 마치 피곤하지도 않고 아무 일 없는 듯이 여러 시간 동안 일했다. 그는 매번 각각의 임무가 완성되면서 그의 문제가 끝난 것처럼 일했지만, 물론 그것들은 그렇지 않았다.

딸의 일기

아버지가 매번 일하는 방식이 나에게 진짜 영향을 준 것을 알고 있다. 나는 실제로 열심히 일하고 있을 때만 내가 잘하고 있다고 느꼈다. 내가 일하지 않고 있을 때는 진짜로 두려웠다. 매우 비이성적으로 보이지만, 내 매일의 일상에서, 내가 사랑에 대해 생각하거나, 남편과 아이들, 내가 돌보아야 할 사람들 생각을 하기 시작하면, 나는 진짜로 두려웠고 오랜 시간 일해서 스스로 지치게 만드는 또 다른 삶의 방식으로 되돌아가곤 하였다. 남편과 아이와는 짧은 시간 동안 함께 있고 단지 작은 애정을 주고 사는 것이, 내게는 훨씬 편한 방식이다. 하지만 내가 유능하고 훨씬 더 많이 일하고 열정적으로 하는 것에서, 다른 방향에서 내 인생의 균형을 잡았어야 했다.

중독 행동을 극복하기 위한 지침

중독 행동을 일으키는 데 기여할 수도 있는 특별한 자기비난적 내면의 음성을 찾아내는 데 유용한 몇 가지 연습 방법이 있다. 다음과 같은 것을 기억하는 것이 중요하다. 중독 행동을 조장하거나 중독 행동에 빠져들지 않겠다는 결심을 약하게 하는 자기비난적 내면의 음성이 긍정적이고 당신에게 우호적으로 들릴지 모르지만, 자기비난적 내면의 음성은 여전히 당신의 목표와 우선 순위에 반대되는 행동으로 당신을 향한다는 것이다.

처음에는 유혹하고 그 후에는 벌을 주는 자기비난적 내면의 음성을 찾아내기

카이의 경우처럼, 자신에게 해로운 방식으로 약물을 사용한다는 점을 인정하는 것이 약물에 대한 의존성을 끊는 첫걸음이다. 중독 행동에 빠져들도록 조장하는 음성을 찾아내는 것이 중독 행동을 이겨 내는 다음 단계다.

연습 6-1 파이어스톤의 중독 음성 척도

<연습 6-1>은 신체 건강과 정서적 안녕감에 해가 되는 행동을 점진적으로 포기하기 위한 당신의 결단을 강화하는 데 도움이 될 수 있다. 당신 스스로에 대한 부정적인 태도와 당신을 중독 행동에 빠져들도록 유혹하는, 겉 보기에 긍정적인 내면의 음성들을 모두 찾아내는 것이 당신으로 하여금 훨씬 더 쉽게 그 행동을 통제할 수 있도록 해 준다.

중독 행동에 수반되는 유혹적이고 처벌적인 생각과 감정

중독과 싸울 때, 당신이 느끼기에 중독적인 습관 행동에 가장 빠져들고 싶은 시기를 인식하는 것이 중요하다. 이런 때에 유혹을 빠지는 것을 거절하였을 때 나타나는 불안, 분노, 슬픔 등의 감정에 당신의 초점을 돌려보라.

예를 들어 금연을 결심했다면, 흡연하고 싶을 때 나타나는 생각과 느낌을 매일 꾸준히 기록해 볼 수 있다. 담배를 피우거나 피우지 않았을 때 자기비난적 내면의 음성이 무슨 말을 했는가? 이것은 당신이 어떻게 느끼도록 했는가? 빠져들도록 하는 유혹에 압도당하는 순간의 감정 반응을 기록하면, 절제하는 해결책을 더 잘 유지할 수 있게 된다. 만약 계속 금연하게 되면, 이런 부정적인 생각은 결국 사라지고 중독에 대해 더 이상 아무 힘도 쓰지 못한다.

📝 **연습 6-2** **중독의 음성: 감정과 실제의 당신**

<연습 6-2>의 왼쪽에 빠져들도록 유혹하는 내면의 음성을 기록하고 빠져들고 나면 자신을 자책하게 만드는 내면의 음성을 기록한다. 가운데에는 이런 서로 다른 음성이 나타났을 때의 감정을 기록한다. 오른쪽에는 당신의 현실적인 관점을 기록한다. (필요하면 더 길게 적어도 좋다.)

유발하는 사건을 찾아내기

회복 중인 약물 남용자는 자신의 '촉발 요인(triggers)', 즉 약물을 사용하게끔 만드는 환경 내에 있는 특별한 단서들을 찾아내는 것이 중요하다는 것을 알게 되었다. 예를 들면, 많은 약물 남용자가 같은 남용자와 있을 때 약물을 사용하고픈 느낌을 가지며, 또는 자신의 느낌이 혼자 남겨진 듯한 공허한 시간에 약물을 사용하고 싶어진다. 이런 때에 부정적인 생각이 대개 나타난다. 이런 이유 때문에, 약물을 사용하고픈 유혹을 최고로 받는 때에 당신의 일상에서 사건과 상황에 대해 생각하는 것이 중요하다.

연습 6-3 물질(마약) 남용의 촉발 요인

이 연습은 남용을 유발하는 사건을 찾아내는 데 도움을 주게 될 것이다. 왼쪽에 중독과 관련된 비난하는 내면의 음성을 유발하는 상황, 사회적 상호작용, 경험 등을 기록한다. 가운데에는 이런 때에 당신의 자기비난적 내면의 음성이 말하는 것을 기록한다. 오른쪽에는 당신의 현실적인 관점을 기록한다.

당신의 실제 자기를 강화하기

비난하는 내면의 음성은 "인격 위의 수정용지"(Firestone, 1988)다. 음성이 우리의 실제 자기를 감추듯이, 중독은 궁지에 빠진 우리의 실제 느낌을 덮어서 계속 유지하도록 한다. 비난하는 내면의 음성이 지시한 행동을 포기하게 되면, 우리 인격의 핵심인 실제 자기가 점차 출현하고 내부의 적보다 우위에 서게 된다. 앞서 언급하였듯이, 우리의 실제 자기는 우리의 욕구, 소망, 특별한 목표 등으로 구성되는 것이다. 중독 행동을 포기하고 수년 동안 억제되어 온 수많은 감정을 다시 얻게 되면, 우리의 고유한 정체성의 기본이 되는 욕구와 소망을 점차 더 많이 알게 될 것이다.

하지만 많은 사람이 마음 깊은 수준에서 어린 시절부터 차단해 왔던 고통스러운 감정에 직면할 수 없다고 믿는다. 따라서 우리는 종종 이런 감정을 계속 수면 아래에 있도록 해 주는 자기 위안적 행동을 포기하는 것을 꺼린다. 때때로 우리의 욕구가 충족되지 않았던 어린 시절에 경험했던 강렬한 열망이나 욕구를 살펴보기보다 음식, 약물 혹은 습관적 활동으로 자신을 만족시키는 것이 더 쉬운 것처럼 보일 수 있다. 그것은 생존을 위해 부모에게 완전히 의존했던 때의 우리만큼 취약하고 무력한 것처럼 느낄 수 있다. 이것은 대부분 사람이 중독을 끊으려 하고 오랫동안 눌러 왔던 감정을 경험할 때 느끼는 감정이다. 우리의 욕구 불만을 진지하게 마주 대할 수 있는 성인기에서의 경험을 살펴볼 수 있게 되기까지는, 현재 상황이 어린 시절과 전혀 다르다는 것을 절대로 알 수가 없다. 정서적 수준에서, 우리는 이제 더 이상 우리가 어렸을 때 받았던 것과 같은 정도로 상처받지 않을 수 있다는 것을 배울 필요가 있다.

당신의 인생과 개인적 관계에서 실제의 목표를 추구하는 데 있어서 두려워하는 이유를 좀 더 잘 알기 위해서는, 카이가 했던 것처럼, 개인사를 기록하는 것이 유용하다. 즉, (1) 자신을 스스로 달래 주게끔 영향을 준 어린 시절의 사건을 기술한다. (2) 자신이 좋아하는 활동, 특별한 관심, 소망 및 열망 등을 찾아낸다.

자신의 인생에 관한 내러티브를 적어 보는 것은 여러 가지 면에서 도움이 된다. 첫째, 결핍되었던 초기의 고통스러운 경험을 기록함으로써, 이런 경험이 자신의 느낌을 차단하는 데 왜 필수적이었는지를 좀 더 알게 만들며, 환상이나 중독 행동을 사용해서 인생을 대처하게 배워야 했는지를 좀 더 잘 알게 한다. 둘째, 개인사를 기록하는 것은 과거와 현재를 명확하게 구분할 수 있도록 해 준다. 그 결과, 만약 당신이 어려서 경험했던 고통스러운 열망과 거부에 다시 직면해야만 한다면 살 수 없을 것이라는 믿음을 극복할 수 있을 것이다. 일반적으로 말해서, 오늘날 많은 것들이 내 인생에서 다르다는 것을 인식하는 것은 당신이 실제 목표와 관계에서 만족감을 추구하는 기회를 다시 얻는 것에 대한 당신의 두려움에 도전하는 것을 도울 수 있다. 셋째, 개인사에서 기록한 정보들은 당신의 특별한 욕구, 우선순위, 목표를 좀 더 잘 알게 해 준다. 이러한 인식은 관계와 인생에 대한 당신만의 관점을 밝혀내기 시작하고 당신이 언급했던 목표를 향해 나아가는 데 중요하다. 이 각각의 단계는 당신의 자기비난적 내면의 음성의 힘을 점차 약화시키는 반면, 당신의 실제 자기를 더욱 강화하게 될 것이다.

당신이 인생에서 원하는 것을 추구하는 것을 배우기

중독 행동을 포기할 때, 당신이 성인의 삶에서 원하는 것을 추구하는 것이 중요하다. 이것을 시작하는 한 가지 방법은 당신이 직업과 관계에서 성취하기 원하는 것의 목표를 명확하게 설정하는 것이다(〈연습 3-1〉과 〈연습 4-5〉 참조).

먼저 당신의 일기에 이 목표들을 기록하고 이를 성취하기 위해 취할 필요가 있는 활동을 기록한다. 당신에게 특별한 활동, 프로젝트, 우정 등에 참여할 때마다 이것을 기록한다. 처음에는 새로운 프로젝트나 활동을 하고 싶지 않을 수도 있다. 하지만 앞서 카이가 했듯이, 당신은 마치 당신이 정열적이고 주장적인 '것처럼' 행동하는 것을 선택할 수 있다. 당신의 감정이 결국 당신의 행동을 따르게 된다는 것을 알게 된다.

당신이 자신의 목표를 성취하는 방향으로 움직이면, 성인기에 당신이 원하는 것이 아동기에 당신이 필요했던 것과는 다르다는 것을 알게 된다. 당신이 중독이나 자기 위안적인 일상을 포기할 때, 어린 시절 매우 절실하게 필요했던 만족감 혹은 사랑을 결코 얻을 수 없다는 것을 깨닫게 된다. 하지만 이런 욕구는 당신이 성인으로서 생존이나 행복에 필수적인 것이 더 이상 아니다.

✏️ 연습 6-4 원하는 것을 계속하기

이 연습에서는 개인적으로 특히 중요한 욕구·목표·관심을 왼쪽에 기록한다. 가운데에는 당신이 원하는 것을 방해할 수 있는 비난하는 내면의 음성을 기록한다. 오른쪽에는 당신이 원하는 것의 현실적인 관점을 기록한다.

수년 동안 당신 인생의 한 부분이었던 파괴적인 행동을 포기할 때, 당신은 때로 어리둥절하게 느끼게 되며 새로운 음성의 공격을 경험할 수도 있다. 만약 당신이 불안한 시기와 일시적으로 증가한 자기 공격을 '힘껏 극복하기'로 결심한다면 이런 반응은 점차 완화될 것이다. 약물, 알코올, 기타 중독에 대한 의존을 포기할 때, 당신이 관계에 대해 좀 더 활력적으로 헌신하는 것을

발견할 것이다.

우리는 어렸을 때 학습했던 방어를 계속 강화하는 거대한 중독 사회에 살고 있다. 이런 강화는 우리를 스스로 달래게 하거나 즉각적인 만족을 얻으려고 애쓰기 위한 부정적인 사회적 압력의 형태로 나타난다. 스스로 달래는 행위는 우리 문화에서 허용된 방식처럼 보인다. 어려서 결핍을 경험한 오늘날의 많은 사람이 약물, 알코올, 담배, TV, 비디오 게임, 일 중독, 그리고 자신의 실제 삶을 경험하지 못하도록 하는 다른 활동 등의 형태로 대체 만족을 수용하는 것을 계속한다.

대부분 사람은 완전한 삶을 방해하는 어느 정도의 중독을 앓고 있다. 약물 사용이나 일상, 활동 등을 통해서 우리 느낌을 차단하게 한 고통스러운 감정과 좌절을 이겨 내면 우리는 이런 중독을 성공적으로 극복할 수 있다.

중독 혹은 강박적으로 되는 활동을 포기하는 것은 당신이 기회를 가질 것이라는 것을 의미한다. 이것은 위험이 있는지 우려하는 중에도 당신의 방어 무기를 제거하는 것을 뜻한다. 만약 당신이 기꺼이 기회를 받아들이고 방어적인 자세를 그만둘 때 나타나는 불안과 두려움을 힘껏 극복하게 되면, 가치를 지니고 감수성과 자기 존중의 삶을 살고 동시에 일상의 압력에 효과적으로 대처하는 자신을 보게 될 것이다.

중독 행동이나 긴장을 줄이는 통상적인 일을 포기하려고 노력할 때, 우리는 어린 시절 스스로 차단했던 느낌을 회복한다. 우리가 방어의 무기를 깨버렸을 때, 우리는 슬퍼지며 실제 자기의 활력 상태에 이르게 되고, 이것은 우리가 과거를 계속해서 재현하는 대신에 개방된 경험의 세계에서 우리를 생활하게 한다.

만약 당신이 고통이나 불안을 달래기 위해 약물이나 알코올 또는 다른 물질에 심각하게 의지하고 있다면, 전문 도움을 찾거나 물질 남용으로부터 회복 중인 이들에게 도움을 주는 특별한 집단에 참여하는 것이 중요하다.

연습 6-1 파이어스톤의 중독 음성 척도

내가 경험하는 비난적인 내면의 음성(목소리)에 동그라미하세요.

0=그렇지 않다, 1=별로 그렇지 않다, 2=약간 그렇다, 3=그렇다, 4=매우 그렇다

너는 술(약, 폭력)이 필요해. 그래야 네가 편해질 수 있어.	0	1	2	3	4
너 또 다이어트를 중단했구나? 너는 의지력이 없어.	0	1	2	3	4
힘든 하루를 보냈네. 긴장 풀어.	0	1	2	3	4
넌 너무 화가났어. 뭘 좀 가져가고 진정해.	0	1	2	3	4
술(약물)을 포기하겠다는 결심을 되짚어 가면서 가족에게 끼치고 있는 온갖 문제들을 좀 봐!	0	1	2	3	4
쿠키(술, 폭력) 하나 더 먹어. 그게 뭐가 해롭겠어?	0	1	2	3	4
흥분해도 괜찮아. 유지할 줄 알잖아.	0	1	2	3	4
힘든 한 주를 보냈네. 넌 긴장을 풀 필요가 있어. 한 잔 해!	0	1	2	3	4
또 썼네, 넌 진짜 가망이 없어.	0	1	2	3	4
너는 이미 다이어트가 망했으니, 네가 원하는 거 다 먹어.	0	1	2	3	4
너는 아마 신진대사가 활발한 사람 중 한 명일 텐데, 왜 체중을 조절하려고 노력해야 해?	0	1	2	3	4
거울에 비친 네 모습 좀 봐! 네가 방금 먹은 그 많은 식사는 하지 않는 게 나았겠다.	0	1	2	3	4
게워내면 쉽게 너의 몸무게를 조절할 수 있어.	0	1	2	3	4
그들은 네가 먹었다고, 네가 역겨운 돼지라고 말할 수 있어.	0	1	2	3	4
이렇게 한가한 시간을 보낼 거야? 너는 긴장을 풀고 시간을 채울 무언가가 필요해!	0	1	2	3	4
너는 먹고 싶은 것은 언제든 먹을 수 있고, 나중에 그걸 빼면 돼.	0	1	2	3	4
너는 너무 많이 먹었어. 좀 없애야 해.	0	1	2	3	4
넌 뚱뚱한 돼지야!	0	1	2	3	4
넌 아무것도 먹을 자격이 없어.	0	1	2	3	4
만약에 기분이 좋아지고 싶으면 먹지 마.	0	1	2	3	4
사람들은 네가 뚱뚱해지길 원할 거야.	0	1	2	3	4
음식은 너의 가장 나쁜 적이야.	0	1	2	3	4
한 입만 먹어도 살쪄.	0	1	2	3	4

연습 6-2 중독의 음성: 감정과 실제의 당신

자기비난적 내면의 음성	음성으로 인해 생기는 감정	현실적 관점
유혹하는 음성(목소리)		
처벌적인 음성(목소리)		

연습 6-3 물질(마약) 남용의 촉발 요인

촉발 사건 또는 환경	자기비난적 내면의 음성	현실적 관점

연습 6-4 원하는 것을 계속하기

개인적 바람	자기비난적 내면의 음성	현실적 관점

자기비난적 내면의 음성에 귀 기울이는 것이 당신의 기분을 다운시키고 우울하게 하는가

> 나는 피곤했지만 잠들 수 없었고, 통증과 신음하는 내면의 음성("오, 너는 아무것도 가르칠 수도 없고, 쓸 수도 없으며, 생각할 수도 없어……")으로 내 신경이 날카로워지는 것을 느꼈다. 나에게는 하늘, 언덕, 아이디어, 맛난 음식 그리고 밝은 색을 사랑하는 선한 자아가 있다. 나의 악령은 모범이 되라고 요구하고, 만약 그것이 자아가 더 안 좋은 것이라면 떠나 버리라고 말함으로써 선한 나를 망쳐 버렸다.
>
> – 실비아 플래스(Sylvia Plath)

미국의 경우, 우울증은 대략 5명 중 1명에게서 발견된다. 사람들은 우울해지면 기분과 감정이 혼란스러워지고, 자신과 타인 및 세계에 대한 인식이 왜곡된다. 심각한 정도로 우울해지면 지속적으로 슬프거나 불안해지고 안절부절못하거나 예민해지는 경향이 있으며, 한때 즐거웠던 활동이 즐겁지 않거나 흥미를 잃게 된다.

우울증은 가벼운 정도부터 중간 정도, 심각한 정도까지 다양하다. 즉, 그것은 우울한 사람이 자기비난적 내면의 음성에 의해 촉진되는 자기 자신, 타인 그리고 세계에 대한 왜곡을 실제로 믿거나 혹은 수용하는 정도에 의해 연속선상에 존재하는 것으로 간주될 수 있다.

우울증은 어떤 사람이 비난적 내면의 음성(목소리)을 경험하는 빈도와 그 음성의 강도와 직접적으로 연관된다. 중간 정도에서 심각한 정도의 우울한 사람의 균형 상태는 음성의 부정적인 관점이 자기 인격의 대부분을 지배하는 쪽으로 옮겨지는 단계에 이른다. 그들의 인내 수준을 넘어선 압도적인 좌절이나 깊은 상실감, 혹은 심지어 긍정적인 사건 때문이든 어떤 이유에서든지 간에, 그들은 자신을 위하는 것보다 더욱더 자기 자신에 대항한다. 왜곡된 믿음이 비록 정확하지 않고 타인에게 상당히 비우호적인 것 같을지라도, 왜곡된 믿음은 우울한 사람이 자신과 타인에 관한 자기비난적 내면의 음성의 부정적이고 적대적인 언급을 믿게 한다.

14대 달라이 라마는 『마음을 변화시키기(Transforming the Mind)』(2000)에서 자기비난적 내면의 음성이 우울한 기분을 어떻게 만드는가에 대한 논제를 언급하였다.

> 우리가 추구하는 지속적인 행복을 추구하는 데 실패하는 이유는 무엇일까? 대신에 우리는 왜 고통과 불행에 자주 마주하게 되는 것일까?…… 우리의 생각과 감정을 길들이는 데 요구되는 정신 수련이 부족하기 때문에…… 그것들은(생각과 감정들) 우리를 통제한다. 생각과 감정은, 차례대로, 긍정적인 충동보다 우리의 부정적인 충동에 의해 통제되는 경향이 있다. 우리는 이 순환을 역전시킬 필요가 있는데, 그렇게 함으로써 우리의 생각과 감정이 부정적인 충동에 대한 지배로부터 자유로워지고 우리도 한 개인으로서 자신의 마음에 대한 통제력을 얻게 된다.

이 장에서는 '부정적 충동' 즉 당신의 기분을 가라앉고 우울하게 만드는 자기비난적 내면의 음성에 의해 유발된 생각과 감정으로부터 당신 자신이 벗어나도록 하는 데 도움이 되는 제안들을 제시한다. 당신이 지적이고 유식할수록 자기비난적 내면의 음성은 그것의 목적으로 이용하기 위해 마음대로 쓸 수 있는 모든 정보와 지식을 가지고 당신과 당신의 인생에 관한 긍정적인 감정을 약화시킨다는 것을 인식하는 것이 중요하다.

이것은 인생이 누군가의 기분을 나쁘고 화나고 슬프고 불안하게 느끼게 하는 상황과 사건들로 채워져 있다는 것을 의미하지 않는다. 실제로 평생 동안 우리에게 진정으로 비탄과 슬픔, 불안을 유발하는 수없이 많은 사건들이 있다. 사랑하는 사람 혹은 가까운 친구의 죽음, 실직 혹은 수입이 끊기는 상황, 불가능한 것으로 보이는 작업 상황, 가까운 친구나 연인 혹은 배우자의 배신, 신체적 질병이나 장애 등 수없이 많다. 전 세계에 걸쳐 매일 일어나는 비극적인 사건들을 보도하는 저녁 뉴스 장면을 그저 쳐다보는 것만으로도 우리가 냉소적이고 환멸을 느끼고 일시적으로 우울함을 느끼도록 하기에 충분하다. 비록 인생의 이런 사건과 그 밖의 어려움이 종종 우리를 화나고 낙담하게 한다할지라도, 우리에게 미치는 즉각적이고 지속적인 효과를 결정하는 것은 바로 이러한 사건들 혹은 상황에 대해 우리가 생각하는 방식이다.

제1장에서 강조하였듯이, 자기비난적 내면의 음성은 우리 마음 안에 있어서, 만약 우리가 계속해서 음성에 귀기울이고 믿게 된다면, 그것들이 가치가 있든 없든 간에 인생에 대한 관점에 커다란 영향을 주게 된다. 부정적인 사건은 우리를 스스로에게 등 돌리게 하고, 우울한 사람에게 심하게 괴롭히는 고통스러운 감정을 유발하는 생각 속으로 빨려들어 가도록 하는 기제를 촉발하는 것으로 작용한다. 이러한 부정적인 소용돌이가 시작되도록 하는 것은 우리가 그러한 사건에 반응하거나 해석하는 방식이다. 우리가 스스로에게 이러한 상황이나 사건을 설명하는 방식은 우리 기분에 영향을 미치는 면에서 사건 자체보다도 훨씬 더 중요하다.

우울했던 적이 있는가

아마도 당신은 일시적인 기분으로 우울증을 경험했을 수도 있다. 즉, 짧은 시간 동안 당신은 기분이 단지 처지거나 좌절감을 느낄 수 있다. 이것은 거의 모든 사람이 때때로 처하게 되는 마음의 상태다. 혹은 당신은 오랜 기간 동안 깊은 심리적 고통과 아픔을 경험하고 있는 더욱 심각한 우울증일 수 있다. 만약 당신이 경미한 우울증이라면, 당신은 터널 끝에서 불빛을 볼 수 있고, 조만간 기분이 더 나아질 것이라는 것을 안다. 하지만 만약 당신이 더욱 심한 우울증을 경험하고 있다면, 터널의 끝이 어디인지(혹은 그것이 있다고 믿는다는 것)를 말할 수도 없고, 어떤 불빛도 볼 수 없고, 아마 당신은 기분이 좋아지기 전에 전문가의 도움이 필요할 수도 있다. 우울증을 이해하기 위해, 당신은 비난적 내면의 음성이 인생의 불행한 사건을 어떻게 우울한 기분을 유발하는 방식으로 해석하는지에 대해 익숙해지는 것이 중요하다.

삶의 부정적인 사건에 대개 어떻게 반응하는가

어떤 부정적인 생각을 할 때마다, 그것이 거의 항상 다른 생각들에 뒤따른다는 것을 발견했는가? 부정적인 사건에 뒤따르는 부정적인 생각의 흐름은 자체적인 계기가 있을 수 있다. 만약 덮어 둔 채로 둔다면 생각과 공격, 걱정들은 악화되고, 당신 인생의 거의 모든 부분에 관해 끔찍한 느낌을 갖도록 하는 계속해서 괴롭히는 비판으로 확대될 수 있다. 사람들은 어떤 특정한 상황에 대한 부정적인 생각을 다른 많은 상황으로 확장하는 경향이 있으며, 결국 전체적인 전망조차 우울해지고 침체되는 것으로 끝나게 된다.

당신에게 있는 부정적인 생각을 유발하는 인생의 중요한 사건을 찾아내기 위해서, 당신이 지금까지 최악이라고 느꼈던 때를 떠올려 보라. 당시 당신에게 영향을 주었던 사건을 기억하도록 노력해 보라. 그것은 거절, 떠남, 혹은 사랑하는 사람의 상실을 포함한 당신에게 중요한 의미를 주는 사건일 수 있다. 이런 사건이 일어났을 때 당신이 어떤 생각을 했는지 기억하는가? 그 사건에 대하여 당신은 자신에게 뭐라고 말했는가? 그것은 당신과 당신의 인생에 대하여 무엇을 의미하는가? 당신이 경험했던 감정을 기억하는가?

당신은 얼마나 오랫동안 화나거나 슬펐는가? 이 사건에 대한 부정적인 생각이 인생에 대한 일반적인 느낌에까지 번질 정도로 영향을 주었는지 알아봐야 한다. 예를 들면, 일어났던 일이 당신 잘못이라는 식으로 느꼈었는가? 그 이후, 당신은 거의 모든 것이 자신의 잘못이라고 느끼기 시작했는가?

✏️ 연습 7-1 우울증과 인생 사건: 자기비난적 내면의 음성과 실제의 당신

이러한 질문과 이에 대한 당신의 답변을 고려한 후, 당신은 그 사건에 대한 당신의 해석에 의해 강화된 생각과 핵심 신념을 탐색하기 위해 <연습 7-1>이 사용할 만한 가치가 있다는 것을 발견할 것이다. 당신의 마음속에 이와 연관된 다른 사건들이 있는가? 이 사건과 당신의 반응들은 여전히 당신이 갖고 있는 전반적인 신념에 기여하는가?

<연습 7-1>에서 첫 번째 단계는 인생에서 당신이 느꼈던 최악의 시기를 확인하는 것이다. 왼쪽에 그 당시 당신이 생각하기에 끔찍한 감정을 촉발했던 사건 혹은 상황을 기술한다. 그 다음, 가운데에는 그 사건이 일어나는 동안 혹은 이후 당신이 경험했던 자기비난적 내면의 음성을 기억해서 이러한 생각들을 기록한다. 오른쪽에는 현재 당신이 그것을 보았을 때 촉발 사건에 대한 현실적인 평가를 기록한 당신의 인생에서 어떤 유사한 사건들이 이러한 자기비난적 내면의 음성을 촉발하는 어떤 유형을 확인할 수 있는가? 당신은 현재 촉발 사건과 그 안에서 당신의 역할에 관한 현실적인 평가를 촉발 사건과 당신의 역할에 대하여 현실적인 평가를 내릴 수 있는가? 그렇지 않다면, 당신은 자기비난적 내면의 음성의 관점을 여전히 믿고 있을 수 있고, 우울증을 경험하고 있을 수 있다.

〈연습 7-1〉의 사례

다음은 알린(Arlene)이라는 여성의 일기를 발췌한 것이다.

촉발 사건	내가 기억하는 사건 당시의 자기비난적 내면의 음성	당시 사건에 대한 '현재' 나의 현실적 관점
12세 때 어머니가 오랜 투병 끝에 돌아가셨다. 어머니가 아픈 동안 난 어머니를 돌보았다. 어머니가 구급차에 실려 병원으로 가면서 나에게 마지막으로 '당부'한 것은 당시 아홉 살이던 어린 남동생을 돌봐주라는 것이었다.	"엄마가 죽은 것은 네 잘못이야. 네가 잘못 돌봐서 그래. 네가 남동생을 돌볼 수 있다고 생각해? 남동생은 네 말을 듣지도 않고 따르지도 않을 거야. 너는 엄마의 마지막 소원을 따르지 못할 거야.	물론 어머니가 사망한 것은 내 잘못이 아니야. 얼마나 우스워. 열두 살인 내가 남동생을 온전히 돌봐야 한다는 어머니의 생각이 얼마나 비현실적이야.

우울하게 하는 것은 무엇인가

당신은 알린이 경험한 일종의 비난적 사고들이 매우 강렬한 감정을 어떻게 유발하는지를 알 수 있다. 성인으로서 그녀에게 중요하게 영향을 미쳤던 상실에 대한 해결되지 않은 감정들을 남긴 채, 그녀의 자기 공격은 자신의 정상적인 애도 과정을 방해했다.

비극적인 사건이나 고통을 주는 상황에 의해 촉발된 자기비난적 내면의 음성을 확인하는 것 외에, 우리는 그 음성들—즉, 우리 자신을 그 사건의 참여자로 인식하는 부정적인 방식들—에 의해 유발된 감정을 인식하는 것이 중요하다. 알린이 경험한 사건처럼 조기 상실은 사람을 슬프고 화나고 두려움을 느끼게 하는 것이 분명하다. 하지만 이런 자연스러운 감정이 음성에 의해 촉발된 정서로 오염될 때, 우울증이 그 결과일 수 있다. 따라서 이러한 두 감정, 즉 슬픔과 우울증을 명확하게 구분하는 것이 중요하다.

많은 사람이 슬픈 감정을 경험하는 것을 우울증으로 오인한다. 하지만 이 두 가지 상태 사이에는 뚜렷한 차이가 있다. 슬픈 감정을 경험하는 것은 우리 자신과 접촉하게 하며 우리를 더욱 온전하게 느끼게끔 한다. 반면, 우리가 침체되거나 혹은 우울하다면, 우리를 등지게 하는 해결되지 않은 슬픔, 죄책감 및 분노가 복합된 감정을 느낄 수 있다. 많은 사람이 깊은 슬픔을 경험하는 것을 주저한다. 만약 우리가 슬픔이 예상되면 우리는 긴장을 느끼고 우리가 우울해질까 두려워할 수 있는 반면, 실제 슬픈 감정을 경험하는 것은 종종 안도감을 가져다주고 우리 자신 안에서 보다 더 하나되고 강함을 느끼도록 한다.

우울한 성인은 자신의 경험을 어떻게 표현하는가

최근에 몇 명의 유명인들이 오랫동안 우울증을 앓아 왔다는 낙인을 떨쳐내고 자신이 우울했을 때 어떻게 느꼈는가를 토로했다. 『어둠의 경계 위에서: 우물을 극복하게 하는 대화(On the edge of darkness: Conversations about conquering depression)』(Cronkite, 1994)에서 이 유명인들 중 일부는 자신이 가장 무력했다고 느꼈을 때 경험했던 자기비난적 내면의 음성의 왜곡과 악랄한 자기 공격을 언급했다. 몇 번의 우울증을 겪었던 배우 로드 스타이거(Rod Steiger)는 다음과 같이 기록했다.

당신이 우울할 때, 그건 마치 이 위원회가 당신의 마음을 지배하는 것과 같은데, 당신에게 어떤 우울한 생각에 뒤이어 또 다른 우울한 생각을 남긴다. 당신은 면도도 할 수 없고, 샤워도 할 수 없고, 양치도 할 수 없다. 당신은 신경쓰지 않는다. 우울증은 마치 무언가에 대해 당신 자신을 벌주고 있는 것 같다……. 자존감, 자신에 대한 감사와 자신에 대한 존중이 완전히 사라져 버린다. 당신의 마음이 텅빈 것은 확실히 아니다. 반대로, 당신이 우울할 때, 당신의 마음은 생각들로 당신을 때려 죽게 한다. 그것은 절대 멈추지 않는다.

[친구가 말하길.] "당신의 아내는 당신을 사랑해, 아이들도 당신을 사랑하고, 우리는 당신을 걱정해."

"그들은 몰라요." 지친 음성이 말한다. 그건 자기 연민이다. "그들은 몰라."(pp. 46-48)

TV 앵커우먼 케이티 크론키트(Kathy Cronkite)는 자신의 우울증을 다음과 같이 얘기했다.

나는 어두운 안경을 통해 세상을 보았다—나의 집은 망가졌고, 내 아이들은 괴물이었고, 나의 결혼은 문제 투성이였으며, 몸은 뚱뚱하고, 내 옷장은 추하고, 일은 가치가 없고, 기타 등등. "난 이것을 참을 수 없어, 이런 식의 느낌을 견딜 수 없어."라고, 난 수백만 번 생각했다.(p. 9)

본명을 밝히기를 바라지 않는 한 여성 작가는 이렇게 말했다.

우울증을 전혀 경험해 보지 않은 사람은 그것, 즉 절망감이 어떤 느낌인지 상상할 수 없다. 아무것도 당신의 기분을 나아지게 하는 데 도움이 되지 않는다, 아무것도. 삶에서 일상적인 것들, 예를 들어, 영화, 맛있는 음식, 회사, 산책, 아름다운 그림 등은 당신을 더 기분 나쁘게 만드는데, 왜냐하면 그것들은 내가 현실세계에서 얼마나 떨어져 있는지, 내 앞에 있는 연회장에 내가 참석할 수 없다는 것을 강화시켜 주기 때문이다. 〈앤티 맘(Auntie Mame)〉에서 다음의 멋진 대사가 있다. "인생은 대부분의 사람들이 굶고 있는 연회장이다." 난 항상 이 말을 사용한다.(p. 34)

〈60분(Sixty Minutes)〉 프로그램의 마이크 윌리스(Mike Wallace)는 우울했던 당시에 웨스트모어랜드 장군에게 고소를 당했다. 월래스는 자신이 어떻게 느꼈는지를 회상했다.

> 처음 3개월은 사건을 일으킨 원고였다. 나는 매일 서류를 집어들며 말했
> 다. "사기꾼, 거짓말쟁이, 협잡꾼." 기타 등등. 내가 그런 식으로 느끼기 시
> 작한 후, 당신은 갑자기 당신 자신에게 말했어요. "음, 그들이 옳아." 난 여
> 전히 그것이 무엇이었는지 몰랐다. 내가 단지 침체되었다고 생각했다. 난
> 우리가 레스토랑에 가곤 했다는 것을 기억했고, "모든 사람이 나에게 거짓
> 말쟁이, 사기꾼, 가짜라고 손가락질을 하고 있다."라고 말했다. 당신은 이것
> 들을 정말로 믿고 있구나! 놀랍네!(p. 14)

〈연습 7-1〉에서 기록한 인생의 최악의 시기를 회상할 때 당시 어떻게 느
꼈는지를 기억할 수 있는가? 부정적으로 생각하기 시작할 때 어떤 감정이 떠
올랐는가? 어떤 생각이 당신의 기분을 점점 더 가라앉게 했는가? 그것들은
어떻게 되었는가? 이러한 생각들의 결과대로 행동했는가? 당신이 취했던 어
떤 행동이 당신 자신과 세계에 대한 부정적인 인식을 지원했는가? 당신이 스
스로에게 등 돌리고 당신과 타인에 관한 매우 부정적이지만 정확하지 않은
것들을 믿기 시작했던 때를 기억하는가? 부정적 인식이 더욱 현실이 되도록
당신은 어떤 행동을 취했는가?

 연습 7-2 우울증: 자기비난적 내면의 음성과 감정

인생에서 충격적이고 고통스러운 사건을 탐구하는 두 번째 단계를 완성하기 위해
〈연습 7-1〉에서 가운데 칸에 기록했던 부정적인 생각 검토를 시작해 본다. 〈연습
7-2〉의 왼쪽에 가장 강렬한 자기비난적 내면의 음성들, 혹은 촉발 사건이나 사건 후
당신의 감정에 가장 큰 영향을 미치는 것들을 기록한다. 그런 다음, 오른쪽에는 당신이
이러한 생각들을 경험할 때 느낀 것으로 회상되는 정서들을 기록한다.

〈연습 7-2〉의 사례

다음은 알린의 또 다른 일기 내용이다.

우울하게 만드는 자기비난적 내면의 음성	이러한 음성이 느끼게 하는 감정
"엄마가 죽은 것은 너 때문이야."	나는 심한 죄책감을 느꼈다. 어머니가 죽었을 때 더 돌보지 않아도 된다는 안도감을 느꼈는데 부끄러웠고 실제로 당황스러웠다. 내가 참혹한 범죄를 저지른 것처럼 비밀스러움을 느꼈다. 누군가 알게 되고 내가 벌받을까 봐 두려웠다.
"네가 남동생을 돌볼 수 있다고 생각하게 만든 것은 무엇이니?"	나는 매우 긴장되었고, 그를 돌보기에 부족함을 느꼈다. 하지만 또한 난 화가 나고 분했다. 왜 내가 남동생을 돌보는 데 내 시간을 허비해야 하고 내 인생을 잃어야 하는데?

자기 파괴적 행동과 자기비난적 내면의 음성의 연속

광범위한 임상적 소견에 기초하여, 파이어스톤(Firestone, 1988)은 부정적인 사고들을 신체적으로 해로운 행동들에 영향을 미치는 사고들에 대해 경미한 자기비난에서부터 악의적인 자기 질책까지 강도의 연속선에 따라 다양하다고 제안했다. 유사하게, 자기 패배적인 파괴적 행동은 자기 부정부터 물질 남용, 그리고 특정한 상황에서 자살로 끝날 수 있는 다른 자기 파괴적인 행동까지 연속체상의 범주에 존재한다.

자기비난적 내면의 음성은 내용 면에서, 그것들과 관련된 분노의 강도 면에서, 그리고 우리가 그것들을 경험하는 빈도 면에서 다양하다. 자기 패배적이고 자기 파괴적인 행동에 영향을 미치는 부정적 사고들은 연속선을 따라 있는 세 가지 주요 수준의 자기 처벌적인 사고들로 분류될 수 있다.

첫 번째 수준은 당신 자신을 향한 비난하는 생각으로 이루어져 있다. 제2장에서 언급한 자존감의 저하를 초래하는 부정적인 생각의 유형들이다. 이 수준의 부정적인 생각을 경험하는 사람은 부정적인 자아상을 지지하는 많은 행동들을 행한다. 예를 들어, 즐거운 경험을 피하고, 관계 참여를 피하거나 혹은 스스로를 고립시킬 수 있다. 그들은 또한 타인을 향한 많은 부정적인 태도를 경험하는데, 이러한 태도들은 종종 냉소적이고 적대적이며, 부정적 태도를 지닌 사람은 타인에게 정서적으로 상처를 입힐 수 있다.

이 수준의 비난적 사고는 우리에게 내재화된 우리에 대한 부모의 부정적인 태도와 그들이 우리에게 가졌던 비합리적이거나 나이에 부적절한 기대의 결과인 것처럼 보인다. 예를 들어, 우리의 부모양육 프로그램에 참여한 한 여성은 6개월된 자녀가 단지 자신을 짜증나게 하려고 강하게 운다고 믿었다. 현실적으로, 영유아는 의도적인 행동을 하는 데 필요한 전인지(precognition)가 부족하다. 부모가 이런 믿음을 고집하게 될 때, 그들은 어린 자녀에게 화를 내는 경향이 있고, 그들의 행동은 영유아기에 부적절한 것이다. "넌 이제 울 나이는 아니야. 넌 골칫거리야!"와 같은 표현은 자녀의 능력에 대해 부적합한 기대를 반영하는 것이다. 영유아는 이런 비현실적인 기대와 비판적인 태도를 자기비난적인 생각과 태도의 형태로 자신의 내부에 받아들이게 된다.

자기 공격의 두 번째 수준은 자기 위안적인 행동, 즉 우리의 감정을 마비시킬 목적으로 수행된 행동들을 지지하거나 촉진하는 생각들로 구성된다. 이것들은 과식, 거식, 폭식, 알코올 및 약물 남용, 과도한 TV 시청, 강박적인 운동, 혹은 긴장을 낮추고 통증을 줄여 주는 다른 일상적인 것들과 같은 중독적 행동을 포함한다. 언급하였듯이, 이러한 많은 행동은 흔히 부모의 행동과 생활방식을 모방하는 것이다.

자기비난적 내면의 음성 세 번째 수준은 다음과 같은 생각을 포함한다. "넌 모두에게 짐이야. 네가 없다면 너희 가족은 형편이 더 좋아졌을 거야." "이제 더 이상 아무것도 중요하지 않아. 넌 그냥 포기해야 해." 이와 같은 생각은 절망감과 스스로를 분리시키는 것을 초래한다. 이 수준의 자기 공격은 또한 당신이 극도의 위험을 수반한 행동에 참여하도록 하는 사고들을 포함하고 자기를 해하는 행동을 하게 한다. 이러한 자기비난적 내면의 음성은 우리의 신체를 위험에 빠지는 방식으로 행동하거나 혹은 부주의하게, 혹은 심지어 신체적으로 우리를 공격하는 방식으로 행동하도록 우리를 이끌 수 있다. 어떤 사례에서는, 개인이 상세하게 자살을 계획하도록 하거나 혹은 실제 자살을 하도록 재촉하는 파괴적인 생각들이 연속선의 극단에 있다.

이런 부정적인 생각은 본질적으로 심각하게 자기 파괴적이다. 이것은 외적 혹은 내적 부모의 공격성에서 유래하는 것으로 보인다. 이 수준에서는 벌을 주는 부모와 동일시하게 되며, 자신을 향한 분노를 받아들인다. 제1장에서 언급하였듯이, 아동이 통상적이지 않은 스트레스에 놓였을 때, 그들은 벌 주는 부모와 동일시하고 그 순간 부모가 경험하고 있는 적대적인 태도와 분노 감정을 받아들인다. 추후 성인이 되었을 때, 때때로 자기를 해치는 행동을 유발할 수 있는 자기 파괴적 사고의 형태로 자기 자신을 향해 같은 분노를 불러일으키는 경향이 있다.

왜 우리가 우리의 정체성을 포기하고 부모의 관점을 취하는지를 이해하기 위해, 긍정적인 사건보다 부정적인 사건에 더 강한 기억의 흔적(즉, 더 많은 오래 지속된 기억)을 가진다는 것을 깨닫는 것은 중요하다. 이것은 자연스럽고, 타고난 인간의 경향성으로 보인다.

예를 들어, 아버지가 세 자녀를 데리고 2주간의 캠핑 여행을 떠났다. 캠핑에 대한 아버지의 기억은 완전히 긍정적이었다. 즉, 그는 노래 부르고 얘기를 나누며 아이들과 함께 모닥불 주위에 앉아 있고, 하이킹을 하고, 아들과 낚시를 하는 등을 기억했다. 친구에게 여행에 관한 이야기를 할 때, 그는 아이들과 함께 즐겼던 재밌는 활동들 모두를 이야기했다. 반대로, 열 살의 아들이 보고했던 휴가에 관한 가장 강력한 기억은 캠핑장 주변에서 아버지가 그를 향해 소리질렀던 때였다. 이 아들은 아버지가 기억했던 재밌는 활동들보다 그가 그날 밤 고통을 당했던 두려움과 창피함을 더욱 생생하게 기억했다.

연습 7-3 나와 자기 파괴적인 생각의 연속체

이 연습은 연속선의 각 수준에서 당신의 자기비난적 내면의 음성을 확인하는 것을 돕도록 설계되었다. 왼쪽에 연속선의 각 수준에서 당신이 가진 자기비난적 내면의 음성을 기록한다. 2단계에서 <연습 2-2>를 다시 언급하기를 원할 수도 있는데, 예를 들어 **"넌 실패자야. 똑바로 할 순 없을까?"** 혹은 **"넌 정말 매력 없어."** 등이다. 2단계에서 당신은 <연습 6-2> 왼쪽의 항목을 다시 언급하기를 원할 수 있는데, 예를 들어, **"비난받아도 좋아, 너는 더 편안해질 거야."** 혹은 **"이런 바보, 넌 결코 네 결심에 따라 살지 않을 거야!"** 등이다. 3단계의 경우, 당신이 가진 매우 자기 파괴적인 자기비난적 내면의 음성을 찾으려고 노력하라. 예를 들어, **"아무 소용없어. 이제 더 이상 어떤 것도 중요하지 않아."** 혹은 **"네 친구들로부터 멀어져, 넌 그들을 기분 나쁘게 할 거야."** 등이다. 오른쪽에는 이런 생각들에 기반한 당신이 했던 행동들을 확인한다. 예를 들어, 자신을 고립시키거나, 강박적으로 자신을 위로하거나, 혹은 신체적으로 해를 끼치는 위험한 행동 혹은 활동을 하게끔 하는 생각들을 확인한다.

자기비난적 내면의 음성이 기쁨과 행복을 포기하도록 어떻게 영향을 미치는가

사람들이 특히 즐겼던 흥미와 활동을 포기하도록 하는 넓은 범위의 자기비난적 내면의 음성이 있다. 인생에서 신나는 것을 포기하는 경향성은 우리의 방어체계 속에 만들어지며 어린 나이에 문제가 될 수 있다. 우리 중 많은 사람이 미성숙하게 자기 삶을 제한하거나 혹은 자신에게 가장 큰 기쁨과 만족을 가져다주는 경험에 제한을 둔다.

우리 자신을 만족스러운 경험으로부터 철수시키는 자기 부정은 우리 사회에서 호의와 인정으로 여겨진다. 즉, 그것은 나이에 적절한 역할과 행동에 관한 많은 사람의 태도에 의해 지지받는다. 그들은 스포츠와 신체 활동에 덜 참여하고, 성적 관계에 대한 흥미가 줄고, 오랜 친구와의 만남을 잃어 간다.

그들은 자신에게 다음과 같이 말한다. "네 나이에 스포츠를 하다니 돌았어. 사람들이 젊어 보이려고 애쓴다고 생각할 거야." "네 나이에 사랑에 빠진다는 것을 들어 본 사람이 있을까?" "왜 그 나이에 새로운 집을 지으려고 고생을 해? 아마 즐겁지 않을 거야." 비록 이런 유형의 자기 부정적인 행동이 40대 이상의 사람에게 국한된 것은 아니지만, 사회의 관습이나 많은 기관이 나이가 들수록 정열적인 활동을 포기해야 한다는 관점을 지지한다.

우울증을 초래하는 자기비난적 내면의 음성과 싸워 나가기

우울증에 대항해서 싸우기 위해 우리 무기고의 가장 강력한 무기는 먼저 이런 식의 기분을 느끼게 하는 데 기여하는 부정적인 생각과 자기비난적 태도를 인식하는 것이다. 만약 인생에서 겉 보기에 덜 중요해 보이는 것에 대한 자기비난적 내면의 음성의 조언을 따르는 것에 익숙하다면, 우리는 더 위험하고 자기 파괴적인 행동을 하도록 재촉하는 생각에 더 민감해질 것이다. 자신의 관점을 포기하고 굴복하며, 그리고 내부 음성의 지시에 귀를 기울이는 것은 그것에 힘을 실어 주는 것이다. 나쁜 사람인 것처럼 느끼게 하고 이러한 믿음을 지지해 주는 행동에 우리가 점점 더 많이 빠져들수록, 그것은 점점 더 확고해진다.

예를 들어, 다음에 나오는 시나리오를 고려해 보자. 이전에 흥미롭게 관심 가졌던 활동을 당신이 점차 포기하게 되었다는 것을 최근에 알게 되었다. 이전의 당신보다도 당신은 점점 더 인생에 무관심해지고 타인에 대해 냉소적이라는 것을 깨닫기 시작했다. 되돌아보았을 때, 어떤 시점(몇 주 전, 몇 달 전, 몇 년 전)에서 당신은 자신에게 말하는 음성에 복종하는 행동에 적응해 가기 시작했다. "귀찮게 왜 친구들과 나가려고 해? 집에 머물러 혼자 TV 보는 건 어때? 그게 좀 더 편하잖아." 지금 당신은 다음과 같은 무기력한 생각을 하고 있는 자신을 발견한다. "어쨌든 그게 뭐가 중요해? 정말 아무것도 중요하지 않아. 네 인생은 공허하고, 넌 이제 더 이상 친구도 없잖아. 그래서 네가 나타나지 않는다고 누가 신경이나 쓰겠어?"

일이 극단으로 가기 전 초기에 그 음성을 확인하는 것이 얼마나 중요한지 당신은 알 수 있다. 당신이 계속 고수하려고 하는 자신에 대한 모든 왜곡된 신념에 도전하는 것 또한 중요하다. 마지막으로, 이 장에서 우리가 기술한 느낌과 생각을 인지하자마자 우울한 기분에서 벗어나는 데 필요한 행동을 해야 할 필요가 있다.

자기 부정과 포기에 영향을 미치는 자기비난적 내면의 음성을 확인하기

당신이 즐겁거나 의미 있는 경험을 제한할 때 당신이 들었던 음성을 확인하는 것은 이런 기만적인 적을 극복하는 데 있어서 중요한 단계다. 진정 당신에게 중요한 것들을 포기하게 만들 수 있는 자기 부정적인 패턴에 영향을 주는, 겉 보기에는 우호적인 음성을 인식하라.

 연습 7-4 파이어스톤의 자기 부정과 패배적 사고 음성 척도

이 연습에서 제시하는 척도를 완성함으로써 자기 부정 사고의 내용이 자신의 생각을 중요하게 만들고 의식적인 조절을 하는 데 도움이 된다.

연습 7-5 자기비난적 내면의 음성이 어떻게 자기 부정과 포기를 어떻게 합리화 하는가/현실적 관점

<연습 7-5>의 왼쪽에 자기 자신을 부정하게끔 만들거나 진정으로 즐기고 싶은 무언가를 하지 않도록 합리화하는 모든 생각(부정적일 수도 있고 긍정적으로 보일 수도 있다)을 기록한다. 그런 다음, 오른쪽에는 자기를 부정하는 생각에 대한 진술이나 반대되는 내용의 진술을 적는다. 자신의 즐거움과 행복을 제한하는 데 사용했던 변명들을 적어 보면, 그것들이 얼마나 어리석은 것인지 알고 놀라게 될 것이다.

〈연습 7-5〉의 사례

다음은 자신을 부정하는 것에 대한 변명과 당신의 합리적 반응이다.

자기비난적 내면의 음성	현실적 관점
"네가 해야만 하는 모든 일을 봐. 넌 휴가를 낼 수 없어."	오늘 밤 좀 늦게까지 일하면 내일 휴가를 낼 수 있어. 일이 전부는 아니잖아! 난 쉴 시간이 좀 필요해.
"너는 즐거운 시간을 보낼 자격이 없어."	어리석어! 물론 난 자격이 있어. 모든 사람은 즐거운 시간을 가지고 인생을 즐길 기회를 가질 자격이 있어.
"네 인생에서 사랑을 하기엔 넌 너무 늙었어."	사랑과 로맨스를 하는 데 너무 늙은 나이는 없어.
"그냥 포기해버려. 더 이상 쓸모가 없어."	나는 포기하고 싶지 않아. 난 정말 내 인생을 좋아해.

혼자가 되거나 고립되는 데 영향을 미치는 자기비난적 내면의 음성을 확인하기

사람들이 친한 친구와 사랑하는 사람으로부터 점점 멀어질 때, 그들은 감정을 더 차단하게 된다. 때때로 그들은 자신에 대해 나쁘게 느끼도록 하고, 타인으로부터 소외감을 느끼도록 하는 강박적 반추와 음성 공격에 휘말리게 된다.

많은 사람이 프라이버시와 고립이 필수적이라고 말하는 자기비난적 내면의 음성을 듣는다. 이런 생각은 타당해 보이기 때문에 논박하기 어렵다. 분명히 우리는 창조적인 작업을 하거나 작업에 집중하기 위해 어느 정도 프라이버시가 필요하다. 하지만 타인과의 사회적 접촉으로부터 고립되는 기간이 길어지는 것은 정신건강에 해로울 수 있다.

한 사례에서, 심각한 자살 시도로 죽음 직전까지 갔던 여성이 자기 파괴적인 행동을 하기 전에 그녀의 음성이 자신에게 말했다고 보고했다. "넌 결코 너 자신을 위한, 즉 네가 하고 싶은 것을 할 수 있는 시간을 가지지 않았어. 넌 혼자 생각할 수 있는 시간이 필요해." 하지만 그녀가 일단 혼자 있게 되자, 자살에 대한 구체적인 계획을 세우기 시작하였다. 과거를 돌아보았을 때, 그녀는 친구들과 함께 있을 때는 자살 사고가 그녀에게 떠오르지 않았다는 것을 깨달았다. 하지만 그녀는 자기비난적 내면의 음성에 의해 고립하라고 강요되는 것을 느꼈고, 거기서 그녀는 사악한 자기 공격과 자살 충동에 휘둘렸다.

혼자 있고 싶을 때가 있을 수 있다. 하지만 자기비난적인 생각을 하거나 혹은 당신이 거의 통제할 수 없는 상황에 대한 걱정을 하며 오랜 기간 혼자 지낸다면, 고립은 당신에게 자기 파괴적인 선택이 될 수 있다.

 연습 7-6 파이어스톤의 고립 음성 척도

당신이 자신을 고립시키도록 재촉하는 당신이 경험해 온 자기비난적 내면의 음성을 더 인식하기 위해, 이 연습의 질문들에 답해 본다.

 연습 7-7 자기비난적 내면의 음성이 어떻게 고립에 영향을 주는가/현실적 관점

<연습 7-7>에서 당신을 스스로에게서 고립되도록 격려하는, 당신이 들었던 음성을 확인해 본다. 왼쪽에 당신이 고립되게 하고 오랜 기간 홀로 보내도록 재촉하는 부정적인 생각들을 기록한다. 오른쪽에는 그런 충동들에 대해 당신이 현실적으로 생각하는 것을 적는다.

자기비난적 내면의 음성에 귀 기울이는 것은 어떻게 당신을 연속체에서 내려오게 할 수 있는가

자기비난적 내면의 음성은 우리가 가장 좋아하는 활동을 포기하려는 충동에서부터 단순히 원하는 것과 필요를 가지려는 것에 대한 악랄한 공격까지 강도 범위가 넓다. 음성에 도전하지 않고 수년 동안 그것의 지시에 따르는 많은 사람이 이러한 공격이 삶에 심대한 영향을 주는 것을 깨닫지 못하거나, 혹은 연속체의 극단에 있는 심각하게 파괴적인 음성에 더 취약하다는 것을 알지 못한다. 만약 우리가 그 음성에 귀 기울이면서 보냈던 오랜 기간 동안 사기가 저하되었던 인생의 어느 시점에 도달한 후 갑자기 우리 삶의 공허함에 놀라 깨어나게 된다면, 우리는 제2장에서 언급한 실존적 죄책감을 경험할 수도 있다. 이런 죄책감은 흔히 자기비난적 내면의 음성에 의해 조장되는 자기비난의 형태를 띠게 된다. 그 뒤를 이은 좌절과 절망의 순환은 더 심각한 유형의 자기 파괴적인 행동을 초래할 수 있다.

　음성이 좀 더 강렬해지고 악랄해질 때, 사람들이 자신을 향해 느끼기 시작한 화와 분노는 자신에게 심리적 고통으로 불안하게 만들고 그 통증에서 벗어나는 데 절망감을 느끼도록 한다. 자기 자신에 대해 다음처럼 생각할 수 있다. "넌 쓰레기! 폐기물! 가치 없어! 넌 아무것도 받을 만한 자격이 없어!" 게다가 사람들이 자기비난적 내면의 음성의 관점을 수용할 때, 그들은 이제 더 이상 스스로를 정확하게 보지 않는다. 다시 말해서, 그들은 현실적이고 적절한 자신에 관한 관점과 파괴적이고 부정적인 관점을 구분할 수 없다. 그래서 부정적인 믿음이 떠오를 때마다 도전하지 않고 자신에 관한 핵심적인 부정적 믿음을 수용하는 것은 실제로 위험하다.

　만약 우리가 커다란 상실이나 심각한 좌절, 또는 다른 좋지 않은 상황으로 고통받는다면, 과장된 부정적인 관점으로 사건을 보고 있다는 것을 깨닫기 전에 스스로를 공격할 수 있다. 고통스러운 상황에 대해 반응할 때, 우리는 빠르게 부정적인 생각과 행동의 연속선상에서 아래로 내려갈 수 있다. 이 시점에서, 우리는 심각하게 우울했던 사람이 흔히 보고하는 감정을 어느 정도 경험하기 시작할 수 있다. 하지만 우리가 얼마나 아래까지 내려갈 수 있는지 거의 알 수 없다는 것이 가능하다. 아이러니하게, 우리가 상실로 인해 상처를 받고 있을 때, 우리는 자기비난적 내면의 음성에 가장 취약해지게 되는

데, 왜냐하면 그것이 이런 고통스러운 감정에 작용하고 그것들을 그것의 이익에 맞게 해석하기 때문이다. 그 음성은 우리의 단점이나 실수를 과장하고, 문제에 대해 우리가 기여한 모든 것을 증폭시킬 수 있다. "난 원래 그래."라는 말은 음성이 스스로에 대해 그들에게 말하고 있는 것을 믿게 된 사람들의 흔한 주제이다.

앞서 언급하였듯이, 우울한 사람은 음성에 의해 대표되었던 관점이 실제 자신의 관점이 되는 단계에 도달하게 된다. 심각하게 우울한 사람은 자기비난적 내면의 음성의 편에서 그것의 비난을 믿고 명령에 따라 행동하고, 실제 우울한 삶을 만들어 간다. 우리는 이제 더 이상 인생을 우리 자신의 관점을 보는 것과 내부의 적이 보는 관점으로 보는 것 사이에서 흔들리지 않는다. 다시 말하자면, 우리 자신을 위하기보다는 우리 자신에 반대되는 방향에 서서 우리의 음성이 말하는 모든 것을 전적으로 믿는다. 그 결과, 우리는 이제 더 이상 우리의 진정한 자기와 접촉하지 못하고 우리와 가장 가까운 사람과 절망적으로 멀어지는 느낌을 느낄 수 있다.

그 음성은 기만적이며, 겉 보기에 논리적이다. 빨려들어가는 소용돌이 과정에서 음성이 쓰는 또 다른 속임수는 가족이나 친구가 우리 없이도 더 잘 지낼 수 있다는 확신을 주는 것이다. 다음 같은 말을 하며 우리를 공격한다. "너는 이미 가족에게 너무 많은 골칫거리를 만들었어. 네가 없어지면 그들은 행복할 거야." 이 믿음은 우리의 생각에 깊게 자리 잡게 될 수 있지만, 그건 결코 사실이 아니다. 사랑하는 사람이 죽을 때 가족 구성원은 결코 기분이 좋지 않을 것이고, 자살의 경우라면 그들은 엄청난 충격을 받는다.

우울증 극복을 위한 단계

우울증을 일으키는 음성과 싸우기 위해, 다음과 같이 하는 것이 도움이 된다.

1. 자기 파괴적인 순환의 초기에 당신이 경험한 부정적인 생각과 믿음을 확인하고 직면한다.

2. 낙관적인 가까운 친구에게 더 많이 얘기해 본다. 침체되거나 인생에 관해 냉소적인 누군가에게 얘기하는 것은 실제로 당신의 기분을 더 나쁘게 한다.

3. 과거에 즐겼던 활동에 자신을 참여시킨다. 그것들이 지금 당장 그럴듯해 보이지 않더라도, 그것들은 무감동, 무관심, 무기력 같은 우울증 증상을 극복하는 데 도움을 줄 것이다.

우울증을 초래하는 생각을 찾아내기

우울한 사람은 부정적인 사고의 유형이 있으며, 찾아내지 않으면 행동과 기분에 점점 더 많은 영향을 주게 된다. 이런 이유로, 자기비난적 내면의 음성이 자신에게 이야기하는 것을 알아차리고 행동에 어떤 영향을 주는가를 아는 것이 중요하다.

 연습 7-8 파이어스톤의 우울감 음성 척도

<연습 7-8>의 척도는 기분이 가라앉거나 우울할 때 사람들이 경험하는 부정적인 생각으로 구성되었다. 어떤 것이 당신에게 와닿는가? 이것은 우울증을 일으키는 당신의 생각을 확인하는 것을 도울 수 있다. 당신이 경험한 자기 파괴적인 생각의 빈도를 체크한다.

 연습 7-9 우울증의 자기비난적 내면의 음성: 자기비난적 내면의 음성과 실제의 당신

<연습 7-9>의 왼쪽에 당신이 즐겼던 활동을 포기하게 하거나 스스로를 고립시키는 데 기여한 당신이 가진 모든 자기 부정적인 생각들, 혹은 당신이 스스로를 겨누게 하는 모든 화나고 잔인하고 욕하는 생각들을 적어 본다. 오른쪽에는 당신의 현실적이고 공감하는 관점을 적는다.

〈연습 7-8〉에서 좀 더 극단적인 생각(연속체에서 최극단 근처에 위치한 것)을 경험하였더라도 당신이 현재 우울하다거나 자살한다는 것을 반드시 의미하는 것이 아니라는 것을 깨닫는 것이 중요하다. 하지만 현재 심각하게 자기 파괴적인 느낌의 생각을 경험하고 있다면 전문가의 도움을 받아야 한다. 좀 더 효과적으로 다루어서 도움을 줄 수 있는 누군가와 이런 생각을 공유하는 것이 매우 중요하다(제8장 '치료자를 선택하는 법' 참조).

몇 가지 생각은 당신이 특별히 매우 힘든 시기에 겪었던 것과 유사할 수 있지만, 더는 경험하고 있지 않을 수 있다. 하지만 화나거나 스트레스를 받을 때마다 부정적인 생각이 떠오른다면 이를 직접 이겨 내는 것이 좋은 생각이다.

믿음이 가는 친구에게 당신의 생각과 느낌을 얘기하기

당신의 부정적인 생각을 가깝고 믿는 친구에게 얘기하라. 왜냐하면 다른 사람에게 그 음성을 얘기하는 것은 이러한 자기 공격에 대한 현실 검증의 기회를 당신에게 주기 때문이다. 우울한 친구나 세상에 대해 냉소적인 관점을 갖는 친구를 선택하지 않는다. 당신의 문제에 대해 과도한 연민이나 동정을 보이지 않는 친구와 대화를 해야 한다. 또한 기만적인 안심을 주는 사람을 원해서도 안 된다. 비난하거나 비판적이지 않으면서 진실한 사람을 선택해야 한다. 자신의 부정적인 생각을 알고 있고 부정적인 생각에 귀 기울이는 것이 위험한 것을 이해하는 사람을 찾으려고 노력하라.

아마도 당신은 친구와 이야기하기 전에 이 책의 제1장을 읽어 달라고 부탁할 수도 있다. 당신이 자신의 비난하는 음성을 밝히는 동안 단순하게 열린 마음으로 공감하는 태도로 들어주는 사람을 선택하는 것은 좋은 생각이다. 가장 중요한 것은, 당신이 우울할 때 당신 자신에 대해 느끼는 것보다 당신에 대해 보다 더 적절한 느낌을 가지는 사람을 선택하는 것이다. 이상적으로, 당신의 친구는 당신이 가지고 있는 틀린 부정적 믿음에 관해 현실적이고 공감이 되는 피드백을 줄 수 있을 것이다. 유머 감각이 있는 친구는 당신의 몇몇 부정적인 믿음이 얼마나 어이가 없는 것인지를 알도록 하는 데 훨씬 도움을 줄 것이다.

자신이 실제로 얼마나 나쁘게 느꼈는가를 인정하는 데 두려워하거나 부끄러워하지 말아야 한다. 오랜 기간 자신에 대해 가져왔던 깊이 자리 잡은 믿음에 대하여 얘기한다. 과거에 부끄러워했던 자기비난적 내면의 음성을 공유하라. 자신에게 이야기하는 음성에 얼마나 오랫동안 귀 기울이고 믿어 왔는지를 깨닫게 되면 슬픈 감정을 느끼는 자신을 발견하게 될 것이다.

우울증에 좀 더 적극적으로 반박하기: 즐거웠던 활동에 참여하기

즐거움을 주거나 긴장을 낮추는 신체 활동은 우울증에 대한 효과적인 해결책이다. 새로운 활동을 계획할 때 이 활동의 결과로 결국 기분이 좋아질 것이라는 점을 깨닫는 것이 중요하다. 처음에는 당신의 동기가 낮을 수 있다. 이것은 이해할 만한 것인데, 왜냐하면 심지어 경미하게 우울한 사람도 종종 지쳐서 자신에게 즐거움을 줄 수 있는 활동을 상상할 수조차 없을 수 있기 때문이다. 그들은 우울하기 전 자신이 즐겼던 활동, 게임, 스포츠 혹은 사회적 사건들을 떠올리지 못할 수 있다.

힘들고 단조로운 활동보다는 자신이 진정으로 즐길 수 있는 즐겁고 보상이 되는 활동을 선택하는 것이 중요하다. 당신이 더욱 활기차게 되어 좀 더 원기 왕성해지면, 일상생활의 현실성을 수반한 활동들을 포함하기 시작할 수 있다.

과거에 당신이 하면서 즐거웠던 활동 목록을 적어 본다. 예를 들어, 흥분과 성취감을 주는 예술 활동, 사진 촬영, 또는 수영, 달리기, 롤러 스케이팅, 아이스 스케이팅, 스키 같은 개인 스포츠, 팀 스포츠나 게임, 보트 타기, 여행, 저녁 수업에 참여하기, 친구 방문하기 등과 같은 것이다.

사람들은 다운된 상태에서는 동기와 관심, 자발성이 대개는 자기비난적 내면의 음성의 통제하에 있다. 따라서 활동을 선택하면 활동의 시작을 방해하는 생각이나 믿음을 규명하는 것이 가치 있다.

연습 7-10 즐거운 활동 계획하기

<연습 7-10>의 왼쪽에 당신이 참여하려고 계획하고 있는 활동을 기록한다. 오른쪽에는 당신에게 활동에 참여하지 말라고 말하고 있는 모든 부정적인 생각들을 매주 시간을 들여서 적는다.

만약 끈기 있게 자신이 선택한 활동을 지속하면, 당신을 지배하던 음성의 힘이 점차 줄어들 것이다. 예를 들어, 테레사(Teresa)는 우울해지기 전에 하이킹을 즐겼다. 그래서 우울한 기분을 극복하기 위해 매일 20분씩 열심히 걷도록 결심했다. 수주 후에 그녀가 다음과 같이 보고했다.

> 기분이 좋아지기 시작한 이후, 내 음성의 이미지를 <오즈의 마법사>에 나오는 '사악한 마녀'와도 같은 마녀로서 상상했다. 음성이 머리 안에서 나를 비웃어도 매일 걷는 것을 계속함으로써 음성에 맞서 대항하면 나를 지배하는 힘을 잃게 된다는 것이 분명해졌다. 영화에서 도로시가 마녀에게 물 양동이를 던지는 것과 유사하다. 마녀는 악을 쓰며 비명을 지르고 금세 녹아 사라진다. 마녀는 결국 바닥 위 작고 검은 물방울이 되었다. 그것은 정확히 내 음성들, 즉 모든 것이 우울하고 어두운 빛으로 보이곤 했던 것들에서 일어났던 것이다. 그것들은 여전히 암흑으로 내 마음 어딘가에 존재하는 것으로 알고 있는 작은 메아리 정도의 부정적인 생각으로 줄어들었고, 그것은 예전에 했던 방식으로 나를 통제하거나 활동적이지 않다.

당신이 어떻게 느끼든 단순히 계획에 앞서서 무기력하고 수동적으로 만들었던 생각을 끊임없이 이겨 내면 생활에 새로운 관심이 생기고 에너지 수준이 높아질 것이다. 당신은 점차 자신의 자발성과 동기를 회복할 것이다. 결국 당신이 좀 더 활동적인 생활을 유지하도록 하는 데 도움이 될 것이다.

사람들이 실제 주변 사람과 함께 현실 세계에서 만족감을 추구하는 것을 그만둘 때, 그들은 점점 인생에 더 무관심해지고, 한때 즐겁고 가치있다는 것으로 발견했던 많은 영역의 경험을 포기하게 된다. 심각하게 우울한 사람은 자기 학대적인 생각에 대항하여 힘겹게 싸우다가 무기력하고 무감동하게 된다. 이들은 자신에 대해 정확한 관점을 더 이상 갖지 못한다. 사실 이들은 자신에 대한 현실적인 관점과 어려서부터 받아들인 부정적 관점 사이의 차이를 말할 수 없다.

　자기비난적 내면의 음성을 외현화하는 것, 즉 그것들을 세상의 빛으로 꺼내는 것은 우울한 상태를 떨쳐 버리는 데 도움이 된다. 이렇게 하기 위해서는 다음이 중요하다. (1) 자신과 세계에 대한 핵심적인 부정적 믿음과 좌절감, 무력감, 절망감을 유발하는 모든 생각을 확인하고 극복하기, (2) 자신의 관점을 회복하기 위해 신뢰가 가는 친구와 이러한 믿음과 생각에 대해 터놓고 얘기하기, 그리고 (3) 즐거움과 활력을 주는 활동에 참여하기 등이다.

　이 장에서의 연습은 자기 파괴적인 내적 대화와 자기 공격을 유발할 수 있는 특정한 사건과 상황을 좀 더 인식하는 데 도움이 된다. 가장 중요한 것은 비난적 내면의 음성의 지배에 노출함으로써 점차 이 음성을 극복하는 힘을 얻게 만들고 자신의 목표와 관심과 우선순위에 좀 더 가깝게 해당하는 선택으로 좀 더 다가갈 수 있다. 당신은 이 방법을 개인적인 성장을 추구하고 지속적인 변화의 인생을 찾는 데 있어 자기 탐구의 지속적인 형태로 사용할 수 있다.

연습 7-1 우울증과 인생 사건: 자기비난적 내면의 음성과 실제의 당신

촉발 사건	내가 기억하는 사건 당시의 자기비난적 내면의 음성	당시 사건에 대한 '현재' 나의 현실적 관점

연습 7-2 우울증: 자기비난적 내면의 음성과 감정

우울하게 만드는 자기비난적 내면의 음성	이러한 음성이 느끼게 하는 감정

연습 7-3 나와 자기 파괴적인 생각의 연속체

자기비난적 내면의 음성	내가 관여하는 행동들
1단계: 낮은 자존감과 자기 패배적인 생각	1단계:
2단계: 중독의 악순환을 돕는 생각	2단계:
3단계: 심각하게 자기 파괴적인 행동을 초래하는 생각	3단계:

연습 7-4 파이어스톤의 자기 부정과 패배적 사고 음성 척도

내가 경험하는 비난적인 내면의 음성(목소리)에 동그라미하세요.
0=그렇지 않다, 1=별로 그렇지 않다, 2=약간 그렇다, 3=그렇다, 4=매우 그렇다

이번 여행을 안 가면 돈을 절약할 수 있을 거야.	0	1	2	3	4
저녁 먹으러 나가기엔 너무 번거로워. 그냥 집에 있어.	0	1	2	3	4
너는 행복을 누릴 자격이 없어. 너 정말 소름끼쳐.	0	1	2	3	4
야구나 축구, 춤추는 것(또는 어떤 활동)을 하는 게 뭐가 신나? 너는 그냥 긴장을 풀고 가만히 있는 게 나아.	0	1	2	3	4
네가 해야 하는 모든 일을 봐. 넌 쉴 여유가 없어.	0	1	2	3	4
너는 항상 성적인 문제가 있었어. 그냥 포기해.	0	1	2	3	4
오, 굳이 데이트를 하려고 해? 만약 데이트를 하지 않으면 공부할 시간이 더 많아질 거야.	0	1	2	3	4
친구들이 어떻게 행동하는지 좀 봐. 그들은 정말 순진해. 그들은 자신들이 즐거운 시간을 보내고 있다고 생각하지만, 스스로를 바보로 만들고 있을 뿐이야. 그들처럼 굴지 마!	0	1	2	3	4
세상의 모든 불행으로 즐거운 시간을 보내지 않아야 해.	0	1	2	3	4
네 인생에서 사랑을 하기엔 넌 너무 늙었어.	0	1	2	3	4
너의 관계에 있어 열정이라는 게 뭐야? 그냥 진정해.	0	1	2	3	4
이제 아무것도 중요하지 않아.	0	1	2	3	4
왜 시도조차 안 해?	0	1	2	3	4
이젠 아무것도 재미없어.	0	1	2	3	4
왜 친구를 사귀는 거야?	0	1	2	3	4
무슨 소용이야? 진짜 무슨 의미가 있어?	0	1	2	3	4
네 일은 중요하지 않아. 왜 시도조차 안 해? 어쨌든 중요한 일이야.	0	1	2	3	4

연습 7-5 자기비난적 내면의 음성이 자기 부정과 포기를 어떻게 합리화하는가/현실적 관점

자기비난적 내면의 음성	현실적 관점

연습 7-6 파이어스톤의 고립 음성 척도

내가 경험하는 비난적인 내면의 음성(목소리)에 동그라미하세요.

0=그렇지 않다, 1=별로 그렇지 않다, 2=약간 그렇다, 3=그렇다, 4=매우 그렇다

아무의 방해도 받지 않고 혼자 TV를 보거나 책을 읽을 수 있다면 좋지 않을까?	0	1	2	3	4
회사에서 너무 긴장했어. 혼자 갈 필요가 있어.	0	1	2	3	4
왜 오늘밤에 친구를 만나? 너는 집에서 머무르면서 쉴 수 있어.	0	1	2	3	4
넌 휴가를 좀 가야 생각할 수 있어.	0	1	2	3	4
하루 종일 사람들 곁에 있어야 한다는 게 너무 짜증 나.	0	1	2	3	4
네가 쉴 수 있는 유일한 방법은 혼자 있는 거야.	0	1	2	3	4
너는 더 많은 공간과 너 자신을 위한 더 많은 시간이 필요해.	0	1	2	3	4
이 사람들은 너와 같은 부류가 아냐. 너의 길을 가는 게 어때?	0	1	2	3	4
그 모임에 가는 건 너무 번거로워. 너는 옷을 차려 입고 그 앞에 있어야 해. 집에 그냥 머무는 게 어때?	0	1	2	3	4
넌 여기 있어 봐야 재미없어. 그냥 집에 혼자 있는 게 더 나아.	0	1	2	3	4

연습 7-7 자기비난적 내면의 음성이 어떻게 고립에 영향을 주는가/현실적 관점

자기비난적 내면의 음성	현실적 관점

연습 7-8 파이어스톤의 우울감 음성 척도

내가 경험하는 비난적인 내면의 음성(목소리)에 동그라미하세요.

0=그렇지 않다, 1=별로 그렇지 않다, 2=약간 그렇다, 3=그렇다, 4=매우 그렇다

넌 아무 데도 속하지 않아.	0	1	2	3	4
넌 정말 끔찍한 사람이야! 너는 아무것도 받을 자격이 없어.	0	1	2	3	4
거울에 비친 네 모습을 봐! 못생겼어. 아무도 너를 참을 수 없어.	0	1	2	3	4
세상은 정말 엉망진창이야. 왜 신경써야 해?	0	1	2	3	4
너의 친구들은 널 정말 싫어해.	0	1	2	3	4
너의 삶은 너무 지루하고 공허해.	0	1	2	3	4
너무 행복해하지 마. 왜냐하면 도끼가 떨어질 수 있어.	0	1	2	3	4
네 손이나 때려. 이 멍청아! 너는 네게 일어나는 모든 일을 받을 자격이 없어.	0	1	2	3	4
아무도 널 사랑하지 않아. 너는 사랑스럽지 않은 사람이야.	0	1	2	3	4
너는 네게 일어나는 모든 나쁜 일들을 받을 만해.	0	1	2	3	4
너는 가족에게 어떤 영향을 미치는지 모르겠니? 그들이 어떻게 느끼는지 안 보이니?	0	1	2	3	4
넌 항상 말썽을 일으키면서 사람들을 괴롭혀. 왜 그냥 가만히 있을 수 없니?	0	1	2	3	4
넌 아무도 신경을 안 써. 넌 평생 아무도 신경쓰지 않았어.	0	1	2	3	4
네가 얼마나 기분이 나빴는지 아무에게도 보여 주지 마.	0	1	2	3	4
어쨌든 넌 네가 누구라고 생각해? 너는 아무것도 아냐!	0	1	2	3	4
누가 널 사랑할 수 있겠어? 너는 해 줄 수 있는 게 아무것도 없어.	0	1	2	3	4
넌 아무것도 받을 자격이 없어.	0	1	2	3	4
너의 가족은 네가 없으면 더 잘 살 거야. 그냥 떨어져있고, 그게 좋은 일이야.	0	1	2	3	4

연습 7-9 우울증의 자기비난적 내면의 음성: 자기비난적 내면의 음성과 실제의 당신

자기비난적 내면의 음성	현실적 관점

연습 7-10 즐거운 활동 계획하기

실천할 계획이 있는 활동	자기비난적 내면의 음성이 계획에 대해 말하는 것 매주 기록하기

Chapter 08

치료자를 선택하는 법

<blockquote>

"

정신치료적 역동은 헌신적이고 훈련받은 사람이 다른 사람에게 도움을 제공하고자 하는 독특한 인간관계다⋯⋯. 개인적인 소통 전반에 관해 그처럼 집중해서 잘 들어주고 느끼고 경험해 주는 사람은 세상 어디에도 없다. 새로운 환상결합 혹은 관계 망상이 형성(예, 의사-환자, 치료자-내담자, 부모-자녀)될 정도로 그 관계는 해로울 것이다. 동등함, 개방성, 진실된 연민의 특성이 있는 상황에서는 양쪽 모두에서 개인적 성장을 향한 변화가 있을 것이다.

– 로버트 W. 파이어스톤(Robert W. Rirestone)

"

</blockquote>

만약 이 책을 읽으면서 자신에 관해 알게 된 것들이 가치있다고 믿지만 추가적인 도움을 받을 수 있다고 믿는다면, 당신은 심리치료를 고려하고 싶을 수 있다. 혹은 당신이 시작했던 변화와 개인적 성장의 과정을 계속할 도구로서 치료를 선택할 수도 있다. 치료자는 다양한 범주의 심리 이론에 기반한 다양한 방법들을 사용한다. 이 방법들 대부분은 사람들이 삶의 문제들을 더 잘 다루는 방법을 배우는 것을 성공적으로 도울 수 있다는 것을 발견해 왔다.

효과적인 심리치료는 민감하게 개인의 방어체계에 도전해서 그 스스로에 관한 감정을 회복하는 것을 돕는다. 그것은 자기비난적 내면의 음성에 노출해서 환자의 행동과 생활양식에 대한 그것의 영향에 이의를 제기한다. 이상적으로, 그것은 환자와 치료자 사이의 동등한 상호작용의 맥락에서 발생한다.

선택할 때 고려할 요소

좋은 치료자를 어떻게 선택할 수 있는가? 시작 회기 동안과 후 그리고 마지막 결정을 하기 전에 당신은 스스로에게 던질 수 있는 많은 질문들이 있다. "이 사람과 함께 할 때 내가 편안함을 느끼는가? 우리가 화합할 수 있을까? 진정으로 내 얘기를 들어주고 이해해 준다고 내가 느꼈나? 이곳은 내 생각과 감정, 깊은 고민들을 탐색하기에 안전한 장소가 될 것이라는 느낌이 있었나?"

어떤 사람과 함께 상담할지 말지를 고려할 때 일반적으로 당신의 직관적 감정을 신뢰할 수 있다. 다음은 곰곰이 생각해 봐야 할 중요한 질문들이다.

- 상담자가 당신에게 진실된 사람으로 보였는가? 혹은 그 혹은 그녀가 어떤 유형의 역할을 할 것 같은가?
- 상담자는 당신에게 말하게 하고 당신으로 하여금 자신에 관해 얘기하고 있는 느낌을 갖도록 했는가?
- 당신의 이야기가 상담자에게 영향을 미친 것 같아 보였는가?
- 당신의 이야기를 말하거나 관점을 말할 때 상담자가 잘 듣고 있다고 느꼈는가?
- 상담자는 당신의 주의를 돌리는 어떤 것을 말했는가?
- 상담자는 보다 수동적으로 접근했는가, 혹은 적극적으로 대화에 참여했는가? 당신은 어떤 접근을 더 선호하는가?
- 상담자는 우호적이고 따뜻하지만, 치료 장면에 내재한 경계에 세심했는가?

- 상담자는 삶에 관해 긍정적인 관점을 가진 것 같았는가?
- 비록 당신의 모든 감정이 상담자를 향해 표현된 분노의 감정일지라도, 상담자가 당신의 모든 감정을 듣는 것에 개방적이었다고 느꼈는가?

첫 번째 만남 동안, 당신이 결정을 내리기 위해 알고 싶다고 느낀 것 모두를 잠정적인 상담자에게 자유롭게 물어본다. 다음은 상담자가 선호한 치료와 기법 유형에 관해 질문할 때 당신이 고려할 수 있는 질문들이다.

- 상담자는 무엇을 치료의 목표로 보는가?
- 치료를 위한 상담자의 목표는 당신이 그 과정에서 얻고 싶은 것과 어떻게 공명하는가?
- 상담자의 접근법은 무엇인가? 상담자는 어떤 방법들을 사용할 계획인가?
- 치료 과정이 얼마나 오래 지속될 것인가? 얼마나 많은 회기가 당신에게 필요하거나 적합하다고 생각하는가?
- 상담자는 당신에게 무엇을 기대하는가? 포함된 과제가 있는가? 혹은 회기 사이에 당신에게 기대하는 것들이 있는가? 당신은 이러한 기대들에 편안할 수 있는가?

효과적이고 어떤 사람과 잘 맞는 상담자는 다른 사람에게는 아닐 수 있다. 이 상담자를 추천했던 당신의 친구 혹은 가족 구성원은 상담자의 접근과 맞다고 느낄 수 있지만, 당신은 아닐 수 있다. 만약 당신의 고민이 복잡하고 오래 지속되었다면, 당신은 폭넓은 경험과 훈련을 받은 상담자를 선택하기를 바란다. 전문성과 그와 같은 개인이 가질 수 있는 자원에 대한 접근은 당신이 필요한 도움을 받는 것을 가능하게 할 수 있다.

좋은 치료를 증진시키는 상담자의 개인적 특성

연구들은 내담자와 상담자 사이의 관계가 치료의 좋은 결과에 기여하는 가장 중요한 요소 중 하나라는 것을 발견했다. 치료가 당신에게 도움이 될지를 결정하는 주요 요인으로 상담자의 치료 유형이 아니라 당신의 상담자와 진실된 관계 수준임을 기꺼이 제안할 수 있다.

당신에게 안전하고 배려하는 분위기를 제공할 수 있는 상담자는 효과적인 상담자일 것이다. 하지만 상담자가 지녀야 할 어떤 특별한 개인적 특성과 행동들이 이상적일까? 다음은 상담자를 선택할 때 고려해야 할 이상적인 특징들을 요약한 것이다.

이상적인 상담자는 남다른 정직함과 진실함을 가진 사람일 것이다. 그 상담자는 당신에 대해 공감적이고 이해할 뿐 아니라 민감하고 인정이 있을 것이다. 당신의 상담자가 낙관적 관점과 개인의 성장과 변화 가능성에 강한 믿음을 가졌을지라도, 그 혹은 그녀는 당신의 방어체계의 힘을 과소평가하지 않고 변화에 대한 당신의 두려움에 민감할 것이다.

이상적으로, 당신의 상담자는 당신이 깊은 내면의 생각과 감정에 흥미가 있고 이해하며 방어를 위한 당신만의 방법들을 인식할 것이다. 그 혹은 그녀는 매 회기에서 새로운 생각과 진실한 경험에 개방적이고 자신의 실수와 약점에 방어적이지 않을 것이다.

당신의 상담자는 당신의 자기비난적 내면의 음성에 영향받은 방어적 행동들에 의해 완전히 가려진 당신의 강점, 긍정적인 특성들 및 잠재력을 알 수 있을 것이다. 그 혹은 그녀는 진정한 당신을 접할 수 있는 드문 기회를 제공할 것이다. 좋은 상담자는 그들이 더 취약하고 덜 방어적으로 되는 것처럼 그들의 삶이 될 것이라는 비전으로 내담자에게 소통할 수 있다.

효과적인 상담자는 내담자의 얘기를 들을 때 개방적이고 수용적인 태도를 유지하고, 내담자에게 반응할 때 정직하려고 노력한다. 그들이 내담자에게 긍정적인 역할 모델로 작용하기 때문에, 행동과 반응을 통해 그들이 진정성을 가지고 있다는 것을 보여 준다. 즉 다시 말해서, 치료자의 말은 행동과 내면의 감정과 일치한다.

상담자의 진성성과 성격적 장점은 부분적으로 그들의 화를 수용하고 필요할 때, 예컨대 내담자의 자기 패배적이거나 자기 파괴적인 행동에 직면할 때 그것을 효과적으로 사용할 수 있는 능력에서 나온다. 이상적으로, 그들은 당신에게 해로운 수많은 방어적인 행동들을 알고 있고 이러한 패턴들을 노출시키고 중단시키는 것을 도울 수 있는 강점과 용기를 가지고 있을 것이다.

효과적인 상담자는 자신을 더 우세한 사람으로서 내담자와 떨어뜨려놓지 않지만, 비난적 내면의 음성(목소리)에 투쟁하는 법과 덜 방어적으로 살아가는 방법을 행동으로 보여 준다. 그 혹은 그녀는 더 나은 삶을 살기 위한 내담자의 노력에 연민과 존경을 보여 주고, 어떤 지점에서 내담자가 불안이나 심각해진 음성 공격을 경험할지 항상 예측할 수 있다.

당신의 이상적인 상담자는 당신의 과거 경험과 현재 문제들 사이의 중요한 연관성을 당신과 함께 탐색하는 동안, 당신이 전달하는 것들에 관한 판단혹은 평가를 보류한다. 그 혹은 그녀는 회기에서 당신이 얘기하는 것에 대해 자신의 설명이나 반응으로 끼어들지 않고 당신의 문제에 관한 근원들 혹은 당신 내면의 감정·생각·동기에 관한 특별한 지식을 지레짐작하지 않을 것이다. 이것은 중요한 고려사항인데, 왜냐하면 상담자의 입장에서 부정확하거나, 맞지 않거나 혹은 둔감한 반응은 그 혹은 그녀와 가장 깊은 고민들을 전하고자 하는 내담자의 바람을 효과적으로 좌절시키거나 완전히 차단할 수 있다.

요약하면, 버틀러, 봉가와 서킨(Beutler, Bongar, & Shurkin, 1998)에 따르면, "효과적인 상담자는 배려하고, 주의를 기울여 주고, 비난적 판단을 거의 하지 않고, 방해하지 않으며, 내담자의 특별한 기대와 선호와 일치한 활동 수준을 제공하는 사람이다."(p. 71)

치료 관계

이상적으로, 상담자는 당신에게 믿을 만한 관계―즉, 직접적이고 책임감 있을 뿐 아니라 관심을 가지고 인정이 있는―를 제공할 것이다. 당신이 진정한 관계를 향해 자기 보호적 생활양식에서 벗어날 때 상담자는 협력자가 될 것이다. 효과적인 상담자는 치료 관계에 관해 기꺼이 개방적으로 말한다. 종종, 치료자는 자신이 관계에 관해 어떻게 느끼는지, 긍정적이고 부정적인 반응에 대해 논의하도록 내담자를 격려한다. 그리고 내담자의 분노와 적개심의 표현에 수용적이다.

비평적인 경향이 있고 당신의 잘못과 약점을 늘어놓는 상담자는 도움이 되기보다 파괴적일 수 있다. 반대로, 당신의 방어적인 행동과 한계보다 당신의 강점에 더 우호적인 상담자는 당신의 성장을 향상시켜 준다. 무례하고, 비꼬거나 신랄한 상담자는 치료 관계에 혼란을 줄 것이다. 상담자는 회기에 늦거나, 회기 도중 방해(훼방)를 허용하거나, 내담자에 관한 관련 정보를 기억하지 못함으로써 무례를 보여 준다. 그들은 내담자가 드러내는 얘기들에 열심히 귀 기울일 수 없고, 동시에 개인 정보를 부적절하게 폭로할 수 있다.

이상적으로, 상담자는 치료적 관계를 활용하여 당신을 위해 감정을 회복하는 것을 돕고 당신 자신을 고유한 사람으로서 가치가 있다는 것을 가르쳐 줄 것이다. 당신과 함께 상담자의 상호작용을 통해, 그 혹은 그녀는 당신에게 한 개인으로 발달할 뿐 아니라, 보다 더 기능적인 방식으로 관계 맺는 것을 배울 수 있는 기회를 제공할 것이다. 당신은 현재 관계의 질을 강화하기 위해 배웠던 것을 적용해 볼 수 있다.

마지막으로, 당신의 상담자는 사람들이 생애 초기에 상처받았던 방식들에 민감할 것이다. 상담자는 당신이 자신과 당신의 인생을 다시 연결하는 것을 돕는 데 매우 숙련되었을 것이다. 이 목표를 달성하기 위해, 좋은 상담자는 당신의 진실된 감정과 특성, 우선순위에 민감해야 하고, 당신이 살기 위한 모든 가능성에 도달하는 것을 막기보다 당신의 성격(자기비난적 내면의 음성)에 관해 투영된 것들(overlay)로부터 그것들을 구별할 수 있다.

치료에 진전이 있을 때, 당신은 이제 더 이상 당신을 자신의 감정으로부터 멀어지도록 하는 파괴적이고 제한적인 방어들에 의존할 필요가 없다는 것을 발견할 것이다. 당신은 이제 더 이상 익숙하고 자기 패배적인 행동 패턴을 반복하도록 강요하는 느낌을 갖지 않을 것이고, 그것은 결국 당신의 인생에서 지속된 변화와 발전 가능성을 열어 줄 것이다. 당신이 자기비난적 내면의 음성과 반대로 느끼고 정상적 생활에 반하는 처방을 인식하고 점점 장악할 수 있도록 도움으로써, 치료적 모험은 인간으로서의 잠재력을 수행할 수 있는 유일한 가능성을 당신에게 제공한다.

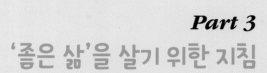

Part 3
'좋은 삶'을 살기 위한 지침

제3부는 '좋은 삶', 즉 당신이 과거에 경험했을 수도 있는 것보다 더 따뜻하고, 정서적으로 풍요롭고, 더 기능적인 삶을 산다는 것이 무엇을 의미하는지를 설명한다. 제9장은 가능한 한 가장 좋은 부모가 되고자 노력할 때 사람들이 직면하는 많은 이슈들을 다루는 최상의 아동 발달을 위한 지침들을 제시한다. 제10장은 덜 방어적이고 더 많이 수행하는 삶을 사는 데 기여하는, 로버트 파이어스톤이 개발한 아이디어들과 이러한 아이디어를 우리 일상생활에서 실행하는 데 적용하는 방법들을 기술한다.

Chapter 09

부모를 위해: 최상의 아동 발달을 위한 지침

> 아동기에 진정성이 손상되지 않은 사람, 부모에 의해 보호받고 존중받으며, 정직하게 다루어졌던 사람은 청소년기와 성인기에 지적이고 반응적이며 공감적이고, 매우 민감하게 될 것이다. 그들은 인생에서 즐거움을 가지고 다른 사람을 죽이고 다치게 하거나 혹은 자살이나 자신을 해칠 필요를 느끼지 않을 것이다.
>
> – 앨리스 밀러(Alice Miller)

오늘날 부모들은 어렵고 스트레스가 많은 조건에서도 자녀를 건강하게 키우려고 노력하고 있다. 연구들은 아동들이 그들에게 진지한 관심을 가진 최소 4~5명의 돌봐주는 성인을 가지는 것이 가장 좋다는 것을 보여 주었다. 하지만 많은 가족은 이런 이상적 조건이 불가능한 꿈이 되는 상황에 직면해 있다. 종종 부모 모두가 자녀를 지원하기 위해 열심히 일을 하고 자녀 돌봄의 도움을 받기 위해 의지할 믿을 만한 성인이 없다. 심지어 다른 한 명의 성인의 원조도 없이 자녀를 혼자 키우고 있는 편부/편모의 수가 증가하고 있다. 게다가 많은 다른 산업화된 사회들과 반대로, 미국 사회의 경우 모든 가족을 위해 적절한 아동 돌봄을 제공함으로써 부모를 지원하지 않는다.

외부 압력 외에도, 아동을 키울 때 우리가 직면한 가장 중요한 문제들은 원가족에서 발견될 수 있다. 효과적인 부모가 되고 자녀와 안정 애착을 발달시키기 위해서, 우리는 자신의 아동기에 일어났던 일들에 대해 이해할 필요가 있다. 우리가 받았던 대우의 결과로 우리가 경험했던 고통스러운 감정에 직면해서 우리 자신 그대로의 고유한 개인으로 스스로를 위한 감정을 회복할 필요가 있다. 아동에 대한 우리의 믿음과 감정이 어디서 오는지를 인식할 때, 우리가 아동기에 행동화하도록 강요받았다고 느낀 방어적인 행동들에 대해 우리는 더욱 더 많은 통제력을 가질 수 있다.

아동을 기르는 것은 매우 창조적이고 도전적이며, 스트레스를 주는 과업이고, 다른 창조적인 노력들과 마찬가지로, 이 과업은 상당한 반추와 생각들을 필요로 한다. 우리의 자녀가 되기를 바라는 것에 관한 엄격하거나 제한적인 이미지를 갖는 대신에, 그들이 자신만의 자연스러운 특성과 고유한 방식을 표현할 수 있도록 돕는 방식으로 그들을 양육하고 지도하는 것을 배울 수 있다. 마음속에 이 목표를 가지고, 아동이 스스로를 나쁘거나 사랑받을 수 없다고 여기는 방식을 발달시키는 상황들을 조사하고 그것들이 어떻게 자기 비난적 내면의 음성을 발달시키는지를 이해하는 것은 가치 있는 일이다.

이 장에서는 먼저 자녀와 상호작용할 당시에 실제 느꼈던 것을 드러내는 용기를 가진 부모들의 몇 가지 고통스러운 개방에 집중한다. 그들은 수용할 수 없는 것으로 여기고 그들을 수치스럽고 죄책감을 느끼도록 했던 감정과 행동을 솔직하게 인정했다. 그들은 대부분의 양육 관련 서적들이 언급할 수 없었던 이슈들을 불러일으켰다. 다음으로, 자녀를 키울 때 부모에게 도움이 될 수 있는 지침과 제안들을 제공한다.

우리 부모의 행동을 반복하기

"난 내 부모님이 나를 대했던 것과는 다르게 내 아이를 기를 거라고 맹세했지만, 난 부모님이 한 것과 똑같은 것들을 하고 있는 내 자신을 발견했다." 이 부모는 가장 혼란스럽고 고통을 주는 양육의 측면 중 하나를 말하고 있다. 그들이 최선을 다했음에도 불구하고, 사람들은 부모가 자신들을 향해 행동했던 것과 같은 부정적인 방식으로 자기 자녀에게 행동하고 있는 자신을 발견한다. 부정적인 부모의 특성이 어떻게 그리고 왜 세대를 통해 전수되는지를 이해함으로써, 부모는 이 과정을 통제할 수 있고 이 순환을 차단할 수 있다.

세대를 통한 부모의 부정적인 특성의 전수는 다음의 3단계를 포함한다.

1. 다양한 수준으로, 우리 모두는 성장기에 거부, 박탈, 적대감과 외상(trauma)으로 고통받았다. 우리의 부모가 정서적·신체적으로 이성을 잃었을 당시에 우리는 자기비난적 내면의 음성의 형태로 처벌하는 부모의 감정, 사고, 그리고 우리를 향한 태도를 받아들였다. 다시 말해서, 우리는 일상생활에서의 평상시 부모의 모습이 아닌 가장 최악일 때 그들의 모습을 우리 부모의 정체성으로 가정한다.

2. 우리는 인생 내내 본질적으로 우리가 길러질 때의 양육된 우리 자신을 통제하고 제한하며 벌주는 우리 안의 적대적인 내면의 음성을 유지한다.

3. 부모가 되었을 때, 우리는 자녀에게 학대와 유사한 방식으로 행동해야 한다고 느낀다. 자녀와의 스트레스를 주는 상호작용을 하는 동안, 우리는 절대 말하거나 행하지 않겠다고 맹세한 것들을 말하고 행동하고 있는 자신을 발견할 수 있다. 우리는 방금 자신이 내뱉은 말을 한 사람이 누구였는지를 알아보기 위해 어깨너머로 돌아보면 자기 자신을 발견

한다. 그런 다음, 자녀가 자기 경멸적인 내면의 음성으로 처벌적인 감정과 생각의 폭발을 받아들이고, 그렇게 함으로써 그 순환이 완성된다.

예를 들어, 부모집단에서 50세 사만다(Samantha)는 딸이 어렸을 때 그녀를 먹이고 돌보는 데 너무 많은 시간과 에너지가 소요된다는 이유로 종종 딸을 원망했다. 그녀는 다음과 같이 말했다.

난 딸애가 울 때, 먹을 것을 주기 위해 하고 있던 모든 일을 중단해야 하는 것이 싫었다. 그것은 언제라도 나를 방해할 수 있는 일이었다. 딸은 내가 반응해야 하는 무언가를 요구했고 원했으며, 난 딸에게 먹을 것을 줄 때 화가 치밀어오르는 것을 느꼈다. 그때 이후 쭉, 난 그러한 감정들에 대해 진심으로 부끄러움을 느껴 왔다. 하지만 난 어머니가 나에게 했던 방식을 더욱 분명히 보기 시작했다는 것을 알았다. 막연했던 것들이 또렷해지기 시작했다.

요즘 난 기분이 나쁘거나 침체될 때마다 다음과 같은 것들을 나에게 말한다는 것을 깨달았다. "네 문제들로 남편을 귀찮게 하지 마. 친구들 괴롭히지 말고. 사람들 괴롭히는 것을 멈추란 말야. 넌 사람들에게 부담스러운 존재야." 하지만 그건 정확히 어머니가 나에게 느껴 왔던 방식이고, 그래서 난 내 딸을 짐처럼 보았다. 난 또한 때때로 딸이 울 때 그걸 듣지 않으려했는데, 남편이나 다른 사람이 나에게 딸이 울고 있다는 것을 말해 줘야 했고, 그래서 딸이 울 때 내가 그녀에게 반응하지 않았던 때가 있었다.

사만다의 딸인 22세의 줄리(Julie)는 자신의 바람을 부정하는 경향이 있는데, 그것들을 거의 표현하지 않았다. 그녀는 자신에게 말했던 자기비난적 내면의 음성을 묘사했다.

"아무것도 요구하지마. 넌 아무것도 받을 자격이 없어. 게다가 넌 너무

요구가 많아. 그냥 저리 비켜서. 나서지 마. 네가 착하지 않기 때문에 아무
도 너에게 무언가 해 주고 싶어 하지 않아. 그리고 넌 너무 요구가 많잖아.
넌 남편, 친구, 모든 사람에게 부담스러운 존재야."

줄리는 자신에 대해 가지고 있는 부정적인 생각들을 확인한 후, 그녀가
어머니에 의해 보여졌던 것과 같은 방식으로 그녀의 두 살 된 아들 제이크
(Jake)를 지각하고 있다는 것을 깨달았다. 그녀가 제이크 돌봄을 해결하려고
노력할 때, 그녀는 종종 자신에게 다음과 같이 말했다.

"어떻게 넌 아이를 봐달라고 누군가에게 부탁을 할 수 있니? 제이크는
너무 투덜대고, 매달리며, 항상 무언가를 원하잖아. 그는 끔찍한 시기에 있
는데, 미운 두 살이야. 어떻게 넌 그를 돌봐 달라는 것으로 다른 사람에게
부담을 줄 수 있니? 그냥 네가 아이를 돌보고 도움 요청하는 것을 멈추란
말이야."

아동은 과거부터 고통스러웠던 감정을 다시 일깨워 줌으로써 자기 부모의
방어체계를 위태롭게 한다. 아동의 순수함, 활발함과 즉흥성은 우리 자신의
아동기적 상처가 기억나게 할 수 있다. 아동과 가깝게 관계 맺는 것은 이런
오래된 상처를 다시 활성화될 우려가 있다. 이러한 상호작용 시, 우리는 이
유도 모른채 자녀에게 화가 나거나 분노가 치미는 경험을 할 수 있다.

게다가 많은 부모는 자녀가 특히 부모로 인해 고통스럽거나 외상을 초래
할 정도의 발달단계를 지날 때 상당한 불편감을 경험한다. 이 기간 동안, 부
모는 종종 이 나이에 그들이 다루어졌던 방식을 회상해 낸 방식으로 자녀를
다룬다.

예를 들어, 부모 집단에서 테드(Ted)는 그의 네 살 된 아들인 찰리(Charlie)
에 대한 감정을 얘기했다. 테드는 수년 동안 아이, 특히 아들을 원했다. 그와
아내는 마침내 찰리가 태어나기 전에 출산 전문가에게 컨설팅을 받고 많은

옵션들을 고려하며 열심히 했다. 지금 테드는 자신이 아들에게 친밀감을 느
낄 수 없는 것을 알고 고통스러워했다. 다음은 테드와 부모집단 리더인 파이
어스톤 박사의 대화 중 일부다.

테드: 난 찰리보다 어른들에게 훨씬 더 가까움을 느낀다는 것을 의식하게
되었어요. 난 마음속에 일종의 미신이 하나 있는데, 찰리가 나이가 들
면 그에게 다가갈 수 있을 것이라는 거예요. 그래서 난 그 이유를 해
결하기 위해 알아보고 있었어요. 난 내가 외면당했던 것과 같은 방식
으로 찰리를 피하고 있었고, 스스로 얻지 않는 것을 그에게 주지 않을
것이라는 생각이 있었어요. 그 후에 난 내가 한 살 때부터 4세 반이
될 때까지 아버지가 없었다는 것을 기억해 냈어요.

파이어스톤 박사: 당신 얘기의 포인트는 당신이 찰리를 대하거나 당신이 다
루어졌던 방식과 다른 방식으로 찰리에 대해 느낄 때 당신 안에서 고
통스러운 감정이 일어난다는 것이군요. 그것은 당신에게 많은 고통을
주는 것 같습니다. 그것은 당신이 어린아이로서 겪었던 고통을 다소
강조해요. 그래서 사실 그것이 당신이 경험한 것과 다를 때 그를 온화
하고 민감하게 다루는 것이 어려운 거예요. 아버지의 부재는 당신에
게 고통을 주었어요. 당신이 그것을 묘사한 방식은, 그가 가족을 피했
다는 것입니다. 어떤 식으로든, 당신은 찰리와의 관계에서 같은 패턴
을 만들고 있군요.

테드: 찰리와 진정한 관계를 가져 본 적이 거의 없어요. 대부분 그가 그곳에
있을 때조차도 그곳에 없는 것과 같은 관계였어요.

파이어스톤 박사: 당신은 아주 가까이에 있을 때조차도, 당신은 고립시킨 것
같았다고 얘기하고 있네요.

테드: 맞아요. 난 어른들에 대한 감정과 찰리보다 다른 애들에 대한 감정을
실제로 더 잘 적응한다는 것을 알고 정말 놀랐어요.

파이어스톤 박사: 당신은 그것이 왜 그렇다고 생각하나요?

테드: 왜냐면 난 스스로 구하지 않는 것을 그에게 주지 않을 것이기 때문이에요.

파이어스톤 박사: 그게 당신으로 하여금 슬픔을 느끼게 하네요.

테드: 그건 부끄러움과 쓸데없는 슬픔이 합쳐진 거예요. 그는 내가 거기에서 기다렸던 것과 같이 거기에서 기다리고 있었고, 아무 이유가 없어요. 난 내가 무능하다고 믿지도 않았어요. 하지만 난 내가 불안하게 행동하고 있다고 믿었어요.

자녀에게 사랑받고 인정받는 것은 부모가 견디기 어려운 가슴아프고 고통스러운 슬픔을 느끼도록 할 수 있다. 많은 사람이 이런 유형의 가까운 접촉을 가진 후 자녀를 떼어놓으려 한다. 사실 방어적인 부모가 자녀와의 온화한 순간 동안 다시 나오려는 눌렀던 정서를 어쩔 수 없이 허락하는 것은 자녀와 사랑하는 애정 어린 관계를 유지하는 것이 어렵다는 것을 발견하게 되는 주요한 이유가 될 수 있다.

항상 애정을 느끼지 않는 것에 대한 죄책감

부모집단의 한 부모가 "난 내 아이들에 대해 항상 사랑의 감정을 느끼지 않는다."라고 대부분의 부모가 경험하는 고민을 반추하며 얘기했다. 첫째, 무조건적인 사랑은 존재하지 않는다는 것을 모든 부모가 아는 것은 필수적이다. 그것은 우리의 유산과 가치체계의 기본적인 부분이 되었던 하나의 신화다. 둘째, 이러한 비현실적인 이상에 대한 믿음은 인간으로서 부모는 한계와 약점을 가지고 있고 그들이 완벽하지 않고 완전히 사랑하고 있지 않기 때문에 그들 안의 죄책감을 준다. 따라서 부모가 이런 이상이 부족하다고 스스로를 공격하는 것은 불합리하다.

우리가 자녀에 대해 가지고 있는 양가적 태도든 단순히 우리 스스로에 대한 양가적 태도를 반영하는 것이다. 우리가 자녀를 사랑하고 그들을 보살피고 싶다는 사실이 그당시 자녀에 대한 우리의 분노와 다른 부정적인 감정들을 없었던 것으로 하지 않는다. 비슷하게, 우리가 때때로 자녀에게 부정적이고 적대적인 감정을 가진다는 사실은 그들에 대한 우리의 사랑과 관심을 부정하지 않는다. 우리는 우리의 모든 관계에서 어느 정도 양가적인 태도를 표현한다. 우리가 자신과 자녀에 대한 양립하는 태도를 인식하지 못할 정도로, 우리는 자녀에게 무딜 수 있고 불필요한 정서적 고통의 원인이 될 수 있다. 자신을 위한 연민과 자신을 향했던 부정적인 태도를 어떻게 배웠는지에 대한 이해를 통해서만이, 우리는 자녀의 안녕감에 필요한 따뜻함, 애정, 사랑과 통제를 제공할 수 있다.

많은 부모가 자신 안의 약함 혹은 유쾌하지 않은 특성을 부정하고 대신에 그것들이 특정 자녀에게서 지각하며, 그때 그 상상된 혹은 과장된 자녀 안의 특성을 처벌하는 경향이 있다. 이것이 발생했을 때, 그 아이는 기본적으로 부모가 자신 안에 끊어 내고 싶은 특성에 대한 쓰레기 소각장으로 이용된다. 종종 가족 내 다른 자녀가 다른 낙인이 찍히거나 부모의 투사된 특성을 위한 '그릇(container)'으로 지목된다.

만약 당신이 자녀를 향해 비난적이거나 처벌적이라는 느낌이 드는 것을 발견한다면 스스로에게 질문해 보는 것이 도움이 되는데, "난 무엇 때문에 아이에게 화가 났지? 그래서 왜 난 화를 내지? 그것이 진짜 아이와 관계가 있는 거야? 같은 이유들로 나에게 향해 이런 감정을 가질 수 있을까?"

예를 들어, 성에 관해 고상한 관점을 가진 어머니는 자신 안의 성적 감정을 끊어 내고 대신에 딸이 성적 취향이 생길까 봐 계속해서 걱정했다. 딸이 청소년이 되자 난잡해질 것이라고 두려워하던 그녀는 딸의 이메일을 읽고 남학생들과 관계한 단서를 찾기 위해 그녀의 소지품과 학교 과제들을 뒤지며 딸의 행동에 집착하게 되었다. 추후에 그 딸이 대학을 가자, 그녀는 성적으로 많은 남성들과 관계하게 됨으로써 어머니의 예견을 실행했다. 일반적으로, 아동은 부모의 이상화된 관점을 쭉 유지하면서 부모가 그들에게 부여한 부정적인 낙인을 수용한다. 그들은 종종 가족 안에서 그들의 정체성을 만든 좁고 제한적인 낙인 체계 안에 평생 갇히게 된다.

아동이 그들의 형성기 동안 상처받았을 때, 그들이 종종 성인이 되어서 누군가를 좋아하고 사랑하는 것이 어렵게 된다는 것은 불행한 것이다. 그들이 학교 갈 나이가 될 때쯤, 많은 아동이, 한때 그랬었던, 순수하게 사랑받고 사랑받을 수 있는 존재가 이제 더 이상 아니다. 아동은 매우 화가나서 투덜대고, 부루퉁하고, 불평하고, 교묘해지는 것과 같은 부정적인 행동 패턴과 성격 특성을 보여 주기 시작한다. 여론과 반대로, 이들은 단순히 '그 단계를 지나가는 것'이 되지 않는다. 당신이 자녀의 파괴적인 행동을 계속해서 처벌하는 것보다 그 원인을 찾으려고 노력하는 것이 훨씬 더 건설적이다. 예를 들어, 형제간 다툼이 지속되도록 놔두는 대신에 형제간 경쟁에 관한 자녀의 논쟁과 표현에 민감한 흥미를 가지도록 노력하라. 만약 그들이 이해받지 않고 도전받지 않는다면 이러한 공격적인 습관은 지속될 것이고, 자녀가 청소년 혹은 성인이 되면 보다 더 복잡한 방어적인 행동들로 발달시킬 것이다.

만약 당신이 버릇없는 아동의 부모라면, 당신 스스로에게 다음과 같은 질문들을 해 보는 것이 도움이 될 수 있다. 자녀의 행동이 당신에게 무엇을 말하고 있는가? 아이가 화가 났는가? 상처받았는가? 좌절했는가? 두려워하는가? 최근 자녀의 기분이나 행동에 영향을 주는 어떤 사건들이 있었는가? 이 행동들은 당신이 보여 주었거나 자녀가 그렇게 되도록 가르쳤던 방식들을 반영하는가? 당신은 자녀와 함께 얘기 나누고 자녀가 실제 무엇을 느끼는지를 알아내기 위해 시도해 보았는가?

불행하게도, 많은 부모가 자녀에게 괴로움을 주는 사건을 다루기 위한 기회를 허락하지 않는다. 그들은 자녀가 울거나 혹은 그들의 감정을 얘기함으로써 고통스러운 반응들을 표현하는 것을 못하도록 막는다. 이런 식으로, 부모는 종종 자녀의 고통을 영구화한다. 자녀의 고통을 다루기 위한 출구를 제공하지 않음으로써, 부모는 자녀에게 감정 반응을 누르는 것을 가르친다.

자녀 양육 지침

부모의 궁극적인 목표는 자녀가 잘 균형 잡힌 삶에 대한 보상을 즐기는 예의 바르고 호감 가는 성인으로 성장하는 것을 돕는 것이다. 이 장을 통해 언급했듯이, 당신 자신의 아동기 경험에 관한 감정을 되찾는 것은 당신이 이 목표를 달성할 수 있도록 할 핵심 요소다. 추가적으로, 부모로서 당신에게 도움이 될 수 있는 몇 가지 지침들이 있다.

불필요한 규칙을 피하라

부모가 불필요한 규제, 규칙 및 기준을 피하는 것이 도움이 된다. 얼마나 적은 규칙이나 규율이 우리의 자녀들을 효과적으로 사회화시키고자 하는 목표를 달성하는 데 필수적인지는 과히 놀랄 만하다. 부모로서 우리의 목표들은 우리가 만든 규칙이 중요한 이슈들이 되고 계속해서 유지될 때 더 잘 실현될 수 있다. "넌 채소를 먹어야 해." 혹은 "넌 디저트를 먹을 수 없어."와 같은 사소한 이슈들에 대해 직접적으로 직면하는 대신에 우리는 제한된 수의 규칙들을 정할 수 있고, 그리고 나서 강하게 그것들을 시행할 수 있다.

우리는 자녀에게 기준과 규칙을 분명히 말할 필요가 있다. 자녀가 성숙해 감에 따라, 우리는 규칙의 이유를 설명하고 자기 통제를 배우는 것에 대한 중요성을 가르칠 수 있다. 분명한 규칙이 적용되는 상황에서, 우리는 마치 자녀에게 선택권이 있는 것처럼 행동하지 말아야 한다. 예를 들어, 만약 당신이 여섯 살 아이에게 취침시간을 정했다면, 분명히 당신은 아이가 자러 가길 원하는지 매일 밤 묻지 않을 것이고, 그가 어쨌든 가야 한다고 주장하지 않을 것이다. 당신은 솔직한 방식으로 단순하게 권위를 행사할 것이다. "잠자러 가고 싶니?"가 아니라 "지금 잠자러 갈 거야."

긍정적인 역할 모델이 되라

심리학자들은 아동이 실제 "부모가 말한 대로가 아니라, 그들이 행동하는 대로 행동한다."는 것을 발견했다. 좋은 행동을 위한 긍정적인 역할 모델이 되는 것은 자녀를 키울 때 특별한 훈련이나 훈육 방법보다 훨씬 더 강력하다. 이러한 동일화와 모방의 과정은 좋은 행동을 위한 어떤 말이나 규칙, 처방을 무색하게 한다. 아동은 일상생활 속에서 부모를 관찰하면서 행동을 발달시킨다. 부모가 관여하는 모든 행동은 모방할 가치가 있는 것이어야 하는데, 왜냐하면 아동이 그것을 '모방하기' 때문이다.

만약 부모가 자기비난적 내면의 음성에 영향을 받은 행동에 관여한다면, 그들의 자녀는 자라면서 그것들을 흉내낼 운명이다. 이러한 행동은 피해자 놀이, 자기 부정 혹은 기쁨과 즐거움을 포기하기, 중독 패턴, 부정직, 엉터리, 선입견, 공허함, 견고함 혹은 관용의 부족, 냉소, 무관심, 참견, 불안정을 포함한다.

당신이 이 책의 앞 장들을 읽으면서, 당신이 악의적이거나 혹은 바람직하지 않은 것으로 간주되는 당신 안의 성격적 특성이나 행동을 확인했는가? 당신 부모의 행동을 모방한 것이 있는가? 당신의 자녀가 이런 방식의 행동을 모방하고 있는가? 자녀가 그것들을 모방할 때 당신이 느끼기에 자신 안의 어떤 특성 혹은 행동이 가장 해로운가? 이러한 이슈들에 관한 인식을 가지는 것만으로도 종종 긍정적인 효과가 있다.

 연습 9-1 파이어스톤의 부모 음성 척도

<연습 9-1>의 질문지를 완성하는 것은 당신이 자녀를 양육하는 방법에 영향을 주는, 당신이 경험해 오고 있는 자기비난적 내면의 음성을 더 많이 인식할 수 있게 될 것이다.

자녀를 벌주기보다 보상하라

심리학자들은 '긍정적 강화' 혹은 보상이 보상받은 행동의 빈도를 증가시켜 주는 경향이 있다는 것을 발견했다. 그들은 또한 '부정적인 강화' 혹은 처벌이 바람직하지 않은 행동의 표출을 멈추게 할 수 있는 면에서 효과적이지 않는 것을 발견했다. 아동은 미소, 칭찬, 그리고 신체적 애착에 긍정적으로 반응한다. 한편, 처벌은 두려움, 수치심, 죄책감 그리고 화와 같은 부정적 정서를 불러일으키는 경향이 있다. 심하게 처벌을 받은 아동은 좋은 본보기를 거의 기억하지 못하지만, 그들이 처벌받고 있을 당시 느꼈던 두려움은 기억한다.

계속해서 잔소리하거나 불평하거나 혹은 가르치려고 하는 부모는 항상 자녀를 훈육하는 데 성공하지 못한다. 이런 형태의 처벌은 아동의 분노와 화를 유발해서 자녀의 행동을 조절하는 데 실패한다. 그것은 인정, 실제적인 보상, (거짓 칭찬이나 아첨이 아닌) 진실된 인정, 그리고 나쁜 행동에 따른 어떤 형태의 부정적인 결과들을 결합해서 사용하는 것이 더 좋다. 우리는 부모가 좋은 행동에 대해 금전적 보상을 하지 않는 것을 제안하는데, 왜냐하면 이것은 아동의 행동을 개인적인 것보다 상업성에 기초한 것으로 대체하는 경향이 있기 때문이다.

신체적 처벌을 피하라

엉덩이를 때리거나 두들겨 패거나 혹은 신체적으로 자녀를 학대하지 않는 것은 중요하다. 만약 당신이 자녀를 제지할 필요가 있다면, 예컨대 아이가 거리에서 뛰지 못하게 해야 할 때 아이를 강하게 붙잡고 단호하게 얘기하거나 당신이 원하는 장소로 자녀를 데리고 갈 수 있다. 당신은 자녀를 때릴 필요가 없다.

당신 자신의 삶 속에서 한 개인으로 더욱더 성장하면 할수록, 당신은 짜증

나게 하는 자녀의 행동을 더 잘 다룰 수 있다. 부모가 자신의 모든 감정을 수용하고 이해하게 됨에 따라, 자녀를 향한 공격적인 행동을 표출하거나 행동화하는 것을 더 잘 통제할 수 있다.

화를 더 잘 수용하게 되는 것은 시간이 소요되는 학습 과정이다. 당신은 당신의 인내심이 약해지고 있다는 것을 발견할 당시에 화를 다룰 수 있는 전략을 학습할 수 있다. 부모 교육자들은 당신이 스스로에게 냉각기를 주는 것을 추천한다. 자녀에게서 몇 걸음 물러나 숨을 깊이 내쉬고, 20부터 0까지 천천히 거꾸로 세 본다. 화를 더욱 조절되는 것이 느껴질 때, 당신은 자녀를 음악을 듣게 하거나 함께 이야기책을 읽으면서 상황을 돌릴 수 있다.

만약 가능하다면, 다른 누군가의 주도로 그 상황에서 벗어나 진정할 수 있도록 휴식을 취해 볼 것을 추천한다. 이것은 자녀를 기르는 데 관심이 있는 동정심 있는 다른 성인(가족 구성원 혹은 친구)을 포함하는 것이 유익한 많은 이유들 중 하나다. 그것은 자녀에 관한 당신의 전반적인 지각을 확장시켜 주고, 다른 사람들과 함께 자녀를 키우는 것에 대한 책임감을 공유할 수 있는 것이 도움된다. 자녀에 대한 정서적 · 신체적 돌봄을 공유하는 것은 양육의 압박을 덜어 줄 수 있고, 당신이 더욱더 편안하고 효과적인 부모가 되도록 도울 수 있다.

연습 9-2 자녀에게 화가 났을 때 드는 생각 적기

만약 당신이 화가 난 문제를 가지고 있다면, <연습 9-2>의 왼쪽에 당신의 화난 생각을 적고 싶어 할 수 있다. 이러한 화난 생각들은 당신의 부정적인 태도 혹은 자기비난적 내면의 음성을 반영하는 것 같은가? 이러한 것들을 가운데에 적는다. 이런 생각들은 어린 시절에 당신이 들었던 것들을 떠올리게 하는가? 오른쪽에는 이런 진술들을 기록한다.

예를 들어, 왼쪽에 한 아버지가 3세 된 아들에게 자신의 짜증을 표현했던 생각을 적었다. "저 아이는 나를 미치게 해." 자신이 자랄 때, 이것은 그의 어머니가 그녀의 친구들과 친척들에게 그에 대해 묘사했던 방식이었다. 게다가 어머니는 진짜 화가 날 때마다 이웃이 들을 수 있을 정도로 큰 소리로, "넌 나를 미쳐 버리게 하고 있어."라고 그를 향해 고함을 질렀다. 분노 생각의 이런 패턴을 반추했을 때, 이 아버지는 그에게 말하고 있는 수많은 자기비난적 내면의 음성을 가지고 있다는 것을 깨달았다. "너는 항상 문제를 만들고 있어. 넌 왜 그냥 뒤에 있을 수 없는 거니? 아무도 진정으로 너를 좋아하지 않아. 너는 직장에서 사람들을 미치게 만들어. 넌 그냥 입다물고 있어!" 당신이 자신에 대해 가지고 있는 화난 생각과 부정적인 음성을 적어 볼 때, 당신은 부모, 친척, 형제자매 혹은 교사에 의해 거칠게 다루어졌던 어린 시절의 상황들을 기억해 내기 시작할 수 있다.

당신의 규칙을 강요하는 미래 처벌에 대한 쓸데없는 위협을 사용하는 것을 피하라. 당신은 얼마나 많은 시간을 부모가 반복적으로 당신과 형제자매들에게 경고하는 것을 들었는가. "만약 너 답게 행동하지 않는다면, 네가 영화 보러 가거나 공원 가거나, 혹은 우리와 함께 외식하러 가지 못하게 할 거야." "만약 네가 하고 있는 것을 멈추지 않는다면, 넌 볼기를 맞게 될 거야." 많은 부모가 행할 의도가 없는 조치들로 위협하거나, 혹은 다른 방법과 행동으로 그들의 위협을 지지하는 데 실패한다. 수행되지 않는 위협은 효과가 없고, 부모의 권위를 약화시키는 것이 분명하다. 이 사례들에서 당신이 자녀에게 가르치고 있는 것은 자녀가 나쁜 행동을 하게 할 수 있으며 아무런 결과도 없다.

판단적 태도를 피하라

판단적 혹은 도덕적 태도는 자녀의 자존감을 하락시키는 작용을 한다. 부모는 자녀에게 그들이 울거나 슬퍼하기 때문에, 그들이 요구하고 원하고 바라기 때문에, 혹은 그들이 화 또는 분노를 느끼기 때문에 나쁘다고 가르친다. 아동이 죄가 있거나 나쁜 것으로 간주되게 하는 도덕적 훈육 방법은 그들에게 엄청난 손상을 가져오는 효과가 있다. 아동은 날 때부터 악마가 아니거나 나쁘게 태어나지 않는다. 부모가 이 믿음에 지속적으로 동의하지 않을지라도, 많은 부모가 무의식적으로 아동은 나쁘고 그에 따라 그들을 다루어야 한다는 것을 믿는다. 하지만 운좋게도 예의바르고 도덕적인 부모의 아동은 도덕적 원칙을 배울 필요가 없다. 그들은 부모를 관찰하고 모방하면서 윤리적 행동과 예의를 배울 것이다. 선함과 옳음에 관한 강의와 대상 학습은 특히 부모가 자신만의 원칙에 따라 사는 데 실패했을 때 종종 역효과가 나거나 피해가 될 수 있다.

자녀가 바라거나 희망하는 것에 대해 나쁘거나 혹은 이기적인 것에 대해 그들을 가르치는 것을 피하라. 아동의 바람은 그들의 정체감에 중요한 부분이다. 그것들은 아동의 고유한 흥미의 지표들이다. 당신의 자녀에게 빛이 되고 특히 자녀에게 흥미를 일으키는 것에 주의를 기울여라. 아동의 이러한 성격적 측면을 지지하라.

자녀를 훈육하는 동안, 자녀가 나쁜 사람이 아니라 아이의 행동이 화나게 하거나 공격적이라는 사실을 강조하는 것은 중요하다. 당신의 자녀는 당신이 자기 개인에게 화가 난 것이 아니라 자기가 한 행동에 화가 난 것임을 알게 될 것이고, 그리고 자녀는 변할 수 있다. 이후에 당신의 자녀가 나쁜 사람이 아니라는 것을 알려줌으로써 자녀를 안심시켜 준다. 당신은 또한 자녀가 나쁜 기분을 떨쳐버리고 못된 짓을 하는 것을 멈추게 하도록 돕기 위해 유머를 사용할 수 있다. 유머는 아동의 긍정적인 이미지를 강화하는 반면 불유쾌한 행동에 대해 온화하게 타이를 수 있다. 이것은 어떤 부모가 자녀를 통제하거나 창피를 주기 위해 사용하는 냉소적이거나 상처주는 가시돋힌 말을 포함하지 않는다. 반대로, 이런 유형의 유머는 아동을 귀히 여기는 것이다.

연습 9-3 부모로서의 나: 자기비난적 내면의 음성과 실제의 당신

만약 당신이 부모로서 스스로를 향해 판단적이고 비난하는 태도를 유지한다면, 그것은 확실히 당신이 효과적인 부모가 되는 것을 방해한다. 자기비난적 내면의 음성에 대한 인식으로부터 부모로서 스스로에 대한 당신의 진정한 인식을 분리하는 것은 중요하다. <연습 9-3>은 더욱 현실적인 당신의 생각으로부터 부모로서 당신에 관한 자기비난적 내면의 음성을 분리시키는 것을 도울 것이다.

왼쪽에 부모로서 스스로에 대한 당신의 자기비난적 내면의 음성을 기록한다. 오른쪽에는 부모로서 당신 자신에 관한 더욱 현실적인 관점을 적는다. 당신이 잘못된 것으로 여기는 당신이 보여 준 진정한 행동 혹은 태도가 있을 수 있다. 결국, 어떤 부모도 완벽하지 않다. 하지만 당신을 향해 벌주고 당신이 더나은 행동을 하도록 유도하지 않는 자신에 관한 적대적인 관점과 당신의 단점에 대한 현실적인 인식을 분리시키는 것은 중요하다. 만약 당신이 스스로에 대해 좋아하지 않는 부모로서 가지고 있는 진정한 행동 혹은 태도가 있다면, 그것들을 확인해서 우리가 할 수 있는 한 최상의 부모가 될 수 있도록 그것들을 변화시키기 위해 작업하는 것이 중요하다.

자녀가 당신을 사랑하도록 하라

우리의 자녀는 우리를 위해, 부모로서 우리의 역할에 진정으로 힘이 되어 주는 사람을 위해 그들이 사랑하는 감정을 느낄 수 있도록 할 필요가 있다. 만약 자녀에 대해 이 기회를 부여하지 않는다면, 그들은 정서적으로 고통받을 것이다. 우리를 향해 자녀가 자발적으로 애정과 사랑을 표현하는 것을 수용하는 법을 배울 필요가 있다. 이것은 분명하지만, 부모로서 우리에게 직면된 가장 어려운 과업일 수 있다. 우리는 자녀로부터의 애정 표현에 대한 우리의 반응과 이러한 표현이 우리에게 불러일으키는 감정에 세심한 주의를 기울여야 한다. 그런 다음에 우리의 자녀를 밀어내지 않고 어떤 가슴 아픈 슬프고 고통스러운 감정을 인내하기 위해 시도할 수 있다.

우리는 자녀를 위해 우리를 희생하지 않고 우리의 삶을 잘 수행하려고 노력함으로써 자녀를 가장 잘 도울 수 있다. 우리가 자신의 목표를 정직하게 추구하는 것에 관여할 때, 우리는 자녀를 위한 긍정적인 역할 모델로 사는 것이다. 좋은 삶을 사는 방법을 자녀에게 가르치기 위해, 우리는 진정으로 자기 자신을 가치 있게 여기고, 자신의 모든 감정, 바람과 우선순위를 수용하고, 그리고 우리 자신의 삶에 적극적으로 참여해야 한다. 우리는 자기비난적 내면의 음성의 명령에 따라 행동하는 대신 진정한 우리로부터 나오는 자신의 바람과 희망에 따라 살 필요가 있다. 우리가 내면의 음성에 대한 파괴적 생각에 도전하고 우리 삶에 온전히 투자하려는 깊은 마음과 의지를 위한 역량을 유지하려는 결과에 따라, 우리는 자녀의 개인적 성장과 그들의 미래에 긍정적인 영향을 깊이 미칠 것이다.

사람들이 자신들의 방어를 어떻게 형성하고, 파괴적인 생각이 부모에게서 자녀에게로 어떻게 학습시키고 전수되는지를 이해할 때, 희망이 있다. 우리가 자기비난적 내면의 음성과 부정적으로 짜인 것에 굴복하지 않음으로써, 우리는 세대 간 전수되어 오는 고통과 방어적 행동의 사슬을 깰 수 있기 때문에, 거기에는 낙관할 만한 많은 이유가 있다. 만약 우리가 개인적으로 우리 스스로를 계속해서 성장시키고 진정한 자기를 강화시킨다면, 우리는 더 좋은 부모가 될 것이고, 우리의 자녀는 자신에 관한 강한 믿음을 갖게 될 것이다.

연습 9-1 파이어스톤의 부모 음성 척도

내가 경험하는 비난적인 내면의 음성(목소리)에 동그라미하세요.

0=그렇지 않다, 1=별로 그렇지 않다, 2=약간 그렇다, 3=그렇다, 4=매우 그렇다

너는 어떻게 너의 아이를 편안하게 해 줄지 몰라. 너는 그(그녀)를 더 낫게 만들 수 없어.	0	1	2	3	4
부모로서 첫 번째가 무엇인지 너는 몰라.	0	1	2	3	4
너는 아이를 어떻게 다루는지 몰라. 떨어뜨릴 거야. 신체적으로 다치게 하지 않는다면 정신적으로 다치게 할 거야.	0	1	2	3	4
넌 애들한테 너무 조급해.	0	1	2	3	4
누가 네가 부모로서 느끼는 것을 신경쓰니? 너의 느낌은 중요하지 않아. 중요한 것은 너의 남편(아내)의 감정과, 너의 아이들이 무엇을 느끼는지야.	0	1	2	3	4
너의 아이는 너무 까다롭고 요구하는 게 많고 집착해.	0	1	2	3	4
너는 몇 년간 아이를 기다려 왔는데, 이제는 그(그녀)가 잠들 때까지 기다릴 수 없어졌군. 너에게 무슨일이 있었던 거지?	0	1	2	3	4
네 아이는 네 삶에 딱 맞는 것이지, 방해하는 것이 아니야.	0	1	2	3	4
네 아이는 항상 울고 있어. 뭔가 잘못하고 있는 게 틀림없어.	0	1	2	3	4
봐, 너는 어렸을 때 맞으면서 옳고 그름을 배웠잖아. 효과 있는 방법은 아이에게 체벌하는 거야. 그것은 아이들에게 좋은 일이지.	0	1	2	3	4
(아버지) 남자들은 아이를 어떻게 돌봐야 하는지 모르니, 네 아내가 돌보게 해.	0	1	2	3	4
(어머니) 남자들은 아이를 어떻게 돌보는지 모르니, 네가 모든 것을 해야만 해.	0	1	2	3	4
아이들이 그 어느 것도 가지고 도망가게 놔둘 수 없어. 네가 할 수 있는 한 그들에게 그것을 보여 줘야 해.	0	1	2	3	4
너는 그 아이를 망치게 될 거야. 너는 그냥 그(그녀)가 알아서 자도록 내버려둬야 해.	0	1	2	3	4
아이들은 공격적이고 탐욕스럽고 이기적으로 태어났기에 사회화시키고 이기적이지 않도록 가르쳐야 해.	0	1	2	3	4

아이가 어렸을 때 일찍 단속해서 나빠지는 일이 없도록 해야 해.	0	1	2	3	4
청소년 자녀를 면밀히 감시하려면 그들의 이메일이나 개인적인 소지품도 살펴봐야 해.	0	1	2	3	4
어린 시절에 박탈당한 것에 대해 어떻게 말할 수 있을까. 너는 모든 것을 가졌어, 두 부모님, 여동생, 좋은 집. 너는 부모로서 겪는 문제에 대해 너 자신만 탓하면 돼	0	1	2	3	4
네 아이들이 또 공공장소에서 나쁜 짓을 하고 있어. 저 아이들이 얼마나 나쁜 짓을 하는지 봐!	0	1	2	3	4
저 아이는 그냥 네 속마음을 털어놓으라고 하는 거야.	0	1	2	3	4
네 아이가 얼마나 행복하지 않은가 봐. 다 네 탓이야.	0	1	2	3	4
네 아이는 널 귀찮게 하려고 항상 일찍 일어나.	0	1	2	3	4
또 아이에게 양보했네. 너는 네가 말하려고 했던 것을 절대 하지 않아.	0	1	2	3	4
네 아이는 그(그녀)의 아빠(엄마)처럼 썩었어.	0	1	2	3	4
네 정말 화를 냈어. 넌 항상 너의 템포를 잃고 화를 내.	0	1	2	3	4
네 아이는 네가 무슨 말을 하는지 배워야만 해. 어서 가서 그(그녀)를 때려.	0	1	2	3	4
그(그녀)는 너무 늙어서 그(그녀)를 항상 안아 줄 수가 없어.	0	1	2	3	4

연습 9-2 자녀에게 화가 났을 때 드는 생각 적기

자녀를 향한 분노의 생각	자녀에 대한 분노와 비슷한 자기비난적 내면의 음성	어린 시절 나에게 했던 비슷한 분노의 음성

연습 9-3 부모로서의 나: 자기비난적 내면의 음성과 실제의 당신

부모로서 나에 대한 자기비난적 내면의 음성	부모로서 나에 대한 현실적 관점

Chapter 10

상상적 한계에서 벗어나 살아가기 ― '좋은 삶'

> **"**
> 외부에서 좋지 않은 것을 찾아라. 당신 자신 안에서 좋은 것을 찾아라, 그렇지 않으면 당신은 그것을 결코 발견할 수 없을 것이다.
>
> – 에픽테토스(Epictetus)
> **"**

우리 각자는 자신과 사랑하는 사람들을 위해 가능한 최상의 삶을 창조하려는 목표를 가진다. 수세기 동안, 철학자들과 종교 지도자들은 '좋은 삶'을 산다는 것이 무엇을 의미하는지를 묘사하려 노력해 왔다. 그 주제에 관한 생각들은 다르다. 하지만 그들 모두는 공통적으로 하나의 믿음을 가지고 있다. 즉, 소크라테스가 말하길, "반성하지 않은 삶은 살 가치가 없다."는 것이다. 우리가 자신의 바람, 희망, 목표와 이상을 심각하게 고려하고 우리의 삶에 개인적인 의미를 찾을 때 의식적인 선택을 할 때만이 우리는 인간적 잠재력을 수행할 수 있다.

'좋은 삶을 산다는 것'은 당신에게 어떤 의미가 있는가

좋은 삶은 당신의 방어, 그리고 당신의 자기비난적 내면의 음성에 의해 처방된 삶의 뒤에 숨어 있는 것을 발견하는 것을 포함한다. 인간의 조건에 내재한 사람과 사람 사이의 고통과 괴로움에도 불구하고 진실되게 사랑하는 관계를 형성하는 것을 포함한다. 좋은 삶은 공포, 불안 혹은 고통과 같은 불쾌한 경험이 없는 것을 의미하는 그 단어가 흔히 사용되는 의미에서 '행복한' 것을 추구함으로써 성취되는 것이 아니다. 반대로, 온전하게 살아 있다는 것은 스스로에게 삶의 모든 측면, 즉 기쁨뿐 아니라 슬픔, 즐거움뿐 아니라 고통을 열어 주는 것을 의미한다. 그것은 또한 개인적 의미와 초월적인 목표를 추구하는 데 스스로 헌신하는 것을 포함한다. 그중 행복은 부산물이다.

특정 개인을 위해 무엇이 의미 있는 삶을 이루는지에 관한 공식은 없다. 좋은 삶의 각각의 영역은 자기비난적 내면의 음성이 우리에게 부과해 온 한계를 극복하는 것이다. 우리가 살고 싶어 하는 삶에 도달하고 우리의 인간적 잠재력을 달성하는 것은 우리 안의 필수적으로 인간적이라고 하는 것에 헌신하고 집중하는 것을 포함하는 평생의 프로젝트다.

인간이 된다는 것이 진정으로 의미하는 것을 이해함으로써 더 나은 삶을 위한 우리의 목표를 달성하는 것이 가능하다. 우리 각자의 극히 중요한 인간적인 특성들은 다음을 포함한다. 즉, 삶의 의미를 추구하고자 하는 우리의 바람, 사랑하고 우리와 타인을 위한 연민을 느끼는 능력, 추론하고 창조하는 우리의 역량, 깊은 정서를 경험하는 우리의 능력, 사회적 연계를 위한 우리의 바람과 요구, 목표를 정하고 그것들을 성취하기 위한 전략을 개발할 수 있는 우리의 능력, 죽음과 고독에 대한 우리의 인식, 그리고 삶의 신성함과 신비함에 대해 깊이 생각할 수 있는 능력과 바람 등이다. 우리는 자기 확신의 삶을 이끄는 데 필수적인 위험을 기꺼이 감수하고 동반된 불안으로 기꺼이 고통받을 필요가 있다. 우리의 삶을 긍정적인 느낌을 갖게 하는 '인간적인 잠재력'은 우리 자신과 타인을 위해 삶을 향상시키는 능력이다. 이러한 자질들을 발달시키는 우리 자신의 방식은 우리의 능력과 특별한 삶의 상황에 특별하지만, 그것은 거의 확실히 자기 앎을 위한 바람과 미래에 대한 비전을 갖는 것을 포함할 것이다.

좋은 삶을 달성하는 방법에 관한 상세한 청사진을 계획하는 것이 불가능할지라도, 더욱더 자기 확신적 존재로 살기 위한 방향으로 옮겨 가기 위해 당신이 취할 수 있는 몇가지 조치들이 있다. 이 책의 앞부분에서 제안한 기법과 연습의 보충으로 사용된, 다음의 지침들이 당신이 향후 방어를 깨고 자유에 대해 당신이 부과했던 장벽을 극복하는 것을 도울 수 있다.

지속적인 개인의 발달을 위한 지침

좋은 삶을 찾고자 하는 모험에 착수함으로써, 당신은 스스로에게 가치를 주고 있다. 우리의 자아상이 종종 심각하게 훼손되기 때문에, 우리 모두는 자신을 가치 있는 것으로 간주하고 우리의 삶이 고유한 가치를 가지는 것을 간주하는 데 어려움을 겪는다. 이러한 이유로, 스스로를 초기에 내재화된 것에서 해방시키는 것, 즉 우리의 부정적인 사고방식을 보다 더 현실적이고 연민어린 관점과 구별하는 것은 계속적으로 추구해야 할 중요한 것이다. 우리가 자기비난적 내면의 음성의 왜곡된 필터를 통해서가 아닌 우리 자신의 눈으로 세상을 볼 수 있을 때, 자신과 타인, 세계에 관한 당신의 관점이 바뀔 수 있을 것이다. 당신은 거기에서 발견할 수 있는 생각 혹은 감정을 비판단적으로 바라보는 자기 자신의 내면의 세계에 대한 탐험가 혹은 발견자처럼 되어 갈 것이다.

동시에, 당신은 다른 사람과 세상을 참된 호기심과 관심으로 바라보게 될 것이다. 당신은 사람들이 당신과 다르지 않다는 것을 알게 될 것이다. 당신은 다른 사람들도 다소 손상되었지만 삶을 더 좋게 하려고 애쓰고 있는 연약한 인간이라는 것을 알게 될 것이다. 당신은 깊은 정서적 수준으로 궁극적으로 우리 모두가 같은 운명에 처해 있다는 것을 인식할 것이다.

변화에 수반된 두려움을 인식하기

당신이 정서적인 건강과 덜 방어하는 삶으로 이동할 때, 두려움에 대한 느낌이 일시적으로 증가하는 것을 경험할 수 있다는 것을 다시 강조하는 것은 중요하다. 생애 초기에 형성된 것을 깨뜨린다는 것은 쉬운 일이 아니고, 우리가 보아 왔듯이, 불안 없이는 성장이 있을 수 없다. 보다 더 긍정적인 환경에서 살기 위해서, 그리고 가족 내에서 당신이 형성했던 정체감과 다르기 위해 필수적인 위험을 감수하기 위해서 용기가 필요하다.

대부분의 사람은 변화를 어느 정도 두려워한다. 이런 이유로, 그들의 방어라고 하는 무기 안에서 다양한 수준으로 갇힌 우리 사회의 수많은 남녀가 있다. 그들은 만약 자신이 방어를 포기한다면 불안 감정에 압도될 것이라 두려워한다. 그들은 어른이 되어서 느낄 수 있는 모든 것들이 아이였을 때 그들을 압도하고 근원적으로 방어적이게 했던 감정과 같은 정도가 될 수 없다는 것을 예측할 수 없다.

우리 대부분이 변화, 불확실성, 그리고 익숙하지 않은 것들에 대한 공포를 가지고 있다는 것은 이해할 만하다. 습관적인 방어와 자기비난적 내면의 음성이 없이 살기 위해서 우리는 상당한 용기를 내야 한다. 사실, 우리의 삶을 변화시킨 후 우리가 어떻게 느끼게 될지 확실히 알기 전에 우리는 실험을 해야 하고 위험을 감수해야 한다. 좋은 삶을 사는 것은 과정이다. 그것은 여행과 같은 것이다. 그것은 우리가 삶에서 계속된 변화와 우리 세계의 익숙하지 않은 기준에 점진적으로 익숙해지는 것을 의미한다. 더 자유롭고 더욱 성장을 향상시켜 주는 삶을 달성한 후, 우리는 이 새로운 세계와 어린 시절 우리가 알았던 세계 사이의 큰 차이에 점진적으로 익숙해져야 한다.

심리적 고통이 유효하다는 것을 깨닫기

어린 시절에 우리는 많은 정서적 박탈, 학대, 태만 혹은 무관심으로 고통받았고, 그 결과 오늘날 우리 삶에서 심리적인 고통으로 계속해서 고통받고 있다. 우리 중 많은 사람이 이러한 고통의 감정을 감추고 우리에게 상처주는 방식으로 다루어지는 자신을 부인한다. 그 결과로, 우리는 자신의 고통이 정당하지 않거나 현실이 아니라고, 우리가 불행해야 할 합당한 이유가 없다고 느끼기 시작한다. 우리의 한계가 단지 우리의 일부분이고, 그것들과 함께 태어났고, 그것은 단지 '그냥 우리 자체'라는 것을 믿게 될 수 있다. 순수하고 정직하게 우리가 그것들을 얻고자 했다는 사실을 수용하는 것이 어렵다는 것을 발견할 수 있다. 현재 우리 삶을 제한하는 방어적인 무기를 만들어야 하도록 했던 어떤 것이 실제 우리에게 발생했다.

당신의 두려움이 근거가 있고 당신의 고통이 타당하다는 것을 이해하는 것은 긍정적인 단계다. 단순히 이 사실을 깨닫는 것은 당신이 더 나은 기분을 느끼도록, 즉 당신의 감정과 더욱더 접촉하고 당신에게 더 가깝도록 할 수 있다.

부모에 대한 더욱 현실적인 관점을 발달시키기

자녀는 당연히 사랑스럽지만, 만약 부모가 자신의 방어 때문에 자녀에 대한 사랑을 표현할 수 없다면, 이 아동은 자신이 사랑스럽지 않다고 느끼면서 자라난다. 당신이 어렸을 때 부모가 사랑을 줄 수 없었다는 인식은 당신에게 절망적인 상황을 남겨 주는데, 왜냐하면 당신의 생존 자체는 부모의 적절성에 의존하기 때문이다. 그래서 아동은 자신이 나쁘고 만약 자신이 변하면 부모가 자신을 사랑할 것이라고 믿는다. 이런 식의 사고는 아동의 희망을 유지해 줄 수 있지만, 그들에게 어마어마한 희생을 하도록 한다.

부모를 이상화할 때, 즉 자신의 이미지를 실제 자기 자체의 모습보다도 더 강하고 더욱 긍정적이며, 더욱 사랑스럽도록 유지하려 할 때, 아동은 자신의 부정적인 자아상을 유지해야 한다. 어렸을 때 우리가 고통에 있었던 이유는 부모가 부적절하거나 약하기 때문이 아니라, 우리 자신이 나쁘거나 잘못이 있었기 때문이라고 믿는다. 우리는 사랑스럽지 않다는 느낌과 함께 인생 내내 자기비난적 내면의 음성의 형태로 우리와 함께 부정적인 이미지를 지니고 지내는 경향이 있다. 만약 약점과 강점을 가진 부모의 현실적인 이미지를 발달시키지 않는다면, 우리는 자신에 대한 부정적인 이미지를 계속 갖게 될 것이다.

감정에 대한 특정한 방어를 더욱더 인식하기

인간으로서, 우리는 감정을 깊이 느끼고 성찰하는 뛰어난 능력을 가진다. 우리의 모든 감정을 수용하고 이해하며, 적당히 표현하는 방법을 배우는 것은 정서적 건강을 유지하는 데 필수적이다. 정서적인 삶을 이끎으로서만이 우리가 합리적이고 평화로운 방식으로 서로를 이해할 수 있다. 반대로, 자신과 사랑하는 사람에 대해 가장 파괴적인 때는 바로 우리가 자기 감정과 차단되었을 때이다.

따라서 당신의 방어가 자기 파괴적인 행동들―참는 형태, 자기 부정 혹은 포기하기, 약물이나 다른 물질에 의존, 혹은 환상, 역할, 이미지에 의존―인지 아닌지 감정에 대해 그것들을 인식하는 것은 가치있는 일이다. 이 책의 연습을 활용함으로써 이러한 특별한 행동들에 영향을 미치는 자기비난적 내면의 음성을 확인하는 것은 당신이 이런 특별한 행동들을 통제할 수 있게 해 줄 것이다.

당신이 덜 방어적이고, 더욱더 정서적인 삶을 사는 방향으로 움직일 때, 방어가 당신이 아니라는 것을 아는 것은 중요하다. 습관적이었던 방어는 마치 당신이 정체감의 일부분인 것처럼 느낄 수 있다. 방어를 이해하는 것―그 방어를 만드는 것이 합법적이라는 것을 깨닫지만, 그것이 당신을 현재 제한하고 있다는 것을 깨닫는 것—은 그 방어를 붕괴하기 시작하고 당신의 진정한 자기에 대한 보다 더 진실한 감정을 얻는 것이 필수적이다.

인생에서 당신 자신만의 개인적 의미를 추구하기

인간으로서, 우리는 인생에 물질적 성공보다 '더 많은 무언가'가 있다는 직관적 느낌을 가지고 있다. 우리는 관계, 자녀, 직업 혹은 창의적 표현을 통해 우리 삶에 진실된 개인적 의미를 추구할 필요가 있다. 의미에 대한 우리의 바람은 우리 자신과 사회, 미래에 대한 더 큰 의미를 가진 것으로 간주하는 활동에 참여하는 우리의 더 기본적인 요구를 뛰어넘는 좋은 삶을 성취하는 것의 필수적인 부분이다. 우리의 특별한 바람과 요구를 표현하는 활동들에 에너지와 감정을 쏟을 때, 우리는 인생이 우리를 위한 고유하고 개인적인 의미를 가지고 있다는 것을 발견한다. 예를 들어, 예술가는 창조적인 표현에서 의미를 발견하는 반면, 다른 사람들은 친구와 가족과의 상호작용에서 의미를 찾고, 그리고 인도주의적 명분에 기여하거나 혹은 미래 세대를 위한 조건을 향상시키고자 노력함으로써 타인들에게서 의미를 찾을 수 있다.

인생의 의미 찾기의 일부분은 또한 일과 개인적인 삶 사이의 균형을 찾고자 노력하는 것을 포함한다. 그것은 우리 자신과 사랑하는 사람들을 위해 각 개인의 잠재력을 완전히 실현하는 데 최적의 가정환경을 만들기 위한 노력을 수반한다.

우정의 가치를 인식하기

가까운 친구관계는 환상결합에 기초한 관계와 매우 다르다. 우정과 환상결합을 구별해 주는 것은 우선적으로 소통의 질이다. 거기엔 금기시되는 주제가 없다. 당신이 신뢰할 수 있는 가까운 친구와 함께 당신의 관점과 의견을 줄 수 있고 감정을 공유할 수 있으며, 당신에 관한 친구의 지각에 관심을 가지고, 서로를 벌하지 않고 이러한 개인적인 의견과 지각을 얘기할 수 있다. 이와 같은 우정 안에서, 당신은 친구에게 일부 불안과 문제를 만들지 않고 당신의 불안과 문제들을 책임지고 있다. 감정과 생각이 서로의 삶 안에서 민감한 영역에 대한 공감으로 공유된다.

자기비난적 내면의 음성에 대항하는 당신의 전쟁에서 그와 같은 친구는 협력자가 될 수 있다. 많은 사람이 지속적으로 가까운 친구와 의미 있는 접촉을 하는 것은 음성 공격을 감소시켜 주고, 가라앉거나 우울한 감정을 덜어 준다. 당신이 존경하는 특성과 성격을 가진 친구를 사귀는 것은 유익하다. 존경할 만한 친구의 특성을 모방하는 것은 우리가 계속해서 개인적으로 성장할 때 도움이 될 수 있다.

우정은 외부와 단절된 상태에서 존재하지 않는다. 당신의 친구와 실제 삶의 활동을 공유하는 것은 중요하다. 이 프로젝트가 거대한 일이 되어서는 안 된다. 그것은 단순히 함께 일몰을 감상하고, 생각을 공유하고, 사람들 안의 깊은 흥미를 즐기는 것일 수 있다. 당신과 친구가 공정하게 관계하는 동안 모든 활동 혹은 흥미가 될 수 있다. 당신은 기술, 지식 혹은 지능 면에서 같은 수준이 아닐 수 있다. 하지만 당신은 거기엔 부모-자녀 역할의 부재가 있기 때문에 동등하게 느낄 수 있다.

관계 안에서의 지속된 개인적 성장을 위한 지침

친밀한 관계의 맥락에서 진정으로 사랑하는 타인보다 우리를 살아 있다고 느끼게 만들어 주고 좋은 삶을 위해 더 중요한 경험은 거의 없다.

우리 사회에서, 사랑이라는 단어는 너무 사소해서 그것의 진정한 의미를 다소 잃어버렸다. 하지만 사랑은 자신과 상대방의 정서적 안녕감을 향상시켜 주는 감정과 행동으로 의미있게 정의될 수 있다. 사랑하는 행동은 호감, 각자의 세계에 대한 존중, 관용, 부드러움, 그리고 인생에서 친밀한 교제에 대한 바람을 포함한다. 우리의 생각과 감정만으로 누군가를 사랑하는 것은 사랑하는 관계를 만들기에 충분하지 않다. 우리는 또한 배우자에게 진정 긍정적인 방식으로 영향을 미치기 위해 사랑하는 행동을 통해 사랑을 표현할 필요가 있다. 제4장에서 우리가 강조했듯이, 사랑은 인간의 상태에 내재된 고통과 절망을 사라지게 하는 것을 도울 수 있는 인생의 주 원동력이다. 좋은 삶은 사랑을 주고받기 위한 우리의 역량을 점차적으로 발달시켜 가는 것이다.

당신이 관계를 위해 정해 놓은 목표를 성취하는 방향으로 움직일 때, 어떤 커플은 그들이 '이상적인' 커플 상호작용으로 간주하는 것에 기여하는 것으로 확인된 측면을 되돌아보는 것은 가치 있을 수 있다(Firestone & Catlett, 1999). 커플 상호작용에서 만족도를 예측했던 가장 중요한 요인들은 각 파트너가 관계에 가져 왔던 개인적인 특성들이다.

다음에 나열한 특성들은 아직 관계를 형성하지는 않았지만 파트너 혹은 잠재적 배우자를 선택할 때 고려되는, 사람들을 위해 중요한 것들일 수 있다. 배우자의 선택은 중요한 결과를 초래하는데, 왜냐하면 파트너의 개인적 특성들은 많은 예기치 못한 방식으로 우리의 삶의 과정을 결정할 수 있기 때문이다. 견뎌야 하는 긍정적인 성격을 확인하고 평가하는 것이 어려울지라도, 어떤 특성들은 교제 단계에서 평가될 수 있다. 만약 당신이 현재 관계를 맺고 있지 않거나, 과거에 만족스럽지 않은 관계에 있었거나, 혹은 만약 당신이 미래에 더 나은 선택을 향해 움직이고자 한다면, 다음의 목록이 당신에게 도움이 될 수 있다. 잠재적 파트너에게 찾아볼 여섯 가지 특성들은 당신의 관계가 형성될 때 스스로를 좀 더 발전시키기 위해 노력해야 할 이상들로 작용할 수 있다.

'이상적' 배우자를 찾고 당신 자신을 발달시키기 위한 여섯 가지 특징

이것은 당신이 자신을 좀 더 성장시킬 수 있는 특성일 뿐 아니라 가상의 이상적인 배우자의 개인적 특성에 대한 목록이다. 이러한 이상적인 특성은 환상결합을 형성해 온 파트너의 전형적인 특성 및 행동과 대비된다(Firestone & Catlett, 1999에서 인용).

긍정적인 특성과 행동	환상결합을 형성한 파트너의 전형적인 특성과 행동
비방어적이고 개방적	피드백에 대한 분노 반응, 새로운 경험에 대해 폐쇄적
정직과 통합	속임과 이중성
다른 사람의 경계, 우선순위, 당신과 별개의 목표들에 대한 존중	도를 넘는 경계들, 오직 당신 자신과의 관계에서만 나타나는 다른 것
신체적 호감과 개인적인 성적 매력	호감의 부족, 부적절하거나 비인격적이거나 일상적인 성행위
이해—타인에 대해 왜곡되지 않음	오해—상대방에 대한 왜곡
통제하지 않고, 조종하지 않고, 위협하지 않는 태도와 행동	통제하고, 조종하고, 위협하는 태도와 행동

비방어적이고 개방적

충족적인 관계를 달성하는 데 필수적인 두 가지 특성들은 방어적이지 않는 것과 개방적인 것이다. 비방어적이 된다는 것은 당신이 자신과 파트너에 대해 객관적이고 균형잡힌 관점을 발달시키는 것과 당신이 피드백에 수용적인 것을 의미한다. 남녀가 의사소통 시 방어적이 될 때, 그들은 그 비평이 얼마나 약한지 혹은 가혹한지, 얼마나 정확하거나 부정확한지에 관계없이 종종 비평에 대해 분노로 반응한다. 사람들은 주제를 바꾸거나, 반격하거나, 헤어지고 울거나, 혹은 "음, 만약 그것이 당신이 나에 대해 진심으로 생각하는 방식이라면……." 혹은 "만약 당신이 말한 것처럼 내가 끔찍하다면……." 등과 같이 극적인 발표를 함으로써 파트너를 위협할 수 있다. 말할 필요도 없이, 이와 같은 말들은 그 주제를 꺼낸 것조차 후회하게 만들 것이다. 당신은 어떤 이슈에 대한 피드백에 대해 방어적이거나 과도하게 예민한 반면, 다른 영역의 비평에 대해서는 여전히 개방적일 수 있다. 결혼이나 오랜 관계에서, 파트너들은 어떤 주제들이 '금기시'되는지를 빨리 배우고 상대방과의 대화에서 이 주제들을 배제한다. 하지만 이런 유형의 검열은 관계 내에서 긴장을 증가시키는 데 기여한다.

우리가 방어적이지 않을 때, 우리는 또한 새로운 경험에 개방적이고 우리의 자기 보호적인 습관 양상을 알고 그것을 뛰어넘어 성장하는 데 진심 어린 관심을 가진다. 인생의 모호함에 개방적이지 않은 남녀는 억압되고 융통성이 없는 경향이 있다. 그들은 확실하고 예측할 수 있는 것에 가치를 두고 일상적이고 습관적이며, 역할이 결정된 방식으로 인생에 반응 결정된 방식으로 삶에 대해 반응한다. 이들은 자신들에게 안전감을 주는 관례적인 토요일 저녁 데이트와 같은 익숙하고 관습적인 사건에 의존하는 경향이 있다.

개방적이 된다는 것은 우리가 더 많은 위험을 받아들이는 것을 허락하고, 우리의 경계를 확장시키고 경험의 범위를 넓히고자 하는 강한 바람을 가지는 경향이 있다. 외부 자원으로부터 우리에게 부과된 처방을 따르는 대신에, 인생을 개인적 의미를 발견하기 위한 모험과 유일한 기회라고 보는 것은 소중하다.

정직과 통합

기만이 존재하는 것은 극도로 관계를 파괴하는 것이다. 거짓과 기만은 그들 인식의 진실 속에서 자기 믿음을 무너뜨리며 타인의 현실을 산산조각 나게 한다. 배신당한 파트너는 자신이 결코 상대방을 진정으로 몰랐던 것 같은 감정에 처하게 되는데, 이것은 황폐화된 감정이다. 또한 남녀가 서로에게 정직하지 못하고 진실하지 못할 때, 그들 사이의 소통은 점차 파괴된다.

우리의 말과 행동이 일치하지 않는, 혼동된 메시지는 관계에서 갈등과 소외의 분위기를 만든다. 우리의 말과 그 기저에 있는 정서 사이에 불일치가 더 클수록, 관계가 더 불안해질 가능성이 크다.

정직하고 신뢰할 만한 사람은 자신에게뿐 아니라 타인에게 정확하게 스스로를 드러낸다. 이러한 수준의 진실함을 성취하기 위해, 우리는 스스로를 아는 것에 수고를 아끼지 말아야 한다. 유쾌하지 않을 수 있는 우리 성격의 부분에 기꺼이 직면하고자 하는 것은 우리 자신을 점차적으로 긍정적인 방향으로 바꾸도록 해 준다.

다른 사람의 경계, 목표, 흥미에 대한 존중

진심으로 사랑하고 있는 관계에서, 각 파트너는 상대방의 경계와 흥미, 열망을 존중한다. 자립적이고 독립적인 남녀는 그들이 상대방의 목표 혹은 흥미를 공유하지 않을 때조차도, 말과 행동을 통해 상대방의 목표와 우선 순위에 대한 진정한 존중을 보여 준다.

가족에의 초기 정서적 의존으로부터 스스로를 해방시키지 않은 사람은 친밀한 관계와 결혼생활에서 얻어 낼 수 있는 것보다 더 많은 안전을 종종 기대한다. 그들은 자신들의 모든 요구가 결혼관계에서 충족될 것이라는 비현실적인 바람을 갖는 경향이 있다. 이 기대가 관계에 부과한 부담은 어마어마하다. 어떤 사람도 그러한 비현실적인 기대를 충족시킬 수 없다는 것은 분명하다. 우리가 스스로에게 집중하고, 자존감을 가지고, 진정으로 개별화될 때만이, 우리 및 파트너의 개인적 자유가 최우선 순위에 이르게 하는 건강한 관계를 유지하기 쉽다.

신체적 호감과 성적 매력

건강한 관계에서 호감과 성적 관계는 자연스러운 것이고, 파트너와 정서적으로 가까워지는 것이다. 두 파트너 모두 성적인 관계를 삶의 충만한 측면으로 보고, 파트너와 자신에 대한 기쁨의 선물이고 긍정적으로 제공하는 것으로 간주한다. 그들은 성에 대해 성숙한 태도를 가지고 있고, 그것을 남은 삶과는 별개의 고립된 활동으로 보지 않는다. 남녀로서 스스로에 관해 느끼는 방식, 그들이 신체에 관해 가지고 있는 느낌, 그리고 성관계에 대한 그들의 태도는 자기 의식과 행복감을 향상시킬 수 있다.

환상결합에 의해 특징지어지는 관계에서, 애정 어린 성생활은 인간미 없거나 기계적인 일상적이고 습관적인 사랑 행위로 평가절하될 수 있다. 한 사람 혹은 두 명 모두 불안을 감소시키거나 자기 정체감을 북돋우기 위해 성적 접촉을 사용할 수 있다. 혹은 커플의 성적 관계는 빈도가 감소하거나, 어쩌다 발생하는 것이 되거나 혹은 함께하는 것을 멈출 수 있다. 두 사례 모두에서, 파트너들은 가장 만족스러울 수 있는 그들의 관계의 부분을 경험하는 것을 놓칠 수 있다. 애정 어린 감정적 교류와 성적 반응 모두를 위한 유일한 기회가 있는 우리의 가장 친밀한 관계에 대해 가장 관대하지 않을 것 같아 보이기 때문에 이러한 퇴보는 항상 발생한다. 우리는 가장 많은 보상을 주는 사랑, 성, 부드러움의 특별한 조합을 회피하면서 한쪽 혹은 다른 쪽을 끌어들인다.

공감과 이해

파트너들이 환상결합을 형성하는 관계에서는 공감과 이해가 부족하다. 사람들은 그들의 배우자가 경청한다고 느끼지 않거나, 배우자에 의해 진지하게 수용되거나 이해받는다고 느껴지지 않을 때, 감정적으로 상처 받고 고통받으며 분노한다. 각 파트너는 자신의 자기비난적 내면의 음성에 의해 촉진된 관점에 기초하여 상대방을 왜곡할 수 있다. 종종 파트너들은 상대방에 의해 오해받는다고 느끼는 것과 같은 부정적인 인식과 왜곡을 사용한다. 이러한 예로서, 그들은 스스로에게 말하고 있을지 모른다. "그(그녀)는 단지 너를 이해하지 못해. 아무도 널 이해하지 못해." 공감과 이해를 부족하게 만드는 이러한 왜곡은 커플의 상호작용과 전반적인 관계에 부정적인 영향을 미친다.

이해한다는 것은 파트너의 긍정적이거나 부정적인 특성과 행동을 과장하지 않고, 상대방의 강점과 약점을 바라보는 것을 포함한다. 그것은 당신과 사랑하는 사람 사이의 공통점과 차이점을 소중하게 여기는 것을 의미한다. 당신 자신 그대로 보이는 것을 아는 것만큼 좋게 느껴지는 것은 아무것도 없다. 두 사람 사이의 진정한 친밀감은 각자가 다른 상대방에 대한 깊은 이해를 발달시키는 것을 포함한다. 관계에서 이해를 촉진하기 위해, 당신은 유사점뿐 아니라 차이점에 관한 대화 진행을 유지하려고 노력해야 한다. 공감은 이러한 유형의 이해하는 것의 결과물이고, 공감은 파트너가 한 상황에서 상대방이 어떻게 느끼는지를 경험할 수 있게 해 준다.

비위협적이고 비조정적인 행동

당신의 관계 안에서 파트너가 죄책감이나 분노를 느끼게 하는 간접적인 방법들을(즉, 조종하기)에 의존하기보다는 당신의 바람과 희망을 직접적으로 표현하는 방법을 배워라. 환상결합으로 악화된 관계에서, 파트너들은 '서로 선을 지키려고' 노력하기 위해 다양한 기법들을 사용할 수 있다. 그들은 잔소리하거나 불평하거나 조르거나 혹은 원하는 것을 그들에게 주면서 서로를 위협한다. 하지만 그들의 조종이 성공적일 때 받은 만족은 공허하고 종종 오래 가지도 못한다.

어떤 사람은 지배하고 으스댐으로써 배우자를 위협한다. 그들은 언어적 학대, 신체적 폭력에 대한 위협, 혹은 그들이 바라던 대로 하지 않으면 떠나겠다는 위협으로 파트너를 제압한다. 또 다른 사람은 과도하게 의존적이고 미성숙한 행동을 한다. 그들은 정서적으로 무너지거나, 그들을 '완전 무시하기' 혹은 자기 파괴적인 행동으로 위협함으로써 파트너를 조종한다. 관계 내에서 조종하거나 위협하지 않는 것은 파트너 간에 좋은 감정을 유지하는 것을 돕는데, 이것은 관계에서 신뢰와 안전감을 만드는 데 기여한다.

연습 10-1 상대방에 대한 이상점 체크리스트

당신은 자기비난적 내면의 음성에 의해 영향을 받은 이상적인 특성과 바람직하지 않은 성격과 행동의 연속선상에서 당신 자신과 파트너를 어디에 있는 것으로 보는가? <연습 10-1>을 2장 준비하여 1장을 완성하고, 당신의 파트너에게 나머지 체크리스트를 완성하도록 요청한다.

파트너와 체크리스트에 관해 얘기하기

당신과 파트너가 〈연습 10-1〉을 완성한 후, 상대방이 척도상에서 각각 체크한 숫자들을 비교하는 데 흥미가 있는지 여부를 질문하라. 당신이 향상시키기를 바라는 행동(약점 혹은 결점)을 나타내는, 당신이 표시했던 영역 중 하나에 관해 얘기함으로써 당신은 대화를 시작할 수 있다. 그런 다음 그 이슈에 관한 파트너의 생각이나 코멘트를 요청한다. 상대방이 말할 때, 잘 듣고 즉각적으로 반응하지 말고 도움되는 피드백으로 받아들인다. 그 정보를 받아들일 약간의 시간을 스스로에게 준다. 그것이 당신을 잘 알고 당신에 대해 우호적인 관점을 가진 사람으로부터 나온 것임을 기억하는 것은 중요하다. 그 결과적인 대화 혹은 논의는 당신의 약점뿐 아니라 강점에 관하여 두 가지 모두 당신의 감정을 이끌어 낼 수 있다.

더욱 의미 있는 삶을 발달시키기 위한 지침

가능한 한 가장 충만한 관계를 발달시키는 것 외에, 우리는 다른 어떤 우리 삶의 의미를 향상시킬 수 있는가? 타인과의 모든 상호작용에서 관대해지는 것은 우리가 스스로에 관해 좋은 감정을 발달시키도록 해 주는 건전한 정신건강 원칙이다. 인생의 영적인 면에 집중하는 것을 배우는 것은 우리의 존재에 대한 의미를 더하는 것이다. 아마도 가장 중요한, 우리 모두가 직면한 실존적 현실을 인식하는 것은 우리에게 타인과 자신에 대한 깊은 연민을 갖도록 해 준다.

모든 관계에 관대해지는 연습하기

관용은 가족이나 친구, 다른 동료를 향한 우리의 공감과 연민의 감정을 바깥으로 표현하는 행동을 의미한다. 관대한 행동은 이상적으로 베푸는 자의 측면에서 자애로운 감정, 그리고 받는 자의 측면에서 베풂을 수용하는 개방성을 포함한다.

사람은 관용적인 행동을 통해 자기비난적 태도와 타인에 관한 냉소적 관점을 상쇄시켜 줄 수 있다. 우리가 친절함과 관용의 예민한 행동을 통해 자신을 타인에게로 확장시킬 수 있는 기회를 가질 때, 우리는 자신에게 친절하거나 혹은 관용적인 본래의 경향성을 중단하라고 경고하는 자기비난적 내면의 음성의 명령을 반박할 수 있다. 우리 자신과 시간을 자유롭게 하는 것은 그들의 방어에 저항하고, 우리의 자존감을 증가시켜 주고 우리를 귀하게 느끼도록 해 준다. 이 과정은 순환적이다. 우리가 스스로를 더 가치 있게 여기고 우리의 경험을 소중히 여길 때, 우리는 관대해짐으로써 타인을 귀하게 여기고 타인에 대한 감사로 확대할 수 있도록 동기화되는 것을 자연스럽게 느낀다. 타인의 안녕감에 기여하고픈 바람을 실행할 수 있는 것은 우리에게 기쁨을 가져다주고 삶에 특별한 의미를 부여한다.

관대해지는 것은 에너지를 통제하지 않는다. 우리가 가진 빡빡한 태도를 극복할 때, 우리는 삶의 다른 영역에서 더욱더 역동적이고 생산적이 될 것이다. 관용의 정신은 전염성이 있다. 즉, 그것은 다른 사람에게 전파되어, 그 사람은 베푸는 것이 안녕감과 행복을 발생시킨다는 것을 스스로 발견한다. 우리의 관대한 행동이 타인에 대한 연민과 그들의 요구를 충족시켜 주는 것에 대한 공감적 반응의 부분일 때, 우리는 깊은 쾌락을 경험한다. 우리가 타인에게 더욱더 민감하게 될 때, 우리는 그들의 안녕감을 고려하고 억제하거나 철회하고 싶은 우리의 충동보다 그러한 감정을 더 우선시하기 시작할 것이다.

타인으로부터의 관용과 친절함을 수용하는 법을 배우는 것은 관대해지는 법을 배우는 것만큼 중요하다. 사람들이 당신에게 베풀 때, 자기비난적 내면의 음성의 공격이 가장 강하게 된다. 다른 사람으로부터 무언가를 수용하는 것은 환상결합의 자기희생적 측면을 위협한다. 따라서 당신에게 제공되는 것을 수용할 때 이 방어를 깨는 것이 중요하다. 우리에게 친절하거나 관대한 사람에게 우리가 표현하는 감사에 대한 긍정적인 응답은 그것들 자체가 관대한 행동이다.

영적인 관점을 발달시키고 존재의 신비함에 감사하기

인간으로서, 우리는 영적인 경험, 즉 우리의 결혼생활의 요구들에 대한 만족을 뛰어넘고 인간적 이해를 피하게 하는 신비를 느끼는 것을 가지는 능력을 소유한다. 인생을 통한 여행에서의 많은 지점에서, 사람들은 자연과 미지의 것에 대한 깊은 감사를 일으키고 깊은 정서적 반응들을 일깨우는 영적 경험을 유발하는 사건들을 우연히 마주하게 된다. 우리가 가장 깊은 수준으로 온전하게 인간이 무엇인지를 아는 것은 바로 의미와 영적 깨달음에 대한 구함이 우리를 인간 이해의 끝—우리가 삶의 궁극적인 신비와 과학과 이성의 한계를 수용하는 곳—으로 데려갈 때다.

삶의 불확실성과 모호함을 수용할 때, 우리는 발견될 절대적인 '진리'가 없다는 것을 이해할 수 있게 된다. 우리는 사실이 없는 곳이라면 어디든지, 우리는 삶의 기원과 본질에 관한 믿음을 선택하고 받아들일 의무가 있다. 반추, 선입관적인 종교적 독단 혹은 다른 믿음 체계 없이, 우리는 자신의 믿음을 수용하기보다 발달시킬 것이다.

실존적 현실을 알아차리기

우리 자신이 언젠가 죽는다는 사실에 직면하는 것은 우리 삶에 가슴 아픈 의미를 줄 수 있다. 만약 우리가 덜 방어적이고 더욱 취약한 상태에 처하는 동안 삶이 끝나는 것을 상상해 본다면, 우리는 매 순간의 소중함을 알 것이고, 그러면 우리는 우리 관계에 스스로를 더 많이 쏟아부을 것이다. 죽음을 인식하고 슬픔과 두려움에 직면하는 것은 우리에게 더 큰 창의성을 고취시키고 우리를 타인을 향해 더 연민을 갖도록 할 수 있다.

최소한의 방어를 가진, 정서적으로 건강한 사람은 인생에 더 강력하게 투자하고, 인생의 좋고 나쁜 사건 모두에 대해 적당한 감정으로 반응할 것이다. 우리가 실제 사건과 환경에 대해 자기비난적 내면의 음성을 듣고 여전히 방어적으로 되기보다 우리의 정서적 반응에 기초할 때, 우리는 스스로 고통스러운 감정에 열려 있는 상태로 둘 것이다. 예를 들어, 2001년 9월 11일에, 우리 대부분은 아침 뉴스를 켜서 몇 초 안에 다음 스토리들로 공격받았다.

- 테러리스트들의 비행기가 세계무역센터를 파괴했다. 수천만 명의 사람들이 죽음을 두려워했다.
- 자살기가 펜타곤을 공격했다. 사상자 수 미확인
- 대통령은 테러리스트의 공격은 전쟁 행위라고 말했다.

삶의 현실에서 살아 있는 우리는 이 사건들에 어떻게 반응해야 하는가?

방어는 우리가 타인에게서 인간미 부족에 직면되었을 때 거의 필수적인 것 같다. 하지만 잔인함, 불평등, 테러 그리고 인종 간 싸움은 스스로와 주변 동료들을 위한 인간적인 자연스러운 연민을 빼앗는 부정직하고 방어적인 사고와 생활 패턴의 결과들이다.

많은 사람이 개인의 성장이 일상생활의 고통에 둔감하게 하고, 이와 같은 사건들로부터의 고통에 더욱 면역이 생기도록 해야 한다고 잘못 믿는다. 그들은 실패, 거부 혹은 상실로부터 덜 상처받게 될 것이라 상상한다. 하지만 그 반대다. 정서적으로 건강한 사람은 자기 삶에서 안녕감에 부정적으로 영향을 주는 사건, 혹은 자신과 가장 가까운 사람들에게 악영향을 주는 사건에 예민하다. 사실, 그들은 정서적으로 고통스러운 상황에 대해 자신의 많은 방어를 포기했던 바로 전보다도 더욱더 반응적인 것 같다.

한편, 덜 방어적일 때, 우리는 불안과 스트레스를 더 잘 다룰 수 있고 부정적인 생각과 우울, 정서적 장애에 관한 기타 증상에 훨씬 덜 민감해진다. 정서에 더 개방적일수록, 우리는 우리 안에 있는 비이성적이고, 분노하고, 경쟁적이거나 다른 사람의 '수용할 수 없는' 감정을 더 잘 인내할 수 있다. 이것 때문에, 우리는 친구 및 가족과의 상호작용에서 이러한 감정을 표출하는 것을 덜 강요당한다.

반대로 여전히 방어적이고 자기 감정을 제거하는 사람은 작은 인신공격 혹은 상상 속 거부에 대해서는 종종 극단적인 반응을 보이지만, 진정한 고통 혹은 역경에 대한 반응으로 감정이 부족할 수 있다. 그것들은 그들 주위의 세상을 직접적으로 경험하는 것과 동떨어진 한 단계이고, 인생의 중요한 사건에 대한 관습적이거나 역할이 결정된 반응인 것 같다. 그들의 방어는 자신의 진실한 감정을 누르는 것으로 작용한다. 결과로서, 그들의 반응은 더욱더 자동적이고 비인격적이고 혹은 지능적이다.

실존적 이슈에 대한 가슴 아픈 인식을 가지고 사는 것은 너무 고통스러워서 많은 사람이 견딜 수 없게 한다. 결과적으로, 우리는 서서히 정서적 자살을 한다. 자기비난적 내면의 음성은 점차적으로 우리에게 인생에 적극적으로 참여하는 것을 포기하도록 영향을 미치는 핵심 역할을 한다. 그것은 우리의 사랑을 억누르게 함으로써 사적 관계에서의 미래 거절에 대해 스스로를 보호하도록 우리를 격려하는 그대로, 그것은 죽음에 대한 상상 속 통제감을 얻기 위해 인생 자체 내 우리의 정서적 관여를 누르도록 설득한다.

인간의 조건에 대한 고통스러운 측면과 죽음의 현실을 더욱더 인식하는 것에 포함된 딜레마는 우리의 방어용 갑옷을 다시 입거나 혹은 그것의 보호

없이 사는 것 사이의 선택과 함께 우리에게 존재한다. 우리는 정직하게 죽음에 직면하고, 우리 자신과 사랑하는 사람들의 미래 상실에 대해 슬퍼하는 것을 선택할 수 있다. 모든 사람이 궁극적으로 같은 운명을 공유한다는 것을 이해하는 것은 우리 인간을 더욱더 동정적이고 이해를 가지고 바라볼 수 있게 해 준다. 우리는 어떤 사람이라도 우리보다 열등하거나 우월한 것으로 보지 않을 것이다. 이윽고 우리의 한계를 아는 것은 삶과 생활 모두를 더욱더 가치 있는 것으로 만들 것이다.

연습 10-1　상대방에 대한 이상점 체크리스트

당신과 당신의 연인은 이러한 자질을 얼마나 발휘하고 있나요?

0=그렇지 않다, 1=별로 그렇지 않다, 2=약간 그렇다, 3=그렇다, 4=매우 그렇다

문항	나					연인				
비방어적이고 개방적인(과민반응 없이 피드백을 들을수 있고 새로운 경험에 열려 있음)	0	1	2	3	4	0	1	2	3	4
서로의 경계를 존중함(다른사람의 바람과 우선순위를 자신의 사적 흥미와 분리시킴)	0	1	2	3	4	0	1	2	3	4
취약함(슬픔을 느끼고, 상처받은 감정을 인정함)	0	1	2	3	4	0	1	2	3	4
정직함(직접적이고, 기만하지 않으며, 말과 행동이 일치함)	0	1	2	3	4	0	1	2	3	4
육체적으로 다정함	0	1	2	3	4	0	1	2	3	4
성적임(성적 관계에서의 만족감)	0	1	2	3	4	0	1	2	3	4
공감과 이해(상대방에 대한 왜곡이 없고, 공통점과 차이점을 구별할 수 있음)	0	1	2	3	4	0	1	2	3	4
의사소통(공유된 의미에 대한 감각, 이해심)	0	1	2	3	4	0	1	2	3	4
비통제적인(관리하지 않고, 위협하지 않음)	0	1	2	3	4	0	1	2	3	4
다음 문항을 보고 자신을 평가하세요.										
행복감						0	1	2	3	4
자신감						0	1	2	3	4
낙관적						0	1	2	3	4

참고문헌

Beutler, L. E., B. Bongar, and J. N. Shurkin. 1998. *Am I Crazy, Or Is It My Shrink?* New York: Oxford University Press.

Cronkite, K. 1994. *On the Edge of Darkness: Conversations about Conquering Depression.* New York: Delta Trade Paperbacks.

The Dalai Lama. 2000. *Transforming the Mind: Teachings on Generating Compassion.* Translated by G. T. Jinpa. London: Thorsons.

Firestone, R. W. 1985. *The Fantasy Bond: Structure of Psychological Defenses.* Santa Barbara, Calif.: Glendon Association.

Firestone, R. W. 1988. *Voice Therapy: A Psychotherapeutic Approach to Self-Destructive Behavior.* Santa Barbara, Calif.: Glendon Association.

Firestone, R. W. 1990. *Compassionate Child-Rearing: An In-Depth Approach to Optimal Parenting.* Santa Barbara, Calif.: Glendon Association.

Firestone, R. W. 1997a. *Combating Destructive Thought Processes: Voice Therapy and Separation Theory.* Thousand Oaks, Calif.: Sage.

Firestone, R. W. 1997b. *Suicide and the Inner Voice: Risk Assessment, Treatment, and Case Management.* Thousand Oaks, Calif.: Sage.

Firestone, R. W., and J. Catlett. 1989. *Psychological Defenses in Everyday Life.* Santa Barbara, Calif.: Glendon Association.

Firestone, R. W., and J. Catlett. 1999. *Fear of Intimacy.* Washington, D.C.:

American Psychological Association.

Firestone, R. W., L. Firestone, and J. Catlett. 1997. *A Voice Therapy Training Manual*. Santa Barbara, Calif.: Glendon Association.

Love, P., and S. Shulkin. 1997. *How to Ruin a Perfectly Good Relationship*. Austin, Tex.: Love and Shulkin.

McClure, L. 2000. *Anger and Conflict in the Workplace: Spot the Signs, Avoid the Trauma*. Manassas Park, Va.: Impact Publications.

Perris, C., L. Jacobsson, H. Linndström, L. vonKnorring, and H. Perris, 1980. Development of a new inventory for assessing memorites of parental rearing behavior. *Acta Psychiatrica Scandinavia* 61: 265–278.

저자 소개

로버트 파이어스톤(Robert W. Firestone)은 심리학자 그리고 작가이자 예술가이다. 1957년 부터 1979년까지 다양한 환자(정신분열증 환자까지)를 대상으로 그의 아이디어를 확대시켜가며 신경증에 대한 포괄적 이론을 적용하고자 하였고, 1979년에 이론 전문가로서 글렌든(Glendon) 협회에 동참하였다. 파이어스톤 박사의 저서로는 『The Fantasy Bond: Effects of Psychological Defenses on Interpersonal Relations』(1987), 『Compassionate Child-Rearing』(1990) 그리고 『Fear of Intimacy』(1999) 등이 있다. 또한 그는 부정적인 사고 과정에 대한 연구를 통해 파괴적인 생각과정에 대한 대처법, 자살과 내면의 소리, 보이스 테라피가 묘사된 혁신적인 치료방법론을 개발하였다.

리사 파이어스톤(Lisa Firestone)은 글렌든(Glendon) 협회의 프로그램 및 교육 이사이며 캘리포니아대학교 산타바바라(Santa Barbara) 캠퍼스의 부교수이다. 그녀는 1987년부터 자살 폭력 분야의 임상 교육과 응용 연구에 참여하였고, 이러한 연구결과로 파이어스톤 자기 파괴적 사고 평가(FAST)와 폭력 사고 평가(FAVT)가 개발되었다. 파이어스톤 박사의 다른 출판물들은 자살에 대한 목소리, 폭력적 사고 평가(폭력적인 행동과 사고 과정 사이의 관계) 그리고 실비아 플래스(Sylvia Plath)의 치료법, 좋은 삶(지속적인 감정, 열정), 첨단기술시대의 의미를 포함하고 있다. 그녀는 다양한 학술회의에서 부부관계, 보이스 테라피와 아동 학대 분야의 활발한 활동 중에 있다.

조이스 캐틀렛(Joyce Catlett)은 작가이자 강사로, 로버트 파이어스톤(Robert Firestone) 박사와 함께 십 여 권의 책을 저술하였으며 가장 최근에는 『Fear of Intimacy』를 공동 집필하였다. 1982년 이래로 캐틀렛은 강연과 워크숍 진행자로서 부모와 자녀와의 관계, 자살, 부부관계와 음성 치료 분야에서 글렌든(Glendon) 협회의 37개의 비디오 제작물을 공동제작하였다. 또한 캐틀렛은 동정적인 양육(Child-Rearing) 부모 교육 프로그램을 개발하고 훈련시키는 강사로 활동하였다.

역자 소개

최수미(Choi su mi)

연세대학교 간호학과 학사
연세대학교 심리학과 석사(상담심리)
서울대학교 교육학과 박사(교육상담)
한국상담학회 통합학술 및 사례위원장
건국대학교 학생복지처 학생상담센터장
건국대학교 대학교육혁신원 교육성과관리센터 · 교수학습지원센터장
부산대학교 아동가족학과 교수
미국 Missouri Institute of Mental Health, Senior research specialist
한국청소년상담복지개발원 선임상담원
현 건국대학교 상담학과 교수
　　KU 웰니스통합치료연구소장

〈주요 저서 및 역서〉
청소년 상담학 개론(2판, 공저, 학지사, 2020)
청소년 문제 예방 및 중재 핸드북: 학교폭력과 집단 괴롭힘 예방 중심(역, 학지사, 2019)
심리검사 및 평가(공역, 센게이지러닝코리아, 2017)
재난대응 위기상담(공저, 학지사, 2017)
특수아상담(공저, 학지사, 2016)
청소년심리(공저, 한국방송통신대학교출판문화원, 2014)
정신건강과 상담(공저, 학지사, 2013)

자기비난적 사고와 치료
- 이론과 실제 -

Conquer Your Critical Inner Voice: A Revolutionary Program to
Counter Negative Thoughts and Live Free from Imagined Limitations

2022년 1월   5일 1판 1쇄 인쇄
2022년 1월 10일 1판 1쇄 발행

지은이 • Robert W. Firestone · Lisa Firestone · Joyce Catlett
옮긴이 • 최수미
펴낸이 • 김진환
펴낸곳 • (주) 학지사
　　　　　 04031 서울특별시 마포구 양화로 15길 20 마인드월드빌딩
대표전화 • 02)330-5114　　　 팩스 • 02)324-2345
등록번호 • 제313-2006-000265호

홈페이지 • http://www.hakjisa.co.kr
페이스북 • https://www.facebook.com/hakjisabook

ISBN 978-89-997-2541-8 93180

정가 18,000원

출판 · 교육 · 미디어기업 학지사

간호보건의학출판 **학지사메디컬** www.hakjisamd.co.kr
심리검사연구소 **인싸이트** www.inpsyt.co.kr
학술논문서비스 **뉴논문** www.newnonmun.com
교육연수원 **카운피아** www.counpia.com